Das Kapital

Karl Marx

新版

資本論 7

第二巻　第三分冊

カール・マルクス

日本共産党中央委員会社会科学研究所　監修

新日本出版社

凡　例

一　本書は、カール・マルクス著『資本論』第一部―第三部の全訳である。本訳書は、一九八二年一一月から八九年九月にかけて新書版として刊行された訳書（一三分冊）を改訂したもので、一二分冊の新版『資本論』として刊行される。

二　翻訳にあたっての主たる底本には、ドイツ語エンゲルス版（第一部第四版、第二部第二版、第三部第一版）を用いた。

三　新版では、『資本論』諸草稿の刊行と研究の発展をふまえ、エンゲルスによる編集上の問題点も検討し、訳文、訳語、訳注の全体にわたる改訂を行なった。

第一部では、マルクスが校閲した初版、第二版との異同、フランス語版にもとづく第三版、第四版の主な改訂個所を訳注で示し、「独自の資本主義的生産様式」、「全体労働者」など、マルクス独自の重要概念について、訳語を統一した（第一―第四分冊）。

第二部では、初版と第二版との異同、エンゲルスによる文章の追加、加筆個所、および編集上の問題点を訳注で示し、必要な場合には、マルクスの草稿を訳出した。第三篇第二一章については、訳注で独自の節区分を示し、拡大再生産の表式化に到達するまでのマルクスの研究の経過をつかめるようにした。また、マルクスが第二部第三篇の最後の部分を恐慌理論の解明に充てていたことを考慮し、第二部第一草稿（一八六五年）に書きこまれた新しい恐慌論の全文を訳注として収録した（第五―第七分冊）。

第三部の草稿は、『資本論』諸草稿のなかでもっとも早い時期に準備されたもので、執筆時期の異なる二つの部分（第一篇―第三篇、第四篇―第七篇）からなっている。さらに、研究の進展のなかでマルクスの到達点が前進し、第三篇の論点には、利潤率低下法則の意義づけ、およびそのもとでの資本主義的生産の必然的没落の展望など、マルクスにとって克服ずみの見解であることの指摘を要する部分も生まれた。第三部では、こうした点に留意し、マルクスの研究の発展とその到達点、エンゲルス版の編集上の弱点、草稿との異同、エンゲルスによる文章の混入個所を訳注で示した。とくに第五篇では、本来『資本論』の草稿ではなかった諸章の混入個所を指摘した。また、必要な場合には、マルクスの草稿を訳出した。第七篇第四八章では、エンゲルスによる原稿配列をマルクスの草稿の順序に組み替えた（第八―第一二分冊）。

全三部を通して、マルクス自身の研究の発展史と歴史的事項にかんする訳注を大幅に拡充した。

改訂にあたっては、新『マルクス・エンゲルス全集』（新メガ Marx-Engels-Gesamtausgabe）の諸巻を参照した。

四　注については、マルクス、エンゲルスによる原注は（　）に漢数字を用いてそれを示し、各段落のあとに訳出した。訳文中や、＊印によって訳文のあとに、〔　〕を用いて挿入されたものは、すべて訳者、監修者による注ないし補足である。

五　訳注のなかで、〔邦訳『全集』第〇巻、〇〇ページ〕とあるのは、ディーツ社（現カール・ディーツ社、ベルリン）発行の『マルクス・エンゲルス著作集《ヴェルケ》』を底本とした邦訳『マルクス・エンゲルス全集』（大月書店）の巻数とページ数を指している。

六　『資本論』のドイツ語原文にあたろうとする読者の便宜のために、ヴェルケ版『資本論』の原書ページ数を、訳文の欄外上に（　）で算用数字を用いて付記した。ただし、ヴェルケ版では、マルクスが引用した著作などについて、本来一つの段落文中に含まれているものを改行し、その引用文のみを独立した段落にしているため、本訳書とは改行の位置に相違がある。

七　訳文中の〝　〟でくくられた語、句、文は、すべて、マルクス（またはエンゲルス）によってドイツ語以外の言語（ラテン語などを含む）が単独で使用されている個所である。専門用語の場合、〝　〟でくくらず、必要に応じて、綴りないしルビによって示したものもある。なお、それらドイツ語以外の言語による語、句、文が、同じ意味のドイツ語と併記されていて、相互の言い換えとして使用されている場合には、それらにニュアンスの相違がある場合をのぞき、訳出や明示を省略した。

八　訳文で、傍点を付した部分は原文の隔字体またはイタリック体の部分を表わしている。

九　マルクス（またはエンゲルス）が引用した文章について、必要な場合、原文との異同を訳注で示した。また、固有名詞、数値などの明白な誤記、誤植はとくに注記せずに訂正した。

一〇　引用文献のうち邦訳のあるものは、入手の便宜なども考慮し、邦訳書を掲げた。これは、新書版での記載を改訂し、新たに追加したものである。

一一　第一二分冊の巻末に、人名索引を付した。

一二　新版『資本論』の改訂作業は、日本共産党中央委員会社会科学研究所によって行なわれた。研究所からは、不破哲三、山口富男、卜部学、小島良一が、監修と改訂の作業にあたった。本訳書のもとになった新書版の刊行にあたっては、研究所の委嘱により翻訳のための委員会が組織され、多くの研究者の参加と協力を得た。新書版および一九九七年一二月に刊行された上製版（五分冊）の訳出・編集体制については、それぞれの版の「凡例」を参照いただきたい。

目　次

第二巻分冊目次

（351）

第三篇　社会的総資本の再生産と流通*

＊〔この篇の表題は、第一草稿では「流通と再生産」、第二草稿では「流通過程および再生産過程の現実的諸条件」となっていた。現行の表題はエンゲルスがつけたものである。篇の内部の構成については、目次プランが第一草稿および第二草稿にそれぞれ書かれていた。第一草稿では、末尾に、「この第三章（現行第三篇のこと）の項目は次のとおりである」として、七項目構成のプランが示されている。

「1）流通（再生産）の現実的諸条件、2）再生産の弾力性、3）蓄積、あるいは拡大された規模での再生産、3a）蓄積を媒介する貨幣流通、4）再生産過程の並行、上向的進行での連続、循環、5）必要労働と剰余労働？、6）再生産過程の撹乱、7）第三部への移行」（新メガ、第Ⅱ部、第四巻、第一分冊、一九八八年、三八一ページ、中峯照悦・大谷禎之介他訳『資本の流通過程』、大月書店、一九八二年、二九四ページ）。

第二草稿では、表紙に次のプランが書かれている（第二草稿の執筆後に構想されたもの）。

「1）社会的に考察された可変資本、不変資本、および剰余価値

A）単純な規模での再生産、a）媒介する貨幣流通なしの叙述、b）媒介する貨幣流通ありの叙述

B）拡大された規模での再生産。蓄積、a）貨幣流通なしの叙述、b）媒介する貨幣流通ありの叙述

2）」（新メガ、第Ⅱ部、第一一巻、二〇〇八年、四ページ）

最後の「2）」は冒頭の「1）」に対応するが、表題が欠けている〕

第一八章（三四）　緒　論＊

（三四）　第二草稿より。

＊〔章の表題はエンゲルスによる〕

第一節　研究の対象＊

＊〔節の区分および表題はエンゲルスによる〕

資本の直接的生産過程は、資本の労働過程および価値増殖過程であって、商品生産物を結果とし、剰余価値の生産を規定的動機とする過程である。

資本の再生産過程は、この直接的生産過程とともに、本来の流通過程の両局面をも包括する。すなわち、周期的な過程として——一定の期間をもってつねに新たに反復される過程として——資本の回転を形成する総循環を包括する。

ところで、この循環をG…G′[＊1]という形態で考察しても、P…P[＊2]という形態で考察しても、直接的生産過程Pは、つねにそれ自身、この循環の一つの環をなすにすぎない。一方の形態では直接的生産過程が流通過程を媒介するものとして現われ、他方の形態では流通過程が直接的生産過程を媒介するものとして現われる。直接的生産過程の恒常的な更新、すなわち生産資本としての資本の恒常的な再現は、どちらの場合にも、流通過程における資本の諸転化によって条件づけられている。他方では、生産過程の恒常的な更新は、資本が流通部面でつねに新たになしとげる諸転化の、すなわち資本が貨幣資本として、また商品資本として交互に出現することの条件である。

＊1　〔草稿では「G—W—P—W′—G′」となっている〕

＊2　〔草稿では「P—W′—G—W—P」となっている〕

けれども、個々の資本はいずれも社会的総資本の自立化された、いわば個別的生命を与えられた一
(352)
断片をなすにすぎず、それは、個々の各資本家が資本家階級の個別的一要素をなすにすぎないのと同じである。社会的資本の運動は、それの自立化された諸断片の諸運動の総体、すなわち個別諸資本の回転の総体から成り立つ。個々の商品の変態が商品世界の変態系列——商品流通——の一環であるのと同じように、個別資本の変態、その回転は、社会的資本の循環のなかの一環である。

この総過程は、生産的消費（直接的生産過程）ならびにそれを媒介する形態諸転化（素材的に見れば諸交換）とともに、個人的消費ならびにそれを媒介する形態諸転化、ないし諸交換を包含する。それは、一方では、労働力への可変資本の転換を、したがって資本主義的生産過程への労働力の合体を包含する。ここでは、労働者は彼の商品である労働力の売り手として登場し、資本家はその買い手として登場する。しかし、他方では、商品の販売のうちには労働者階級による商品の購買が、したがっ

てこの階級の個人的消費が含まれている。ここでは、労働者階級は買い手として登場し、資本家は労働者への商品の売り手として登場する。

商品資本の流通は剰余価値の流通を含み、したがって、資本家たちが自分たちの個人的消費を、すなわち剰余価値の消費を媒介する売買をも含む。

したがって、社会的資本に総括されたものとしての個別諸資本の循環、すなわちその全体性において考察されたこの循環は、資本の流通だけではなく一般的な商品流通をも包括する。一般的な商品流通は、本来次の二つの構成部分からのみ成り立ちうる――（一）資本の独自な循環、および（二）個人的消費にはいり込む諸商品の循環、すなわち労働者が彼の賃銀を支出し、また資本家が彼の剰余価値（またはその一部分）を支出して入手する諸商品の循環がそれである。もちろん資本の循環は、剰余価値が商品資本の一部分をなす限り剰余価値の流通をも包括し、同じくまた労働力への可変資本の転化、労賃の支払いをも包括する。しかし、諸商品へのこの剰余価値と労賃との支出は、資本流通のいかなる環をもなすものではない――といっても、少なくとも労賃の支出はこの流通の条件なのではあるが。

(353) 第一部では、資本主義的生産過程が個別的経過として、さらにまた再生産過程として分析された――すなわち、剰余価値の生産と資本そのものの生産とが分析された。資本が流通部面の内部でなしとげる形態変換および素材変換は、想定されはしたが、そこでは詳しく立ち入ることはなかった。したがって、資本家は一方では生産物をその価値どおりに販売し、他方では過程を新たに開始するかまたは連続的に継続するための物的生産諸手段を流通部面の内部で見いだすものと想定された。われわれが第一部で詳論しなければならなかった流通部面の内部での唯一の行為は、資本主義的生産の根本条件としての労働力の売買であった。

この第二部の第一篇では、資本がその循環中にとるさまざまな形態と、この循環そのもののさまざまな形態とが考察された。第一部で考察された労働時間に、いまでは流通時間がつけ加わる。

第二篇では、〔資本の〕循環が周期的循環として、すなわち回転として考察された。一方では、資本の相異なる構成部分（固定資本および流動資本）が相異なる時間に、相異なる仕方によって、諸形態の循環をいかに遂行するかが明らかにされた。他方では、労働期間と流通期間との長さの相違を条件づける諸事情が研究された。循環期間およびその構成諸部分の比率の相違が生産過程そのものの規模と剰余価値の年率とにおよぼす影響が明らかにされた。実際、第一篇では、資本がその循環中につねに身につけては脱ぎ捨てる継起的諸形態が主として考察されたとすれば、第二篇では、諸形態のこの流れと継起との内部で、どのようにして与えられた大きさの一資本が、その規模は変わるにしてもともかく同時に生産資本、貨幣資本、および商品資本という異なる諸形態に分かれ、その結果、これらの形態が互いに入れ替わるだけではなく、総資本価値の異なる部分がつねにこれらの異なる状態で並立して存在し機能するか、が考察された。ことに貨幣資本は、第一部では見られなかった独自性を帯びて現われた。一定の諸法則が発見された――それによれば、与えられた規模の一生産資本をつねに機能させておくためには、与えられた一資本の異なる大きさの構成諸部分が、回転の諸条件に応じて、つねに貨幣資本の形態で前貸しされ更新されなければならない。

しかし、第一篇でも第二篇でも、問題になったのは、いつも、ただ一つの個別資本であり、社会的資本の自立化された一部分の運動だけであった。

（354）しかし、個別諸資本の循環は、からみ合い、前提し合い、条件づけ合っており、まさにこのからみ合いにおいて社会的総資本の運動を形成する。単純な商品流通の場合に、一商品の総変態が商品世界の変態系列の一環として現われたように、いまや個別資本の変態が社会的資本の変態系列の一環として現われる。しかし、単純な商品流通は必ずしも資本の流通を含まなかった――というのはそれは非資本主義的な生産[*1]の基礎上でも行なわれうるのであるから――が、すでに述べたように、社会的総資本の循環[*2]は、個々の資本の循環には属さない商品流通、すなわち資本を形成しない諸商品の流通をも含んでいる。

＊1〔草稿では「非資本主義的な生産諸様式の」となっている〕

＊2〔草稿では「社会的総資本の流通、循環は」となっている〕

いまや、社会的総資本の構成部分としての個別諸資本の流通過程（この過程は、その総体において再生産過程の形態をなす）が、したがってこの社会的総資本の流通過程が、考察されなければならない。

第二節　貨幣資本の役割*

* 〔節の表題はエンゲルスによる〕

〔*以下に述べることは、本篇のあとのほうの部分ではじめて取り扱われるべきではあるが、いますぐそれを研究することにしたい。すなわち、社会的総資本の構成部分として考察された貨幣資本が、それである。〕

* 〔この〔 〕内の文章はマルクスによるもの。草稿では、冒頭に太く角括弧（〔）が付されているが、閉じの角括弧（〕）はない。また「社会的総資本の構成部分として考察された貨幣資本」にはアンダーラインが引かれている〕

個別資本の回転の考察にあたって、貨幣資本は二つの側面から明らかにされた。

第一に、貨幣資本は、それぞれの個別資本が舞台に登場し、資本としてのその過程を開始するさいにとる形態である。だから貨幣資本は全過程を起動する〝原動力〟として現われる。

第二に、回転期間の長さの相違およびその二つの構成部分――労働期間と流通期間――の比率の相違に応じて、前貸資本価値のうちつねに貨幣形態で前貸しされ更新されなければならない構成部分は、それが運動させる生産資本にたいする比率、すなわち連続的な生産規模にたいする比率を異にする。しかし、この比率がどうであろうが、どのような事情のもとでも、過程進行中の資本価値のうちつねに生産資本として機能しうる部分は、前貸資本価値のうちつねに生産資本とならんで貨幣形態で存在

（355）しなければならない部分によって制限される。ここでは、正常な回転だけが、抽象的平均だけが問題である。その場合、流通の停滞を調整するための追加的貨幣資本は度外視されている。

第一の点について。商品生産は商品流通を想定し、商品流通は商品が貨幣として登場すること、すなわち貨幣流通を想定する。商品が商品と貨幣とに二重化することは、生産物が商品として登場することの一法則である。同様に、資本主義的商品生産は――社会的に考察しても個別的に考察しても――新たに始まる各事業にとっての〝原動力〟として、また連続的動力として、貨幣形態の資本または貨幣資本を想定する。とくに流動資本は、動力として貨幣資本が比較的短期間につねに繰り返し登場することを想定する。前貸資本価値全体、すなわち諸商品からなる、資本のすべての構成部分――労働力、労働諸手段、および生産諸材料――は、つねに貨幣で繰り返し購買されなければならない。ここで個別資本について言えることは、多数の個別資本という形態でのみ機能する社会的資本についても言える。しかし、すでに第一部で明らかにしたように、だからといって、資本の機能場面、すなわち生産の規模が、資本主義的基礎上であっても、その絶対的制限という点で、機能中の貨幣資本の規模に依存する、ということには決してならない。

資本には生産諸要素が合体されているが、これらの要素の伸長は、一定の限界内では、前貸貨幣資本の大きさには左右されない。労働力への支払いは同じでも、労働力は外延的または内包的に、より強度に搾取されうる。この搾取の強化につれて貨幣資本が増加する（すなわち労賃が高くなる）としても、搾取の強化に比例しては増加せず、したがって〝同じ程度に〟増加することは決してない。

生産的に利用される自然素材——それは資本の価値要素を形成しない——すなわち土地、海洋、鉱石、森林などは、貨幣資本の前貸しを増加しなくても、同数の労働力の緊張を強めることによって、内包的または外延的に、より強度に利用される。こうして、貨幣資本を追加する必要なしに、生産資本の現実的諸要素は増加する。追加補助材料のために貨幣資本の追加が必要になる場合でも、資本価値を前貸しするこの貨幣資本は、生産資本の効用の拡大に比例しては増加せず、したがって〝同じ程度に〟増加することは決してない。

同じ労働諸手段、すなわち同じ固定資本は、それの日々の使用時間を延長することによっても、それの使用を強化することによっても、固定資本のための追加的貨幣投下なしに、より効果的に利用することができる。その場合、固定資本のより急速な回転が生じるだけであるが、しかし固定資本の再生産の諸要素もより急速に供給される。

(356)

自然素材は別として、なんの費用もかからない自然諸力が、効果の強弱はあっても作用因子として生産過程に合体されうる。この諸力の効果の程度は、資本家にはなんの費用も費やさせないもろもろの方法と科学的進歩とに依存する。

同じことは、生産過程における労働力の社会的結合についても、個々の労働者の積み重ねられた熟練についても、言える。ケアリ*の計算によれば、土地所有者は決して十分には得ていない。なぜなら、土地所有者には、有史以来土地に投じられてこんにちの生産能力を土地に与えるにいたったすべての資本またはすべての労働が支払われてはいないからである、と。（土地から奪われる生産能力のことはもちろん問題にされていない。）これによれば、個々の労働者は、未開人を近代的機械工に仕上げるために全人類が費やしてきた労働に応じて支払われなければならないであろう。これとは逆に考えるべきであろう。すなわち、土地に投じられた、不払いであるが土地所有者と資本家とによって金に換えられたすべての労働を計算してみれば、土地に投じられた全資本は何回となく高利をつけて払いもどされており、したがって土地所有権ははるか以前に社会によって何回となく買いもどされている、と。

＊〔アメリカの俗流経済学者ヘンリー・チャールズ・ケアリは、『社会科学の諸原理』（第一—三巻、フィラデルフィア、一八五八—一八五九年）で、地代は土地に投じられた労働の価値にたいする利子であると主張した。これにたいする批判は、一八六九年一一月一九日、一一月二六日のエンゲルスとマルクスの往復書簡で展開されている（邦訳『全集』第三二巻、三一六—三一七ページ）〕

確かに、労働の生産諸力の向上は、資本価値の追加的投下を前提しない限り、とりあえず生産物の総量を増加させるだけで、生産物の価値は増加させない——といっても、それが、同じ労働でより多くの不変資本を再生産すること、したがってより多くの不変資本価値を維持することを可能にする場合は除外する。しかし、それはさらに新たな資本素材を形成し、したがって資本蓄積の増加の基盤を形成する。

社会的労働そのものの組織化、したがって労働の社会的生産力の向上は、大規模に生産が行なわれることを必要とし、したがって貨幣資本が個々の資本家によって大量に前貸しされることを必要とするが、その限りでは、すでに第一部で明らかにされているように、[*1]これは部分的には少数の手中への諸資本の集中[*2]によって生じるのであって、機能する資本価値の規模、したがってそれが前貸しされる貨幣資本の規模が絶対的に増大する必要はない。個別諸資本の大きさは、それらの社会的総額が増大しなくても、少数の者の手中への集中[*3]によって増大しうる。そこにあるのは個別諸資本のあいだの配分の変化だけである。

＊1〔本訳書、第一巻、一〇九〇―一〇九八、一三三一―一三三二ページ参照〕

＊2・3〔草稿ではConcentrationとなっている。本訳書、第一巻、一〇九三ページの訳注＊参照〕

最後に、前篇で明らかにされているように、回転期間が短縮されれば、より少ない貨幣資本で同額
(357)
の生産資本を運動させるか、または同額の貨幣資本でより多くの生産資本を運動させるかすることができる。

けれども、これらすべてのことは、貨幣資本の本来の問題とは明らかになんの関係もない。それが示しているのは、前貸資本――その自由な形態すなわちその価値形態では一定の貨幣額からなる、ある与えられた価値額――は、生産資本に転化したあと、生産的な諸力能を含んでおり、この諸力能は、前貸資本の価値制限によって制限を与えられているのではなく、一定の活動範囲内では、外延的または内包的に異なる作用をすることができる、ということだけである。生産諸要素――生産諸手段および労働力――の価格が与えられていれば、商品として現存するこれらの生産要素の一定分量を買うために必要な貨幣資本の大きさは、一定している。言い換えれば、前貸しされるべき資本の価値の大き

さは一定している。しかし、この資本が価値形成者および生産物形成者として作用する範囲は、弾力的であり、可変的である。

第二の点について。社会的労働および生産諸手段のうち、摩滅鋳貨を補填するために、貨幣の生産または購入に年々支出されなければならない部分が、〝その分だけ〟社会的生産の規模を削減するということは、自明である。しかし、一部分は通流手段として、一部分は蓄蔵貨幣として機能する貨幣価値*について言えば、それは確かに存在し、獲得されているのであって、労働力、生産された生産諸手段、および富の自然的源泉とならんで存在する。この貨幣価値*はこれらのものの制限とはみなしえない。この貨幣価値*の生産諸要素への転化によって、他の諸国民との交換によって、生産規模は拡大されうるであろう。けれども、このことは、貨幣がこれまでどおり世界貨幣としての役割を演じることを想定する。

＊〔草稿では「貨幣資本」Geldstock となっている〕

生産資本を運動させるのに必要な貨幣資本の総量は、回転期間の長さに応じて大きくもなれば小さくもなる。同じく先に述べたことであるが、労働時間と流通時間とへの回転期間の分割は、貨幣形態で潜在または休止している資本の増加を引き起こす。

回転期間が労働期間の長さによって規定される限りでは、回転期間は――他の諸条件に変わりがなければ――生産過程の物質的性質によって規定されるのであり、したがってこの生産過程の独自な社会的性格によって規定されるのではない。けれども、資本主義的生産の基盤の上では、より長期にわ

(358) たる比較的大規模な作業は、より長期間にわたる比較的大きな貨幣資本の前貸しを必要とする。したがって、このような部面の生産は、個々の資本家が自由に使用できる貨幣資本の限界に依存する。この制限は、信用制度およびそれと結びついている結合体、たとえば株式会社によって突破される。だから、貨幣市場における撹乱はこのような事業を停止させ、他方では、まさにこの事業そのものがこんどは貨幣市場における撹乱を引き起こす。

　こうした作業は比較的長期間にわたって労働力と生産諸手段をもち去りながら、しかもそのあいだ有用効果としての生産物をなんら供給しないのであって、社会的〔社会化された〕生産の基盤の上では、こうした作業が、連続的にまたは一年間に何度も労働力と生産諸手段をもち去るだけでなく生活諸手段と生産諸手段を供給しもする生産諸部門を害することなしに遂行されうる規模が決定されなければならない。社会的生産のもとでも、資本主義的生産のもとでと同様に、依然として、労働期間の比較的短い事業諸部門の労働者たちが生産物をふたたび与えることなしに諸生産物をもち去る期間はやはり比較的短期間にすぎないであろうし、他方、労働期間の長い事業諸部門は、諸生産物を返すまえに比較的長期間にわたって諸生産物をずっともち去るであろう。したがって、この事情は、当該の労働過程の物的諸条件から生じるのであって、この労働過程の社会的形態から生じるのではない。社会的生産のもとでは貨幣資本はなくなる。社会が労働力と生産手段をさまざまな事業部門に配分する。生産者たちは、たとえば指図証券を受け取って、それと引き換えに、社会的消費在庫のなかから自分たちの労働時間に相当する分量を引き出すかもしれない。この指図証券は貨幣ではない。それは流通しない。

要するに、貨幣資本の必要が労働期間の長さから生じる限りでは、この必要は次の二つの事情によって制約される。すなわち、第一には、およそ貨幣は、どの個別資本も（信用を度外視すれば）みずからを生産資本に転化するためにとらなければならない形態だという事情である。このことは、資本主義的生産の本質から、一般に商品生産の本質から生じる。――第二には、必要な貨幣前貸しの大き＊さは、比較的長期間にわたってつねに労働力と生産諸手段が社会からもち去られながら、しかもそのあいだ、貨幣に再転化しうる生産物が社会に返されないという事情から生じる。前貸しされるべき資本が貨幣形態で前貸しされなければならないという第一の事情は、この貨幣の形態そのものによっては――すなわち、この貨幣が金属貨幣であるか、信用貨幣であるか、価値章標などであるかによっては――解消されない。第二の事情は、どのような貨幣媒体によって、またはどのような生産形態によって、労働、生活諸手段、および生産諸手段が、その等価物を流通に投げ返すことなく、もち去られるか、ということによっては、決して影響されない。

＊〔草稿では、ここに「およびこの前貸しの期間」がある〕

(359)

第一九章(三五)　対象についての従来の諸叙述＊

(三五)　ここより第八草稿が始まる。

＊〔章の表題および本章の三つの節の区分と表題はエンゲルスによる〕

第一節　重農主義者たち

ケネーの〝経済表〟＊は、価値から見て一定の、国民的生産の年生産物が、他の諸事情に変わりがなければ、どのようにして、その単純再生産すなわち同じ規模での再生産が行なわれうるように流通を通して分配されるかを、少数の大きな〔大まかな〕線をもって示している。生産期間の出発点をなすのは、ことがらにふさわしく前年の収穫である。無数の個別的流通行為が、ただちにそれらの特徴的・社会的な大量運動――機能上規定された大きな経済的社会階級のあいだの流通――に総括されている。ここでわれわれの興味を引くのは、総生産物の一部分――それは総生産物の他の各部分と同じように、使用対象としては過去の年労働の新たな成果である――が、同時に、同じ現物形態で再現するもとの資本価値の担い手にすぎないということである。この部分は流通せず、生産者である借地農場経営者階級の手中にとどまり、そこでふたたび資本としての役を果たしはじめる。年生産物のこの不変資本部分のうちに、ケネーはそれと無関係な諸要素をも含めているが、しかし彼は、農業が唯一剰余価値を生産する人間的労働の投下部面――すなわち資本主義的立場からすればそれだけが真に生産的な投下部面――であるとする彼の視野の狭さのおかげで、かえって要点をついている。この領域（農業）では、経済的再生産過程は、その独自の社会的性格がどうであろうと、つねに自然的再生産過程とからみ合う。自然的再生産過程の手にとるように明白な諸条件は、経済的再生産過程の諸条件を明らかにし、流通の眩惑によって引き起こされるにすぎない思想の混乱を許さない。

＊〔ケネーの〝経済表〟について、マルクスは、「剰余価値に関する諸学説」（『一八六一―一八六三年草稿』）のなかで、詳細な考察をおこなっている（『資本論草稿集』5、大月書店、四七五―五二七ページ。『剰余価値学説史』、邦訳『全集』第二六巻、第一分冊、三七六―四二八ページ）。〕

(360)

ある学説に張ってあるレッテルが他の物品のそれと違う点は、とりわけ、それが買い手だけでなく、しばしば売り手をもだますということである。ケネー自身と彼の直接の弟子たちは、彼らの封建的看板を信じていた。こんにちにいたるまで、わが学者先生たちもそうである。しかし、実際には、重農主義学説は、資本主義的生産の最初の体系的把握である。産業資本の代表者――借地農場経営者階級――が全経済的運動を主導する。農業は、資本主義的に、すなわち資本主義的借地農場経営者の企業として大規模に経営され、土地の直接的耕作者は賃労働者である。生産は使用諸物品を生み出すだけではなく、それらの価値をも生み出す。しかし、生産の推進的動機は剰余価値の獲得であり、この剰余価値の生誕地は生産部面であって流通部面ではない。流通によって媒介される社会的再生産過程の担い手として現われる三つの階級[*]のうち、「生産的」労働の直接的搾取者であり剰余価値の生産者である資本主義的借地農場経営者は、剰余価値の単なる取得者たち〔土地所有者階級〕とは区別される。

＊〔「生産階級」＝農業部門の資本家と賃労働者、「土地所有者階級」＝地主・主権者・聖職者、および「不生産階級」＝工業・商業その他の従事者〕

重農主義学説の資本主義的性格は、すでにその最盛期において、一方ではランゲおよびマブリ[*1]の、他方では自由な小土地所有の擁護者たちの、反対論を呼び起こした。[*2]

＊1〔フランスの社会評論家アンリ・ランゲは、専制君主政を擁護する立場にあったが、経済学では重農主義の批判者であった。またフランスの啓蒙思想家ガブリエル・マブリは、エコノミスト（重農主義者）たちをユートピア的共産主義の立場からきびしく批判し、私有財産制の廃止と土地や財産の共有制のもとでの無階級の小共同社会を描いている〕

＊2〔草稿では、この二行の文章は、本訳書、第二巻、五七六ページの「A・スミスは」の前におかれていた〕

再生産過程の分析におけるA・スミスの後退[二六]は、彼がそもそもケネーの正しい分析にさらに手を加えて、たとえばケネーの「〝原前貸し〟」と「〝年前貸し〟」とを「固定」資本と「流動」資本と[二七]に一般化しているだけでなく、少なくない個所で重農主義的誤りにまったく逆もどりしているので、なおさ

（361）

ら目立ってくる。たとえば、借地農場経営者が他のどの種類の資本家よりも大きな価値を生産するということを証明するために、彼は言う――「同額の資本のうちでは、借地農場経営者の資本以上に多量の生産的労働を運動させるものはない。彼の労働雇用人だけでなく、彼の役畜もまた生産的労働者なのである」〔労働雇用人にとってうれしいほめ言葉だ！〕「農業においては、自然もまた人間とともに労働する。しかも自然の労働にはなんら経費がかからないにもかかわらず、その生産物は、もっとも経費のかかる労働者の生産物と同じように、価値をもっている。農業のもっとも重要な諸作業は、自然の豊度を増進させることよりも――そのことも行なわれているが――、むしろこの自然の豊度を人間にもっとも有用な植物の生産に振り向けることをめざしているように思われる。イバラなどの生い茂った野原でも、もっともよく耕作されたブドウ園や穀物畑に劣らないほど多量の野菜を生産することがしばしばある。作付けや耕作は、自然の能動的な豊度を活気づけるよりも、むしろ規制する働きをするのであって、それらの労働がすべて終わっても、なお、自然によってなされるべき多大の仕事はつねに残されている。したがって農業に使用される労働者と役畜（！）は、製造業における労働者と同じく、彼ら自身の消費に等しい価値、または*彼らを使用する資本に等しい価値を、その資本の所有者たちの利潤とともに再生産するばかりでなく、それよりはるかに大きい価値の再生産をも可能にする。彼らは、借地農場経営者の資本および全利潤を超過して、さらに規則正しく、地主の地代の再生産をも行なう。この地代は、それらの使用を地主が借地農場経営者に貸し付けている自然諸力の産物とみなすことができる。地代は、この自然諸力の推定される大きさに応じて、言い換えれば、土地の推定される自然的豊度または人工的にもたらされた土地の豊度に応じて、大きくもなれば小さくもなる。地代は、人間の所産とみなされうるあらゆるものを控除または補填したあとに残る自然の所産である。それは、総生産物の四分の一よりも少ないことはまれで、その三分の一を上回ることもしばしばである。それは、製造業に使用される等量の生産的労働は、こんなに大きな再生産を引き起こすことは決してできない。製造業では、自然はなにもせず、人間がいっさいを行なう。そして、再生産は、つねにそれを引き起こす諸動因の力に比例せざるをえない。だから、農業に使用される資本は、製造業に使用されるどの等額の資本よりも、より多量の生産的労働を活動させるばかりでなく、それはまた、それが使用する生産的労働の量に比べて、一国の土地および労働の年生産物にたいし、すなわちその住民の実質的富と収入とにたいし、はるかに大きな価値をつけ加える」（第二篇、第五章、〔アバディーン版、ロンドン、一八四八年、〕二四二〔、二四三〕ページ〔大内兵衛・松川七郎訳『諸国民の富』、岩波文庫、(二)、一九六〇年、三九六―三九七ページ〕）。

(三六)　『資本論』、第一巻、第二版、六一二ページ、原注三二〔本訳書、第一巻、一〇二八ページ〕。

(三七)　ここでもまた、若干の重農主義者たち、とりわけチュルゴがスミスのために道をひらいていた。チュルゴは、すでにケネーその他の重農主義者たちよりももっとひんぱんに、〝前貸し〟という言葉の代わりに〝資本〟という言葉を使用し、そのうえさらに製造業者の〝前貸し〟または〝資本〟を借地農場経営者のそれと同一視している。たとえば「あの人々」（〝製造企業者〟）「と同様に、彼ら」（〝農場主〟すなわち資本主義的借地農場経営者）「も、その資本の回収〔……〕のほかに〔……〕収得しなければならない」（チュルゴ『著作集』、デール編、パリ、一八四四年、第一巻、四〇ページ〔津田内匠訳『チュルゴ経済学著作集』、岩波書店、一九六二年、九九ページ。永田清訳『富に関する省察』、岩波文庫、一九三四年、七九ページ〕〕。

＊〔初版、第二版では「および」となっていた。原文および草稿にもとづき訂正〕

（362）

Ａ・スミスは第二篇、第一章で次のように言う――「種子の全価値もまた、本来の意味で固定資本である」。したがってここでは、資本＝資本価値であり、資本価値が「固定」形態で存在する。「種子は土地と穀倉とのあいだを行ったり来たりするが、決して所有者〔原文では「主人」〕を替えはしないし、したがって本当は流通もしない。借地農場経営者が彼の利潤をあげるのは、種子の販売によってではなく、その増殖によってなのである」〔一八六ページ〔前出訳、㈡、二三八―二三九ページ〕〕。ここでは、見解の狭さは、スミスが更新された形態での不変資本の価値の再現を、すでにケネーがそう見たように、再生産過程の重要な契機として見る＊のではなく、ただ流動資本と固定資本とについて自分が設けている相違にとってのもう一つの例証、しかもまちがった例証を見るだけである、という点にある。――スミスが「〝原前貸し〟」および「〝年前貸し〟」を「〝固定資本〟」および「〝流動資本〟」と翻訳するとき、進歩は、「資本」という言葉の概念が「農業的」利用部面にたいする重農主義者たちの特別の顧慮にかかわりなく一般化されていることにあり、退歩は、「固定」〔資本〕および「流動」〔資本〕が決定的区別として把握され固持されていることにある。

＊〔初版、第二版では「したがって」alsoとなっているが、草稿は「として」alsとなっており、それにもとづいて訳出した〕

第二節　アダム・スミス*

*〔本節の各項区分および表題はエンゲルスによる〕

1　スミスの一般的観点

A・スミスは第一篇、第六章、四二ページ〔前出訳、㈠、一九五九年、一九一―一九二ページ〕で言っている――「どの社会においても、どの商品の価格も、結局、これらの三つの部分」〔労賃、利潤、地代〕「のいずれか一つに、または三つのすべてに分解される。そして、どの進歩した社会においても、これら三つのすべてが、圧倒的大多数の商品の価格のなかに、多かれ少なかれ構成部分としてはいり込んでいる〔三八〕」。または、四三ページ〔前出訳、㈠、一九六ページ〕では、さらにこう言う――「労賃、利潤、および地代は、すべての交換価値の三つの本源的な源泉であるばかりでなく、すべての収入の三つの本源的源泉でもある」。「諸商品の価格の構成部分」すなわち「すべての交換価値の構成部分」にかんするA・スミスのこの学説を、われわれはあとで*1もっと詳しく検討するであろう。――さらに彼は次のように言う。「このことは、特殊な各商品について個別的に見た場合言えるのであるから、各国の土地および労働の年生産物全体を構成するいっさいの商品を総体として見た場合にも言えるに違いない。この年生産物の総価格すなわち交換価値は、同じ三つの部分に分解されなければならないし、
(363) またその国のさまざまな住民のあいだに、彼らの労働の賃銀として、あるいは彼らの資本の利潤とし

て、あるいは彼らの土地所有[*2]の地代として分配されなければならない」〔第二篇、第二章、一九〇ページ〔前出訳、(二)、二四九―二五〇ページ〕〕。

(三八)「圧倒的大多数の商品の価格」という句について読者が思い違いをしないように、A・スミス自身がこの言葉をどのように説明しているかを次に示そう。たとえば、海の魚の価格には地代ははいり込まないで、労賃と利潤がはいり込むだけであり、〝スコットランド瑪瑙《めのう》〟の価格には労賃がはいり込むだけである。すなわち、「スコットランドのある地方では、〔……〕貧しい人たちが、〔……〕スコットランド瑪瑙という名前で知られている色とりどりの小石を海岸で集めるのを生業にしている。石細工人がその代価として彼らに支払う価格は、彼らの労賃からなるだけである。というのは、地代も利潤も価格のいかなる部分をも構成しないからである」〔前出訳、(一)、一九五ページ〕。

*1〔草稿では「あとで」は「第三部で」となっている〕

*2〔スミスの原文および草稿では「土地」となっている〕

A・スミスは、こうして、個別的に見たすべての商品の価格も、さらにまた「各国の土地および労働の年生産物……の総価格すなわち交換価値」をも、賃労働者、資本家、および土地所有者の収入の三つの源泉に、すなわち労賃、利潤、および地代に分解しておきながら、それにもかかわらず回り道をして第四の要素を、すなわち資本という要素を密輸入せざるをえない。この密輸入は、総収入と純収入とを区別することによって行なわれる――「ある大国の全住民の総収入は、彼らの土地および労働の年総生産物を含み、純収入は、第一に彼らの固定資本の、第二に彼らの流動資本の、維持費を控除したあとになお彼らが自由に処分できるように残された部分を含む。言い換えれば、彼らがその資本を侵害することなしに彼らの消費在庫〔「消費元本」の意〕に繰り入れることのできる部分、すなわち彼らの生計や便益や娯楽のために支出することのできる部分を含む。彼らの実質的な富も、やはり彼らの総収入にではなく、彼らの純収入に比例する」（同前、一九〇ページ〔前出訳、㈡、二五一ページ〕）。

これについては次のことを指摘しておこう――

㈠　A・スミスはここでは明らかに単純再生産だけを論じており、拡大された規模での再生産または蓄積を論じてはいない。彼は、機能している資本を維持するための支出について語っているだけである。「純」収入は、社会なり個別資本家なりの年生産物のうち「消費元本」にはいり込むことができる部分に等しいが、この元本の規模は機能している資本を侵害してはならない。したがって、個人的生産物ならびに社会的生産物の価値の一部分は、労賃にも、利潤または地代にも分解されないで、資本に分解される。

㈡　A・スミスは、gross《グロウス》 revenue《レヴェニユー》 と net《ネット》 revenue《レヴェニユー》 との、すなわち総収入と純収入との区別という言葉の遊戯によって、彼自身の理論から逃避する。個別資本家も全資本家階級も、またはいわゆる国民も、生産において消費された資本の代わりに商品生産物を受け取るのであるが、この商品生産物の価値――この生産物そのものの比率的諸部分で表示可能である――は、一方では使用された資本価値を補填し、したがって収入を形成する。そして、いっそう文字どおりに言えば、Revenue《レヴェニユー》（〔フランス語の〕revenir《ルヴニール》 すなわち「帰ってくる」という語の〔過去〕分詞 revenu《レヴニユ》〔に由来する語〕）を形成する。

（364）ただし資本収入を、であることに〝よく注意せよ〟。他方では、その商品生産物価値は、「その国のさまざまな住民のあいだに、彼らの労働の賃銀として、あるいは彼らの資本の利潤として、あるいは彼らの土地所有の地代として分配される」価値構成諸部分——日常生活で収入と解されているもの——を形成する。この見解によれば、全生産物の価値は、個別資本家にとってであれ、その国全体にとってであれ、あるだれかにとっての収入を——ただし、一方では資本収入を、他方ではそれとは異なる「収入」を——形成する。こうして、商品の価値をその構成諸部分に分析するさいに遠ざけられるものが、裏口から——「レヴェニュー」という言葉の二義性によって——ふたたび導き入れられる。しかし、「〔収入として〕収得」されうるものは、すでに生産物のなかに存在するその価値構成諸部分だけである。もし資本が収入として収得されるというのであれば、資本はまえもって支出されていなければならない。

A・スミスはさらに言う——「通常の最低利潤率は、資本のいかなる使用もときおりこうむる損失を十分につぐなうものよりも、つねにいくらか大きくなければならない。正味の利潤または純利潤を表わすのは、この超過分だけである」。〔どんな資本家が、利潤とは必要な資本支出のことだと解するのか？〕「総利潤と呼ばれるものは、しばしばこの超過分だけではなく、このような異常な損失をつぐなうために留保される部分をも包括する」（第一篇、第九章、七二ページ〔前出訳、㈠、一八四ページ〕）。しかし、このことは、総利潤の部分と見なされた剰余価値の一部分が、生産のための保険元本を形成しなければならない、ということしか意味しない。この保険元本を生み出すのは、剰余労働の一部分であって、剰余労働はその限りでは直接に資本を、すなわち再生産のために予定された元本を、生産する。固定資本などの「維持」のための支出について言えば（上記の引用個所を見よ）、消費された固定資本を新たな固定資本によって補填することは、新たな資本投下をなすものではなく、古い資本価値を新しい形態で更新することでしかない。しかし、A・スミスがやはり維持費に計上している固定資本の修理について言えば、その費用は前貸資本の価格の一部分である。資本家が、これを一度に投下する必要はなく、資本が機能しているあいだに漸次的に、また必要に応じて投下し、しかもすでに手に入れた利潤のうちから投下できるということは、この利潤の源泉を少しも変えない。この利潤の源泉である価値構成部分は、労働者が保険元本のために剰余労働を提供するのと同じように修理元本のためにも剰余労働を提供する、ということを示すにすぎない。*

＊〔初版では、このあとに次の段落があった。「固定資本にかんするA・スミスの説明は、実際には次のことに帰結する。すなわち、固定資本は、前貸産業資本のうち生産過程に固定されている部分のことであり、または、彼が一八七ページ〔前出訳、㈡、二四一ページ〕で言うように『流通することなしに、言い換えれば所有者〔原文は「主人」〕を替えることなしに、収入または利潤をもたらす』部分、または一八五ページ〔前出訳、㈡、二三六ページ〕によれば『その』〔使用者の〕『所有にとどまっているか、または同じ形態を持ち続けている』部分のことである。」〕

次にA・スミスがわれわれに語るところによれば、純収入、すなわち独自の意味での収入からは、固定資本全体が除外されなければならないが、しかしまた流動資本のうち、固定資本の維持および修

(365)理、ならびにその更新のために必要な部分も全部除外されなければならず、実際には、消費元本用の現物形態をとっていない資本は全部除外されなければならない。

「固定資本を維持するための全支出は、明らかに社会の純収入から除外されなければならない。有用な機械と産業用工具〔……〕を整備しておくために必要な原料〔原文は「材料」〕も、これらの原料〔材料〕を求められる姿態に変えるために必要な労働の生産物も、いずれも純収入の一部をなすことはできない。この労働の価格は確かにこの収入の一部をなすことがありうる。というのは、そのように使用される労働者たちは、彼らの賃銀の全価値を彼らの直接的消費在庫に繰り入れるかもしれないからである。しかし、他の種類の労働の場合には、価格も」〔すなわちこの労働に支払われる賃銀も〕「生産物も」〔この労働が体現されるものも〕「この消費在庫にはいり込む。価格は労働者たちの消費在庫にはいり込み、生産物は、この労働者たちの労働によって生計や便益や娯楽が増加される他の人々の消費在庫にはいり込む」〔第二篇、第二章、一九〇、一九一ページ〔前出訳、(二)、二五一―二五二ページ〕〕。

Ａ・スミスは、ここで、生産諸手段の生産に従事する労働者たちと、消費諸手段の直接的生産に従事する労働者たちとのきわめて重要な区別にぶつかる。前者の商品生産物の価値は、労賃の総額――すなわち労働力の購入に投下された資本部分の価値――に等しい構成部分を含む。この価値部分は、物体としては、これらの労働者によって生産された生産諸手段の一定部分として存在する。彼らの労賃として受け取られた貨幣は、彼らにとっては収入を形成するが、しかし、彼らの労働は、彼ら自身のためにも他の人々のためにも、消費しうる生産物を生産しなかった。したがって、これらの生産物そのものは、年生産物のうち、社会的消費元本——「純収入」はこの形でのみ実現される——を提供すべき部分の要素を形成しない。A・スミスはここでつけ加えるのを忘れているが、労賃について言えることは、生産諸手段の価値のうち、利潤および地代というカテゴリーのもとに剰余価値として（直接に）産業資本家の収入を形成する構成部分についても言える。これらの価値構成部分も、生産諸手段の形で、すなわち消費不可能なものの形で存在する。これらの価値構成部分は、貨幣化されたのちにはじめて、第二の種類の労働者たちによって生産された消費諸手段のうちから、自己の価格に相当する分量を引き出して、その価値構成部分の所有者たちの個人的消費元本のなかに移すことができる。しかしそうだとすれば、なおさらA・スミスは、年々生産される生産諸手段の価値のうち、この生産部面内で機能する生産諸手段——生産諸手段をつくるための生産諸手段——の価値に等しい部(366)分、すなわちここで使用される不変資本の価値に等しい部分は、それが存在するさいの現物形態によってだけでなく、その資本機能によっても、収入を形成するあらゆる価値構成部分から絶対的に除外されているということを、見てとらなければならなかったはずである。

第二の種類の労働者たち——直接に消費諸手段を生産する労働者たち——については、A・スミスの諸規定は完全に正確とは言えない。すなわち、彼は言う。この種の労働においては、労働の価格も生産物もともに直接的消費元本にはいり込む。「価格は」（すなわち労賃として受け取られる貨幣は）「労働者たちの消費在庫にはいり込み、生産物は、この労働者たちの労働によって生計や便益や娯楽が増加される他の人々の消費在庫にはいり込む」。しかし、労働者は、彼の労働の「価格」、すなわち彼の労賃として支払われる貨幣を食べて生活することはできない。彼は、その貨幣で消費諸手段を購入することによって、この貨幣を実現する。この消費諸手段の一部分は、彼自身が生産した商品種類から成り立つこともありうる。他方、彼自身の生産物が労働搾取者たちの消費にしかはいり込まないようなものであるということもありうる。

Ａ・スミスは、このように一国の「純収入」から固定資本をまったく除外したのち、続けて言う——

「このように固定資本の維持のための全支出は必然的に社会の純収入から除外されているとはいえ、流動資本の維持のための支出については、事情が異なる。この流動資本を構成する四つの部分、すなわち貨幣、生活諸手段、原料〔原文は「材料」〕、完成生産物のうち、あとの三つは、すでに述べたように、規則的に流動資本から取り去られ、社会の固定資本のなかに繰り入れられるか、または直接的消費用に予定された在庫のなかに繰り入れられる。消費可能な物品のうち、前者の」〔固定資本の〕「維持に使用されない部分は、残らず後者のなかに」〔直接的消費用に予定された在庫のなかに〕「はいり込み、社会の純収入の一部をなす。だから、流動資本のこれら三つの部分の維持は、固定資本の維持に必要な年生産物部分のほかには社会の純収入を少しも減少させない」（第二篇、第二章、〔一九一、〕一九二ページ〔前出訳、㈡、二五四ページ〕）。

これは同義反復であって、流動資本のうち生産諸手段の生産に用いられない部分は、消費諸手段の

（367）

生産に、すなわち年生産物のうち社会の消費元本を形成するように予定された部分にはいり込む、というだけのことである。しかし、すぐそのあとに述べていることは重要である――

「一社会の流動資本は、この点では一個人の流動資本とは異なっている。一個人の流動資本は、彼の純収入からまったく除外されていて、決してそれの一部をなすことはありえない。彼の純収入はもっぱら彼の利潤からのみ成り立ちうる。しかし、各個人の流動資本は、その個人が属している社会の流動資本の一部をなすとはいえ、だからといってそれは決して無条件に社会の純収入から除外されているのではなく、その一部をなしうる。小売商人の店にある全商品は、決して彼自身の直接的消費用に予定された在庫に繰り入れられてはならないが、しかし他の人々の消費元本にはいるかもしれない。これら他の人々は、他の元本から得た収入によって、小売商人の資本も自分たちの資本も減少させることなしに、小売商人にたいし、彼の諸商品の価値をその利潤とともに規則的に補填する〔かもしれない〕」（同前〔前出訳、(二)、二五四―二五五ページ〕）。

すなわち、われわれはここで次のことを知る。

（一）固定資本、ならびにそれの再生産（〔固定資本の〕機能のことを彼は忘れている）および維持に必要な流動資本と同じく、消費諸手段の生産で活動している各個別資本家の流動資本も、全部、彼の純収入からは除外されているのであって、彼の純収入でありうるのは彼の利潤だけである。したがって、彼の商品生産物のうち彼の資本を補填する部分は、彼の収入を形成する価値構成部分には分解できない。

（二）各個別資本家の流動資本が社会の流動資本の一部をなしていることは、各個別の固定資本〔が社会の固定資本の一部をなしているの〕とまったく同じである。

（三）社会の流動資本は、個別的流動資本の総計にすぎないとはいえ、各個別資本家の流動資本とは異なる性格をもっている。各個別資本家の流動資本は決して彼の収入の一部をなすことはできないが、これにたいして、社会の流動資本の一部分（すなわち消費諸手段からなる部分）は、同時に社会の収入の一部をなしうる。または、スミスが先に言ったように、それは社会の純収入を必ずしも年生産物の一部分だけ減少させるとは限らない。ここでＡ・スミスが流動資本と呼んでいるものは、実は、消費諸手段を生産する資本家たちが年々流通に投げ入れる、年々生産される商品資本のことである。この彼らの年々の商品生産物の全体は、消費できる物品からなり、したがって、社会の純収入（労賃を含む）がそこにおいて実現または支出される元本をなす。Ａ・スミスは、小売商人の店にある商品を例に選ぶ代わりに、産業資本家の倉庫に積まれている大量の財を選ぶべきであったろう。

そこで、もしＡ・スミスが、まえに彼が固定資本と呼ぶものの再生産の考察にさいして、そして、こんど彼が流動資本と呼ぶものの再生産の考察にさいして、彼の頭に浮かんだ思想の諸断片を総括したとすれば、彼は次のような結論に到達していたことであろう――

(368) Ｉ　社会的年生産物は二大部門からなる。第一の部門は生産諸手段を包括し、第二の部門は消費諸手段を包括する。両者はべつべつに取り扱われなければならない。

Ⅱ　年生産物のうち生産諸手段からなる部分の総価値は、次のように分割される――一つの価値部分は、これらの生産諸手段の生産にさいして消費された生産諸手段の価値だけであり、したがって、更新された形態で再現する資本価値にほかならない。第二の部分は、労働力に投下された資本の価値、すなわち、この生産部面の資本家たちによって支払われた労賃の総額に等しい。最後に、第三の価値部分は、この部門の産業資本家たちの利潤――地代も含めて――の源泉をなす。

第一の構成部分、すなわちA・スミスによればこの第一の部門で使用されるすべての個別諸資本の再生産された固定資本部分は、個別資本家なり社会なりの「純収入から明らかに除外されていて、決してそれの一部をなすことはありえない」。それは、つねに資本として機能し、決して収入としては機能しない。その限りでは、各個別資本家の「固定資本」は社会の固定資本となんら異なるところはない。しかし、生産諸手段として存在する社会の年生産物のうちの他の価値諸部分――したがってまた、この生産諸手段総量の可除部分のうちに存在する価値諸部分――は、確かに同時に、この生産に参加するすべての当事者にとっての収入、すなわち労働者にとっての賃銀、資本家にとっての利潤および地代を形成する。しかし、これらの価値部分は、社会にとっては収入を形成するのではなく、資本を形成する――社会のこの年生産物は、その社会に属する個別資本家たちの生産物の総計からなるにすぎないにもかかわらず、そうなのである。これらの価値部分は、たいていはすでにその本性上、生産諸手段として機能しうるだけであって、必要な場合には消費諸手段として機能しうるような部分でさえも、新たな生産の原料または補助材料として役立つように定められている。しかし、それらの価値部分がこのようなものとして――すなわち資本として――機能するのは、その生産者たちの手中でではなく、その使用者たちの手中でである。すなわち――

Ⅲ　第二の部門の資本家たち、消費諸手段の直接的な生産者たちの手中でである。それらの価値部分〔生産諸手段〕は、第二の部門の資本家たちのために、消費諸手段の生産にさいして消費された資本（この資本が労働力に転換されない限りで、すなわちこの第二の部門の労働者たちの労賃の総額をなすものではない限りで）を補填するのであるが、他方では、この消費された資本、すなわちいまや消費諸手段を生産する資本家たちの手中に消費諸手段の形態で存在する資本は、それはそれで――すなわち社会的立場から見れば――第一の部門の資本家たちと労働者たちとが彼らの収入を実現する消費元本をなす。

（369）

もしＡ・スミスがここまで分析を進めていたら、全問題の解決に欠けるところはほんのわずかにすぎなかったであろう。彼は核心に迫っていた。というのは、すでに次のことに気づいていたからである。すなわち、社会の年々の総生産物を構成する一方の種類の商品資本（生産諸手段）の価値の一定の諸部分は、確かに、それの生産に従事する個別的な労働者と資本家とにとっての収入をなしているが、しかし社会の収入の構成部分をなしておらず、それにたいして、他方の種類*（消費諸手段）の価値の一部分は、確かに、それの個別的所有者すなわちこの投資部面に従事する資本家たちにとっての資本価値をなしているが、それにもかかわらず社会的収入の一部をなしているにすぎない、ということに。

＊〔草稿では「他方の種類の商品資本」となっている。この文章の前にある「一方の」と、この「他方の」の

強調は、エンゲルスによる〕

しかし、次のことだけは、上述したことからもすでに明らかである――

第一に、社会的資本は個別諸資本の総額に等しく、だからまた、社会の年々の商品生産物（または商品資本）はこれらの個別諸資本の商品生産物の総額に等しいとはいえ、したがって各個別商品資本に妥当する商品価値のその構成諸部分への分解は、全社会の商品資本にも妥当しなければならず、また結局は実際にも妥当するとはいえ、それでもやはり、それらが*社会的総再生産過程で現われる現象形態は、相異なる形態である。

＊〔草稿およびエンゲルスの編集原稿では「それらが」は「これら諸要素が個別資本家の立場から見て現われる現象形態と、それら諸要素が」となっている〕

第二に、単純再生産の基盤の上でさえも、労賃（可変資本）と剰余価値との生産ばかりでなく、新たな不変資本価値の直接的生産も行なわれる。労働日は二つの部分からのみ、すなわち、労働者が可変資本を補填し、実際に彼の労働力の購入に相等する等価物を生産する一方の部分と、彼が剰余価値（利潤、地代など）を生産する第二の部分とからのみなるにもかかわらず、そうなのである。――すなわち、生産諸手段の再生産に支出される日々の労働〔第一の部門の〕――そしてその価値は労賃と剰余価値とに分かれる――は、消費諸手段の生産に支出された不変資本部分〔第二の部門の〕を補填する、新たな生産諸手段において実現される。

主要な困難――といってもその最大の部分は上述したことによってすでに解決されているのである

（370）

が——は、蓄積の考察のさいにではなく、単純再生産の考察のさいに現われる。だからこそ、A・スミス（第二篇）の場合にも、それ以前にはケネー（〝経済表〟）の場合にも、社会の年生産物の運動と、流通によって媒介されるその再生産とが問題になると、単純再生産から出発するのである。

2　スミスによる交換価値の v＋m への分解

A・スミスのドグマ、すなわち、各個の商品——したがってまた社会の年生産物を構成する諸商品のいっさいがっさい（彼はどこでも正当にも資本主義的生産を前提する）——の価格または交換価値は、労賃、利潤、および地代という三つの構成部分から構成されるとか、それらの構成部分に分解されるとかいうドグマは、商品価値が v＋m、すなわち前貸可変資本価値プラス剰余価値に等しいということに還元されることができる。しかも、このように利潤と地代とをわれわれがmと名づける一つの共通単位に還元することは、次の引用文が示すように、A・スミスの明白な容認のもとに行なうことができる。以下の引用文では、さしあたりいっさいの付随的事項は、したがってとりわけ、商品価値はわれわれが v＋m として表わす諸要素だけからなるというドグマから、外観上または実際上はずれているいっさいの点はとりあげないことにする。

製造業では——「労働者たちが材料につけ加える価値は……二つの部分に分解されるのであって、その一つは彼らの労賃を支払い、他は、彼らの雇い主が材料および賃銀に前貸しした全資本にたいする雇い主の利潤を支払う」（第一篇、第六章、〔四〇〕四一ページ〔前出訳、㈠、一八七ページ〕）。——

「製造業者」〔製造業労働者〕「は、その雇い主から賃銀の前貸しを受けるが、彼は現実には雇い主になにも費用をかけさせるわけではない。というのは、通常この賃銀の価値は、彼の労働が使用された対象の増大した価値のなかに、利潤と一緒に保存されるからである[*1]」（第二篇、第三章、二二一ページ〔前出訳、㈡、三三七ページ〕）。資本《ストック》のうち、「生産的労働の維持に[*2]」投下される部分は、「彼」〔雇い主〕「にたいして資本の機能を果たしたのち……彼らの」〔労働者たちの〕「収入を形成する」（第二篇、第三章、二二三ページ〔前出訳、㈡、三四二ページ〕）。

*1〔スミスの原文は restored「回収される」であるが、マルクスが使用したアバディーン版（ロンドン、一八四八年）では reserved「保存される」と誤植されていた〕

*2〔「生産的労働者」の書き誤りと思われる。スミスの原文では「生産的な人手」となっている〕

A・スミスは、いま引用した章のなかで次のように明言する――「あらゆる国の土地および労働の年々の全生産物は……おのずから（〃自然に〃）二つの部分に分割される。そのうちの一方の、しかもしばしば最大でもある部分は、まず第一に、資本を補填するように、そして〔原文では「または」〕資本から取り去られた生活諸手段、原料〔原文では「材料」〕、および完成生産物を更新するように定められたものであり、他方の部分は、この資本の所有者にとっての資本利潤としてであれ、またはだれか他の人にとっての土地所有の地代としてであれ、収入を形成するように定められたものである」（二二二ページ〔前出訳、㈡、三四〇―三四一ページ〕）。われわれがまえにA・スミスから知ったように、資本のうちの一部分、すなわち生産的労働の購入に投下された部分だけが、同時にだれかにとっての収入

（371）

を形成する。この部分——可変資本——は、まず雇い主の手中で彼のために「資本の機能」を果たし、それから生産的労働者自身にとっての「収入を形成する」。資本家は、自分の資本価値の一部分を労働力に転化し、まさにそうすることによってそれを可変資本に転化する。この転化によってのみ、資本のこの部分だけでなく、彼の総資本が産業資本として機能する。労働者——労働力の売り手——は、労賃という形態で労働力の価値を受け取る。労働力は彼の手にあっては、販売するしかない商品であり、それを販売することによって彼が生活する商品、したがって彼の収入の唯一の源泉を形成する商品である。労働力は、その買い手である資本家の手中においてのみ可変資本として機能し、資本家は労働力の購買価格そのものを外観上前貸しするだけである。というのは、その価値はまえもってすでに労働者によって資本家に提供されているからである。

Ａ・スミスは、製造業における生産物の価値が　v＋m（ここではm＝資本家の利潤）に等しいことをこのようにしてわれわれに示したのちに、次のように言う——農業では、労働者たちは、「彼ら自身の消費に等しい価値、言い換えれば彼ら*を使用する」｛可変｝「資本に等しい価値を、資本家の利潤とともに再生産」するほかに——それに加えて「借地農場経営者の資本およびその全利潤を超過して、さらに規則正しく地主の地代の再生産をも行なう」（第二篇、第五章、二四三ページ〔前出訳、(二)、三九六—三九七ページ〕）。地代が地主の手にはいるということは、われわれが考察する問題にとっては、まったくどうでもよい。地代は、土地所有者の手にはいるまえに、借地農場経営者の手中に、すなわち産業資本家の手中に存在していなければならない。地代は、だれかにとっての収入となるまえに、生産物の価値の一構成部分をなしていなければならない。したがってA・スミス自身の場合には、地代も利潤も、生産的労働者が彼自身の労賃すなわち可変資本の価値と同時につねに再生産する剰余価値の構成部分であるにすぎない。したがって、地代も利潤も剰余価値ｍの諸部分であり、こうしてA・スミスの場合には、すべての商品の価格が ｖ＋ｍ に分解される。

＊〔初版、第二版では「および」となっていた。原文および草稿にもとづき訂正〕

すべての商品の（したがってまた年々の商品生産物の）価格は、労賃プラス利潤プラス地代に分解されるというドグマは、スミスの著書を貫いてあちこちに見られる奥義《エゾテーリッシュ》＊をつかんだ部分においてさえ、各商品の価値は、したがって社会の年々の商品生産物の価値も、ｖ＋ｍ に等しい、すなわち、労働力に投下され労働者がつねに再生産する資本価値、プラス、労働者がその労働によってつけ加える剰余価値、に等しいという形態をとる。

＊〔「俗論的な（エクソテーリッシュ）」と対比して用いられる語。本訳書、第二巻、三三二ページの訳注＊参照〕

A・スミスにおけるこの最終の帰結は、同時に——後述を見よ——商品価値が分割されうる構成諸部分についての彼の一面的分析の源泉を明示する。しかし、これらの価値構成部分が同時に、生産のなかで機能しているさまざまな階級にとってそれぞれ異なる収入源泉をなすという事情は、＊これらの
(372) 構成部分のそれぞれの部分の大きさの規定とも、それらの価値総額の限界とも、なんの関係もない。

＊〔草稿ではこのあとに、「（第三部でそれに立ちもどる）」という一文が挿入されている。現行版の第四九章

および第五〇章をさすものと思われる〕

Ａ・スミスが、「労賃、利潤、および地代は、すべての交換価値の三つの本源的な源泉であるばかりでなく、すべての収入の三つの本源的源泉でもある。他のすべての収入は、究極的にはこれらの本源的源泉の一つから派生するものである」（第一篇、第六章、四三ページ〔前出訳、㈠、一九六ページ〕）と言うとき、ここには、雑多な〝取り違え〟が積み重ねられている。

（一）労働で行なう行なわないを問わず、再生産に直接たずさわらないすべての社会構成員が、年々の商品生産物にたいする彼らの分け前――すなわち彼らの消費諸手段――を直接に引き出すことができるのは、生産物を直接に手に入れる諸階級――生産的労働者たち、産業資本家たち、および地主たち――の手からだけである。その限りでは、彼らの収入は、〝実質的には〟労賃（生産的労働者たちの）、利潤、および地代から派生したものであり、したがってこれらの本来的収入にたいして派生的収入として現われる。しかし、*他方、この意味でのこれらの派生的収入を受け取る人々は、王、聖職者、教授、売春婦、兵卒などとしての彼らの社会的職能によってこの収入を得るのであり、したがって、彼らは彼らのこの職能を彼らの収入の本来的源泉とみなすことができる。

＊〔「しかし」以下の文章は、アダム・スミス『諸国民の富』、第二篇、第三章の「不生産的労働」にかんする記述の要約である。前出訳、㈡、三三九―三四〇ページ参照〕

（二）――そしてここでＡ・スミスのばかげた誤りは頂点に達する。彼は、商品の価値構成部分とそれらに体現されている価値生産物の総額とを正しく規定し、次にこれらの構成部分が同じ数のさまざまな収入源泉をなすことを立証することから始めたのち、（三九）こうして価値から諸収入を派生させたのち、次には――そしてこのほうが彼には優勢な観念であり続けるが――逆のやり方をして、諸収入を「すべての交換価値の構成諸部分」から「すべての交換価値の本源的な諸源泉」に替えてしまい、これによって俗流経済学に広く門戸を開放したのである（わがロッシャー＊を見よ）。

（三九）　この文章は、ここでの連関では前の文章とも直後の文章とも矛盾するように見えるが、私はこれを草稿のまま文字通りに掲げておく。この外観的矛盾は、以下の第四項「A・スミスにおける資本と収入」において解決される。――F・エンゲルス。

＊〔ドイツの経済学者ヴィルヘルム・ロッシャー（一八一七―一八九四）。マルクスは、第一部でも多くの注のなかで、彼の著書『国民経済の体系』第一巻、『国民経済学原理』、第三版、シュトゥットガルトおよびアウクスブルク、一八五八年、の非科学性を指摘している〕

3　不変資本部分

次にわれわれは、A・スミスがどのような魔法を使って商品価値のうちから資本の不変価値部分を追い払おうとするか、を見てみよう。

(373) 「たとえば穀物の価格においては、一つの部分は地主の地代を支払う」。この価値構成部分の起源は、この部分が地主に支払われて彼にとって地代という形態のもとに収入をなすという事情とは無関係であり、そのことは、他の価値構成部分の起源が、それら構成諸部分が利潤および労賃として収入源泉をなすということと無関係なのと同じである。

「他の一部分は、穀物の生産に使用された労働者」｛および役畜！　と彼はつけ加える｝「の賃銀および〔原文は「または」〕維持費を支払い、第三の部分は借地農場経営者の利潤を支払う。これらの三部分は、直接にか、または究極において、穀物の全価格を形成するように思われる」(四〇)｛seem, 確かに、そう思われるのである｝。この全価格、すなわちそれの大きさの規定は、三つの種類の人々のあいだでのこの価格の分配とは絶対にかかわりがない。「第四の部分が、借地農場経営者の資本を補填するために、または彼の役畜やその他の農具の消耗を補填するために、必要だと思われるかもしれない。しかし、なんらかの農具、たとえば役馬の価格は、それ自体、これまた前記の三部分から、すなわち馬が飼育されている土地の地代、馬を〔……〕飼育する労働、およびこの土地の地代とこの労働の賃銀との双方を前貸しする借地農場経営者の利潤の三部分から形成されているということが考慮されなければならない。したがって、穀物の価格は馬の価格をもその維持費をも補填するであろうが、それでも依然として全価格は、直接にか、または究極において、同じ三部分に、すなわち地代、労働」｛労賃をさす｝「および利潤に分解されるのである」（第一篇、第六章、四二ページ〔前出訳、㈠、一九二ページ〕）。

（四〇）　その事例の選択の点でアダム〔・スミス〕がとりわけ不運であったということは、ここではまったく度外視する。穀物の価値が労賃、利潤、地代に分解されるのは、ただ、役畜によって消費される食糧が役畜の賃銀として、また役畜が賃労働者として表わされ、したがって賃労働者のほうもまた役畜として表わされるからに

すぎない。〔第二草稿からの追加〕

以上は、A・スミスが彼の途方もない学説の論拠としてあげていることの文字どおりすべてである。彼の証明は単に同じ主張の繰り返しでしかない。たとえば、彼は、穀物の価格は v＋m からなるばかりでなく、穀物生産に消費された生産諸手段の価格からも――すなわち借地農場経営者が労働力に投じたのではない資本価値からも――成り立つということを認める。しかし、彼は言う――これらすべての生産諸手段そのものの価格も、穀物の価格と同様に、やはり v＋m に分かれる、と。ただ、A・スミスは、その〔v＋m の〕ほかにこれらの生産諸手段自身の生産に消費された生産諸手段の価格にも分かれる、とつけ加えることを忘れている。彼は、一つの生産部門から他の生産部門を、そこ
(374)
からまた第三の生産部門を見よと指示する。商品の全価格が「直接に」かまたは「究極において」、v＋m に分解されるということが空虚な言い逃れでなくなるのは、次のことが立証される場合だけであろう。すなわち、その価格が直接には c（消費された生産諸手段の価格）＋v＋m に分解される商品諸生産物が、この「消費された生産諸手段」の全部を補填するがそれ自身は可変資本すなわち労働力に投じられた資本の投下だけによって生産される商品諸生産物によって、最終的には補われる、ということがそれである。その場合には、後者の価格は直接に v＋m に等しいであろう。したがって、前者の価格 c＋v＋m――ここでは c が不変資本部分として現われている――も、結局は v＋m に分解されうるであろう。A・スミス自身は、自分があげたスコットランド瑪瑙《めのう》の採集者たちについての例〔本訳書、第二巻、五七八ページの原注三八参照〕によってこのような立証を与えたとは

思わなかったが、しかし、スミスによれば、この採集者たちは、（一）どのような種類の剰余価値も提供することはなく、彼ら自身の労賃を生産するだけであり、（二）生産諸手段はなにも使用しない（といっても、実は、瑪瑙を運ぶための籠《かご》、袋、その他の容器という形態で生産諸手段を使用するのであるが）。

さきほど述べたように、Ａ・スミスは、のちにはみずから自説をくつがえしながら、それでいて自己の諸矛盾に気づいていない。けれども、これらの矛盾の源泉は、まさに彼の学問的出発点に求められるべきである。労働に転換された資本は、それ自身の価値よりも大きい価値を生産する。どのようにしてか？　Ａ・スミスは次のように言う――生産過程中に労働者たちは、彼らが加工する物に一つの価値を、すなわち、彼ら自身の購買価格の等価物以外に、彼らのものにではなく彼らの雇い主のものになる剰余価値（利潤と地代）を形成する一つの価値を、刻み込むことによってである、と。しかし、これが、労働者たちがやりとげる、またやりとげることのできる、すべてでもある。一日の産業労働について言えることは、全資本家階級によって一年間に運動させられる労働についても言える。だから、年々の社会的価値生産物の総量は、* ｖ＋ｍ に、すなわち労働者たちが彼ら自身の購買価格に支出された資本価値を補填すべき等価物と、彼らがそれを超えてそれ以上に彼らの雇い主に提供しなければならない追加価値とに、分割されうるだけである。しかし、諸商品のこの二つの価値要素は、同時に、再生産に参加するさまざまな階級にとっての収入源泉をなす。すなわち、第一の要素は労働者たちの収入である労賃をなし、第二の要素は剰余価値――産業資本家はその一部分を利潤の形態で

(375)
自分の手に留保し、他の一部分を地主の収入である地代として譲渡する――をなす。そうであれば、年々の価値生産物は、v＋m 以外にはなんの要素も内含してはいないのだから、それ以上の価値構成部分はいったいどこからやってくるというのか？　われわれはここでは単純再生産の基盤に立っている。年々の労働の総計額は、労働力に投下された資本価値の再生産に必要な労働と、剰余価値の創造に必要な労働とに分解されるのだから、そのほかになお、労働力に投下されなかった資本価値を生産するための労働は、いったいどこからやってくるのか？

＊〔草稿では「年々の社会的価値生産物の総量は」は「社会的年生産物の総価値は」となっている〕

事態は次のとおりである――＊

＊〔この一文はエンゲルスによる〕

(一) A・スミスは商品の価値を、賃労働者が労働対象につけ加える労働の総量によって規定する。彼の言葉どおりに言えば、「諸材料に」である〔前出訳、㈠、一八六ページ〕。というのは、彼が取り扱っているのは、それ自身すでに労働生産物であるものに加工する製造業だからである。しかし、このことは事態をなにも変えない。労働者がある物につけ加える（そしてこの〝つけ加える〟というのがアダムの表現である）価値は、価値をつけ加えられるこの対象がこのつけ加えよりもまえにみずからすでに価値をもっているかどうかとは、まったくかかわりがない。すなわち、労働者は商品形態で価値生産物をつくりだし、この価値生産物の一部は、A・スミスによれば、労働者の労賃の等価物であり、したがってこの部分は、彼の労賃の価値の大きさによって規定される。この価値の大きさの大小に応じて、彼は、自分の労賃の価値に等しい価値を生産または再生産するために、より多くの〔またはよりわずかの〕労働をつけ加えなければならない。しかし、他方では、労働者は、こうして画される限界を超えてさらに多くの労働をつけ加えるのであり、その労働が彼を雇用する資本家のために剰余価値を形成する。この剰余価値が全部その資本家の手に残るか、それとも部分的に彼から第三者に譲渡されなければならないかということによっては、賃労働者がつけ加える剰余価値の質的な（それが一般に剰余価値だという）規定にも、量的な（大きさの）規定にも、絶対になんの変化もきたさない。それが価値であるということは、生産物の他のどの価値部分とも同じであるが、異なる点は、労働者はそれにたいする等価物を受け取らなかったし、またあとからも受け取らないのであり、この価値はむしろ資本家によって等価物〔の提供〕なしに取得されるということである。商品の総価値は、労働者がその商品の生産に支出した労働量によって規定されており、この総価値の一部分は、それが労賃の価値に等しいということ、すなわち労賃の等価物であるということによって規定されている。したがって、第二の部分である剰余価値もまた必然的に規定されている。すなわちそれは、生産物の総価値から労賃の等価物である価値部分を差し引いたものに等しい。したがって、商品の生産中につくりだされた価値生産物のうち、その価値生産物に含まれている彼の労賃の等価物に等しい価値部分を超える超過分に等しい。

（二）個々の産業的事業において個々の各労働者によって生産される商品について言えることは、すべての事業部門の年生産物の合計についても言える。個別の生産的労働者の日労働について言える

(376)ことは、生産的労働者階級全体によって流動させられる年労働についても言える。この階級は、支出された年労働量によって規定される総価値を年生産物のうちに「固定する」(スミスの表現〔前出訳、(二)、三三八ページ〕)。そして、この総価値は、年労働のうち、労働者階級がその年賃銀の等価物をつくりだす部分によって規定される一部分――実際にはこの賃銀そのもの――と、労働者が資本家階級のために剰余価値をつくりだす追加的年労働によって規定されるもう一つの部分とに、分かれる。したがって、年生産物に含まれる年々の価値生産物は、ただ二つの要素、すなわち労働者階級が受け取る年賃銀の等価物と、年々資本家階級のために提供される剰余価値とだけからなっている。ところで、年賃銀は労働者階級の収入をなし、剰余価値の年総額は資本家階級の収入をなす。したがって両者は、年々の消費元本の相対的分け前を表わし(そしてこの観点は単純再生産の叙述では正しい)、この消費元本において実現される。こうして、不変資本価値のための――すなわち生産諸手段の形態で機能する資本の再生産のための――余地はどこにも残らない。しかしA・スミスは彼の著書の序論において、収入として機能する商品価値のいっさいの部分が、社会的消費元本に予定される年々の労働生産物と一致すると明言する――「国民大衆の収入とはなんであったか、言い換えれば、……彼らの年々の消費を充足してきた元本の性質はなんであったか、これを説明するのがこの最初の四つの篇の目的である」(一二ページ〔前出訳、(一)、九四ページ〕)。そして序論のまさに最初の文章のなかで言う――「あらゆる国民の年々の労働は、その国民がその年のうちに消費するすべての生活諸手段〔原文では「生活必需品および便益品」〕をその国民に本源的に供給する元本であり、この生活諸手段は、つねに、その労働の直接的生産物からなるか、またはその生産物によって他の諸国民から購入された諸対象である」（一一ページ〔前出訳、(一)、八九ページ〕）。

ところで、A・スミスの第一の誤りは、彼が年々の生産物価値を年々の価値生産物と同一視する点にある。後者は、その一年間の労働の生産物だけである。前者は、そのほかに、年生産物の生産に消費されたが、前年および一部はもっと以前の年に生産された、いっさいの価値要素、すなわち、その価値が再現しているだけの生産諸手段をも含む。――この生産諸手段は、その価値について言えば、その一年間に支出された労働によって生産されたのでも再生産されたのでもない。この混同によって、(377) A・スミスは年生産物の不変的価値部分を巧みに追い出す。この混同そのものは、彼の基本的見解のなかにあるもう一つの誤りにもとづく。すなわち、彼は、労働そのものの二面的性格――労働力の支出として価値をつくりだす限りでの労働と、具体的有用的労働として使用対象（使用価値）をつくりだす限りでの労働という二面的性格――を区別しない。年々生産される諸商品の総計、すなわち年生産物全体は、その年に作用する有用的労働の生産物である。社会的に使用された労働がさまざまな種類の有用的労働の多岐にわたる一体系のうちに支出されたということによってのみ、これらすべての商品は存在するのであり、そのことによってのみ、それらの商品の総価値のうちに、それらの商品の生産に消費された生産諸手段の価値が、新たな現物形態で再現して保存されるのである。したがって年生産物の総体は、一年間に支出された有用的労働の結果である。しかし、年々の生産物価値は、その一部分のみがその一年間につくりだされたものであり、この部分は、まさにその一年間に流動化された労働の総量を表わす年々の価値生産物である。

*したがって、いま引用した個所でA・スミスが、「あらゆる国民の年々の労働は、その国民がその年のうちに消費するすべての生活諸手段をその国民に本源的に供給する元本である」と言うとき、彼は一面的に単に有用的な労働の立場に立つのであって、確かに、これらすべての生活諸手段に消費可能な形態を与えたのはこの有用的労働である。しかし、そのさい彼が忘れているのは、このことも以前の諸年から受け継がれた労働諸手段と労働諸対象との助けなしには不可能であったということ、したがって、価値を形成した限りでの「年々の労働」は決してこの労働によって完成された生産物の全価値を創造したのではないということ、すなわち、価値生産物は生産物価値よりも小さいということ、である。

*〔このパラグラフの文章はエンゲルスによる〕

この分析でA・スミスが彼のすべての後継者たちと同じところまでしか進まなかった（正しいものへの萌芽はすでに重農主義者たちのもとに見いだされたにもかかわらず）と非難するわけにはいかないにしても、彼はいっそう混沌のうちに迷い込んでいるのであり、しかもその理由は主として、商品価値一般にかんする彼の「奥義をつかんだ《エソテーリッシュ》」見解が、いつも俗論的《エクソテーリッシュ》な見解と交錯しており、彼の学問的本能がときどき奥義をつかんだ立場を再現させるとはいえ、彼の場合には俗論的な見解が全般として優勢であるということにある。

４　Ａ・スミスにおける資本と収入

（378）

各商品の（だからまた年生産物の）価値のうち、労賃の等価物だけをなしている部分は、資本家によって労賃に前貸しされた資本に、すなわち彼の前貸総資本のうちの可変的構成部分に等しい。資本家は、前貸資本価値のこの構成部分を、賃労働者によって提供された商品のうちの新たに生産された価値構成部分によって回収する。可変資本が、まだ販売用に仕上げられていないか、または仕上げられてはいるもののまだ資本家によって販売されていない生産物のうち、労働者に帰属する分け前*を資本家が貨幣で支払うという意味で、前貸しされるのであろうと、または資本家が労働者の供給した商品の販売によってすでに受け取った貨幣でこの分け前を支払うのであろうと、または資本家がこの貨幣を信用によって先取りしたのであろうと――これらのすべての場合に、資本家は可変資本を支出し、それは、貨幣として労働者の手に流れていくのであり、他方で資本家は、この〔可変〕資本価値の等価物を、彼の諸商品の次のような価値部分の形で所有する。すなわち、労働者がこの諸商品の総価値のうちの自分自身に帰属する分け前を新たに生産した価値部分の形で、言い換えれば、自分自身の労賃の価値を生産した価値部分の形で所有する。資本家は、労働者にたいしてこの価値部分を労働者自身の生産物の現物形態では与えないで、貨幣で支払う。したがって、資本家にとっては、彼の前貸資本価値の可変的構成部分はいまや商品形態をとっているが、他方、労働者は自分が売った労働力の等価物を貨幣形態で受け取っている。

＊〔草稿では「労働者に労賃として帰属する」となっている〕

このようにして、資本家によって前貸しされた資本のうち、労働力の購入によって可変資本に転換された部分は、活動する労働力として生産過程そのものの内部で機能し、この力の支出によって新価値として商品形態で新たに生産される、すなわち再生産される――つまり再生産すなわち前貸資本価値の新生産！――のであるが、他方、労働者は、自分が売った労働力の価値または価格を生活諸手段に、自分の労働力を再生産する諸手段に支出する。可変資本に等しい貨幣額は、労働者の収得分、したがって彼の収入《レヴェニュー》をなすが、それが続くのは、彼が自分の労働力を資本家に売ることのできるあいだだけである。

賃労働者の商品――彼の労働力そのもの――は、それが資本家の資本に合体され資本として機能する限りでのみ、商品として機能する。他方では、貨幣資本として労働力の購入に支出された資本家の資本は、労働力の売り手である賃労働者の手中では収入として機能する。

ここでは、A・スミスが区別をしていないさまざまな流通過程および生産過程がからみ合っている。

第一に。流通過程に属する諸行為。労働者は自分の商品――労働力――を資本家に売る。資本家が労働力を買う貨幣は、彼にとっては価値増殖のために投下された貨幣、すなわち貨幣資本である。それは支出されるのではなく、前貸しされている。（これが「前貸し」――重農主義者たちのいうアヴァンス――の真の意味であり、資本家が貨幣そのものをどこから入手するかとはまったく関係がない。
(379) 資本家が生産過程のために支払う価値はすべて、この支払いがまえもって行なわれようと〝あとから〟行なわれようと、彼にとっては前貸しされているのであり、その価値は生産過程そのものに前貸しされている。）ここでは、どんな商品販売の場合にも起こることが起こるだけである。すなわち、売り手は一つの使用価値*（ここでは労働力）を手放して、その価値を貨幣で受け取る（その価格を実現する）。買い手は彼の貨幣を手放して、その代わりに商品そのもの――ここでは労働力――を受け取る。

＊〔草稿では「使用価値」を抹消し、「使用物品」に書き換えている〕

第二に。生産過程では、いまや、購買された労働力は機能資本の一部分をなし、労働者自身は、ここでは、この資本のうち、生産諸手段という現物形態で存在する諸要素とは区別される、一つの特殊な現物形態として機能するだけである。この過程中に、労働者は、彼によって生産物に転化される生産諸手段に、彼の労働力の価値に等しい価値を（剰余価値は度外視する）、彼の労働力の支出によってつけ加える。したがって労働者は、資本家によって労働者に労賃としてすでに前貸しされたかまたはこれから前貸しされる資本部分を、資本家のために商品形態で再生産し、資本家のためにこの資本部分の等価物を生産する。すなわち、労働者は、資本家が新たに労働力の購入に「前貸し」しうる資本を、資本家のために生産するのである。

第三に。したがって、商品の販売では、その販売価格の一部分は、資本家の前貸しした可変資本を資本家に補填し、こうして、資本家が新たに労働力を購買し、また労働者が新たに労働力を販売することを可能にする。

すべての商品売買では――これらの取り引きそのものだけが考察される限りでは――、売り手の手中で彼の商品を売って得た貨幣がどうなるか、また買い手の手中で彼の買った使用物品がどうなるかは、まったくどうでもよいことである。したがって、単なる流通過程が考察される限りでは、資本家の買った労働力が彼のために資本価値を再生産するということも、また他方、労働力の購買価格として〔資本家が〕手放した貨幣が労働者にとって収入をなすということも、まったくどうでもよい。労働者の取引物品である彼の労働力の価値の大きさは、それが彼にとって「収入」をなすということによっても、彼の取引物品の買い手による使用がこの買い手のために資本価値を再生産するということによっても、影響されない。

労働力の価値――すなわちこの商品の妥当な販売価格――は、労働力の再生産に必要な労働量によって規定されており、この労働量そのものはこの場合には労働者の必要生活諸手段の生産に必要な、すなわち彼の生活の維持に必要な労働量によって規定されているのだから、労賃は、労働者がそれによって生活しなければならない収入となる。

（380）

A・スミスが次のように言っているのは（二二三ページ〔前出訳、㈡、三四二ページ〕）まったく誤りである――「生産的労働*の維持に投下される資本部分は……彼」〔資本家〕「にたいして資本の機能を果たしたのち……彼らの」〔労働者たちの〕「収入を形成する」。資本家が自分の買う労働力に支払うのに用いられる貨幣が「彼にたいして資本の機能を果たす」のは、それによって彼が労働力を自分の資本の物的構成諸部分に合体させ、こうして要するに自分の資本をはじめて生産資本として機能する状態におく限りでのことである。われわれは次のような区別をする――労働力は労働者の手中では商品であって、資本ではない。そして労働力は、彼がその販売をつねに繰り返すことができる限りで彼にとって収入を構成する。労働力は、販売後、資本家の手中で、生産過程そのもののあいだ、資本として機能する。ここで二度役立つのは労働力であり、労働力は労働者の手中では、その価値どおりに売られる商品として、それを買った資本家の手中では、価値と使用価値とを生産する力として役立つ。しかし、労働者は、彼が資本家から受け取る貨幣を、自分の労働力の使用を資本家に与えたあとに、労働力がすでに労働生産物の価値のなかに実現されたあとに、はじめて受け取るのである。資本家はこの価値を、彼がそれを支払うまえには、自分の手中にもっている。したがって、貨幣が二度――まず可変資本の貨幣形態として、次に労賃として――機能するのではない。そうではなくて、労働力が二度機能したのである――第一には、労働力の販売のさいに商品として機能し（貨幣は、支払われるべき賃銀の約定にさいしては、単に観念的な価値尺度として作用するだけであり、この場合、まだ資本家の手中にある必要はまったくない）、第二には、労働力が資本として、すなわち使用価値と価値とを創造する要素として、資本家の手中で機能する生産過程で機能したのである。労働力は、労働者に支払われるべき等価物を、資本家がそれを労働者に貨幣形態で支払うまえに、すでに商品形態で提供した。だから労働者は、資本家が彼に支払うための支払元本を、みずから創造するのである。しかし、それだけではない。

＊〔本訳書、第二巻、五九一ページの訳注＊2参照〕

労働者が受け取る貨幣は、彼の労働力を維持するために、したがって――資本家階級と労働者階級とを総体として考察すれば――資本家だけが資本家であり続けうるための道具を資本家に維持するために、労働者によって支出される。

（381）

こうして、労働力の恒常的な売買は、一方では、労働力を資本の要素として恒久化し、これによって、資本は商品すなわち価値をもつ使用物品の創造者として現われ、これによってさらにまた、労働力を購買する資本部分が労働力自身の生産物によってつねに生産され、したがって、労働者自身が、自分が支払いを受ける資本元本をつねに創造するのである。他方では、労働力の恒常的な販売は、つねに更新される労働者の生活維持源泉となるのであり、したがって、彼の労働力は、彼が生活するための収入を得る能力として現われる。ここで収入というのは、一つの商品（労働力）を絶えず繰り返し販売することによってもたらされる価値の取得という意味にほかならない――その場合、これらの価値そのものは、売られるべき商品の恒常的な再生産に役立つだけである。そして、その限りで、A・スミスが、労働者自身が創造した生産物の価値のうち資本家がそれにたいして労賃の形態で労働者に等価物を支払う部分は、労働者にとって収入の源泉になる、と言っているのは正しい。しかし、このことによって商品のこの価値部分の本性もしくは大きさが変わらないことは、生産諸手段が資本価値として機能することによって生産諸手段の価値が変わらないのと同じであり、または、直線が三角形の底辺もしくは楕円の直径として機能することによってこの直線の本性と大きさとが変わらないのと同じである。労働力の価値は、このような生産諸手段の価値とまさに同じように独立的に規定されている。商品のこの価値部分は、それを構成している自立的一要因としての収入からなるのでもなければ、また、収入に分解されるのでもない。労働者によってつねに再生産されるこの新価値が彼にとって収入の源泉をなすからといって、逆に、彼の収入が彼の生産した新価値の一構成部分をなすわけではない。彼の創造した新価値のうち彼に支払われる分け前の大きさが、彼の収入の価値の大きさを規定するのであって、その逆ではない。新価値のこの部分が彼にとって収入をなすということは、ただ、この部分がどうなるかを、それの使用の性格を示すだけで、この価値部分の形成と無関係であることは、他のあらゆる価値形成の場合と同じである。私が毎週一〇ターレルの収入を得ているとしても、この毎週の収入という事情によって、この一〇ターレルの価値の本性もその価値の大きさも少しも変わらない。他のどの商品の場合にもそうであるように、労働力の場合にも、その価値はその再生産に必要な労働量によって規定されている。この労働量が労働者の必要生活諸手段の価値によって規定され、したがって彼の生活諸条件そのものの再生産に必要な労働に等しいということは、この商品（労働力）に特有なことではあるが、しかし、役畜の価値がそれの維持に必要な飼料〔生活諸手段〕の価値によって――すなわち、この飼料を生産するために必要な人間的労働の総量によって――規定されているということ以上の特有さがあるわけではない。

　しかし、ここでA・スミスにまったくの災いを生じさせるものは、「収入《レヴェニュー》」というカテゴリーであ
（382）る。彼の場合には、さまざまな種類の収入が、年々生産され新たにつくりだされる商品価値の「〝諸
構成部分〟」をなすのにたいし、他方では逆にこの二つの部分――資本家にとってはこの商品価値が

分かれる、労働の購入のさいに貨幣形態で前貸しされた彼の可変資本の等価物と、やはり彼のものではあるが彼にとってはなんの費用もかからなかったもう一つの価値部分すなわち剰余価値という二つの部分――は、収入源泉をなす。可変資本の等価物は、また新たに労働力に前貸しされ、その限りでは労働者にとって彼の労賃の形態で収入をなす。他方の部分――剰余価値――は、資本家にとっては資本前貸しを補填する必要がないのだから、どんな種類の資本価値もなすことなく、資本家によって消費諸手段（必需品および奢侈品）に支出され、収入として消費されうる。この収入の前提は、商品価値そのものであり、資本家にとってこの商品価値の構成諸部分が区別されるのは、それらの構成部分が彼によって前貸しされた可変資本価値にたいする等価物をなすか、それともこの可変資本価値を超える超過分をなすか、という点だけである。両部分とも、商品生産中に支出されて労働に流動化された労働力だけからなっている。それらは、収入またはレヴェニューからではなく、支出から――労働の支出から――なっている。

　商品価値が収入の源泉になるのではなく、収入が商品価値の源泉になるのだとするこの〝取り違え〟に応じて、いまや商品価値は、さまざまな種類の収入から「構成された」ものとして現われる。これらの収入は相互独立的に規定されており、これらの収入の価値の大きさの加算によって商品の総価値が規定される。しかし、そこで問題なのは、商品価値の源泉であるとされるこれらの収入の各々の価値は、どのようにして規定されるのか？　ということである。労賃の場合にはこの規定を行なうことはできる。というのは、労賃は、それに相当する商品である労働力の価値であり、この価値は

（他のどの商品の価値とも同じく）この商品の再生産に必要な労働によって規定されうるからである。しかし剰余価値、またはA・スミスの場合にはむしろそれの二つの形態である利潤および地代は、どのようにして規定されうるか？　ここでは空虚なむだ話がなされるだけである。A・スミスは、労賃と剰余価値（または労賃と利潤）を、あるときは商品価値または価格を構成する構成諸部分として叙述し、あるときは、しかもしばしばほとんど同時に、商品価格が「分解される」諸部分として叙述する――すなわち、まえとは逆に、商品価値がまず与えられており、この与えられた価値のさまざまな部分が、生産過程に参加するさまざまな人々にさまざまな収入の形態で分け与えられるというのである。これは決して、価値がこれら三つの「構成部分」から構成されるということと同じではない。私が三本の異なる直線の長さをべつべつに決定し、次にこの三本の線を「構成部分」として、それらの（383）合計の長さに等しい第四の直線をつくる場合と、他方、私の前に一つの与えられた直線があり、私がこれをなんらかの目的で三つの異なる部分に分ける――いわば「分解する」――場合とでは、決して同じ手続きではない。前者の場合には、線の長さは、三つの線の長さ――その合計がこの線を形成する――の変化につれて例外なしに変わるが、後者の場合には、三つの線分の長さは、それらが与えられた長さの一本の線の諸部分をなすということによって、あらかじめ限定されている。

　しかし、実際にわれわれが、A・スミスの叙述の正しい点、すなわち、社会の年々の商品生産物（個々の各商品の場合も、日生産物、週生産物などの場合も同じであるが）に含まれている、年労働によって新たに創造された価値は、前貸可変資本の価値（すなわちふたたび労働力の購入に充てられる価値部分）、プラス、資本家が――単純再生産が行なわれ、かつ他の事情に変わりがなければ――自分の個人的消費の諸手段に実現することのできる剰余価値、に等しいという点を堅持する限り、さらにまた、A・スミスが、価値を創造し、労働力の支出である限りでの労働と、使用価値をつくりだす限りでの、すなわち有用的で合目的的な形態で支出される限りでの労働とを混同しているという点を堅持するならば、全観念は、次のことに帰着する――すなわち、各商品の価値は労働の生産物であり、したがって年労働の生産物の価値または年々の社会的商品生産物の価値もまたそうである、ということに。しかし、すべての労働は、（一）労働者が単に彼の労働力の購入に前貸しされた資本の等価物を再生産するにすぎない必要労働時間と、（二）彼が資本家のために資本家からはなんの等価物も支払われない一つの価値、すなわち剰余価値を提供する剰余労働とに分解されるのだから、すべての商品価値はこれら二つの異なる構成部分にのみ分解されうるのであり、したがって、最終的には、労賃として労働者階級の収入をなし、剰余価値として資本家階級の収入をなす。しかし、不変資本価値、すなわち年生産物の生産に消費された生産諸手段の価値については、確かにこの価値がどのようにして新たな生産物の価値にはいり込むかを（資本家は彼の商品の販売にさいしてそれを買い手に負担させるという決まり文句のほかには）〔スミスは〕言いえないのであるが、しかし結局は――〝究極においては〟――生産諸手段そのものが労働の生産物なのだから、この価値部分もそれ自身やはり可変資本の等価物と剰余価値とから、必要労働の生産物と剰余労働の生産物とから、成り立ちうるだけである。これらの生産手段の価値が、その使用者の手中で資本価値として機能するとしても、そのこ

（384）

とは、この価値が「本源的には」、またその根本にさかのぼってみれば、別の人の手中で——より以前のことであっても——同じ二つの価値部分に、したがって二つの相異なる収入源泉に分かれうるものであったということをさまたげない。

ここに含まれている一つの正しい点は、社会的資本——すなわち個別諸資本の総体——の運動においては、事態が、個々に考察された各個別資本にとって現われるのとは異なって、すなわち個々の各資本家の見地から見て現われるのとは異なって、現われるということである。個々の各資本家にとっては、商品価値は、（一）不変的要素（スミスの言う第四の要素）と、（二）労賃と剰余価値との合計、または労賃と利潤と地代との合計とに分解される。これにたいして、社会的見地から見れば、スミスの第四の要素、不変資本価値は消えうせるのである。

５　総　括

労賃、利潤、地代という三つの収入が商品価値の三つの「構成部分」をなすというばかげた定式は、Ａ・スミスの場合には、商品価値がこの三つの構成部分に〝分解される〟という、さらにもっともらしい定式から生まれてくる。これもまた誤りであり、商品価値は消費された労働力の等価物と労働力によって創造された剰余価値とにのみ分割されうると前提するとしても、誤りである。しかし、誤謬はここでもまた、一つのより深い真の基礎にもとづいている。資本主義的生産は、生産的労働者が自分自身の労働力を自分の商品として資本家に販売し、次にこの労働力が資本家の手中で単に彼の生産資本の一要素として機能する、ということにもとづく。流通に属するこの取り引き――労働力の売買――は、生産過程を準備するだけでなく、暗黙のうちに生産過程の独特な性格を規定している。使用価値の生産は、また商品の生産でさえも（というのは、商品の生産は独立の生産的労働者によってでも行なわれうるのであるから）、ここでは資本家のための絶対的および相対的剰余価値の生産の手段でしかない。だから、われわれは、生産過程の分析のさいに、絶対的および相対的剰余価値の生産がどのように、（一）日々の労働過程の長さと、（二）資本主義的生産過程の社会的および技術的な全姿態とを規定するか、を見た。この生産過程そのものの内部で、価値（不変資本価値）の単なる維持と、前貸しされた価値（労働力の等価物）の現実の再生産と、剰余価値――すなわち、資本家がそれにたいしてまえもって等価物を前貸ししたのでもなければ、〝あとになってから〟前貸しするのでもない価値――の生産との区別が、現実のものになる。*

＊〔草稿ではこのあとに、覚え書きとして次の文章が続いている。「〔というのは、まえもってであれ、あとになってからであれ、資本家が生産過程のために支払うあらゆる価値は、彼にとっては前貸しされているからである。それは、生産過程それ自体に前貸しされている。〕〔だから、ケネーは生産的資本のすべての諸要素を〝前貸し〟と正しく定義している。〕」〕

(385) 剰余価値――資本家によって前貸しされた価値の等価物を超える超過価値――の取得は、労働力の売買によって準備されるとはいえ、生産過程そのものの内部で遂行される行為であって、生産過程の本質的契機をなす。

一つの流通行為をなす準備的行為、すなわち労働力の売買は、それ自身また、社会的諸生産物の分配に先行しその前提になっている生産諸要素の分配――すなわち労働者の商品としての労働力の、非労働者の所有物としての生産諸手段からの分離――にもとづく。

しかし同時に、剰余価値のこの取得、または、価値生産の、前貸価値の再生産と等価物を補填しない新価値（剰余価値）の生産とへのこの分離は、価値そのものの実体と価値生産の本性とを少しも変えない。価値の実体は、支出された労働力――労働、といってもこの労働の特殊な有用的性格とはかかわりのない労働――以外のなにものでもなく、ずっとそうなのであり、また、価値生産は〔労働力の〕この支出の過程以外のなにものでもない。たとえば、農奴は六日間労働力を支出し、六日間労働する。そして彼がこの労働日のうちたとえば三日は自分のために自分の畑で働き、残りの三日は自分の領主のために領主の畑で働くとしても、それによってこの労働力支出という事実そのものにかんしては差が生じはしない。自分のために行なう彼の自由労働も、領主のために行なう彼の強制労働も、等しく労働である。彼の労働が、それによって創造される価値に関連する労働、あるいはまた有用的生産物に関連する労働として考察される限りでは、彼の六日間の労働にはなんの区別も生じない。区別は、六日という労働時間の各半分の両期間では彼に労働力の支出を生じさせる諸事情が異なるということにのみ関連する。賃労働者の必要労働と剰余労働とについても事情は同じである。

生産過程は、商品においては消えうせる。その商品の生産に労働力が支出されたということは、いまや、その商品が価値をもつという、商品の物的属性として現われる。この価値の大きさは、支出さ

(386)
れた労働の大きさによってはかられている。商品価値は、それ以上のものには分解されず、それ以外のものから成り立ってはいない。* 私が一定の長さの一本の直線を引いたとすれば、私は、なによりもまず、私から独立した既定の諸規則（諸法則）に従って行なわれる作図法によって、一本の直線を「生産した」（もっとも、まえもって私が知っているものを象徴的に生産しただけであるが）わけである。私がこの直線を三つの部分（それらもまた一定の問題に対応するであろう）に分割しても、これら三つの部分のそれぞれは依然として直線であって、それらを部分とする直線全体は、この分割によって、直線とは別のなにかに、たとえばなんらかの種類の曲線に、分解されることはない。同様に、私は、与えられた長さの線を分割してそれらの諸部分の合計が分割以前のその線自身よりも長くなるようにすることもできない。つまり、分割以前の線の長さは、任意に定められたそれぞれの部分線の長さによって規定されているのではない。逆に、それぞれの部分線の相対的な長さのほうが、それらを部分とする線の限界によって、はじめから限定されている。

＊〔草稿では、このあとに、「資本家によって生産された」で始まる次の段落が改行なしで続いている〕

資本家によって生産された商品も、その限りでは、自立的労働者、労働者共同体、または奴隷によって生産された商品となにも異ならない。けれども、われわれの場合には、労働生産物全体もその価値全体も資本家のものである。他のどの生産者もそうであるように、資本家も、商品をまず販売によって貨幣に転化してからでなければ、それからさきの操作は遂行できない。彼は商品を一般的等価物の形態に転換しなければならない。――

貨幣に転化される以前の商品生産物を考察しよう。それは、全部、資本家のものである。他方で、それは有用的労働生産物としては――使用価値としては――すべてが、そのまえに行なわれた労働過程の生産物である。その価値はそうではない。この価値の一部分は、商品の生産において支出された生産諸手段の価値が新たな形態で再現したものにすぎない。この価値は、この商品の生産過程中で生産されたのではない。というのは、生産諸手段は、〔この商品の〕生産過程よりまえに、その過程とはかかわりなく、この価値をもっていたからである。生産諸手段は、この価値の担い手としてこの過程にはいり込んだ。更新され、変化したものは、この価値の現象形態だけである。商品価値のこの部分は、資本家にとっては、彼の前貸不変資本価値のうちの、商品生産中に消費された部分の等価物をなす。それはまえには生産諸手段の形態で存在した。それがいまは、新たに生産された商品の価値の構成部分として存在する。この商品が貨幣化されれば、いまや貨幣として存在するこの価値は、ふたたび生産諸手段に、生産過程とそこでの自己の機能とによって規定されたそのはじめの形態に、転化されなければならない。商品の価値性格は、この価値の資本機能によっては、なに一つ変えられない。

――――

(387)商品の第二の価値部分は、賃労働者が資本家に売る労働力の価値である。この価値も、生産諸手段の価値と同じように、労働力がはいり込むべき生産過程とかかわりなく規定されており、そして労働力が生産過程にはいる以前に、労働力の売買という流通行為において固定される。賃労働者は、彼の機能――彼の労働力の支出――によって、彼の労働力の使用にたいして資本家が彼に支払わなければならない価値に等しい商品価値を生産する。彼は資本家にこの価値を商品の形で与え、資本家は彼にこの価値を貨幣の形で支払う。商品価値のこの部分が、資本家にとっては、労賃として前貸しされるべき彼の可変資本の等価物でしかないということは、この価値部分が、生産過程で新たに創造された商品価値であって、それを構成するものは、剰余価値を構成するもの――すなわち遂行された労働力の支出――となにも異ならないという事実を、まったく変えはしない。同じく、この事実は、資本家によって賃銀の形態で労働者に支払われる労働力の価値が労働者にとっては収入の形態をとるということ、また、このことによって労働力が永続的に再生産されるだけでなく、賃労働者の階級そのものも永続的に再生産され、それとともに資本主義的生産全体の基礎も永続的に再生産されるということによっても、影響されはしない。[*]

＊〔この一文と次のパラグラフ全体はエンゲルスによる〕

しかし、この二つの価値部分〔生産諸手段の価値と労働力の価値〕の合計が商品価値の全体をなすのではない。この二つの部分を超える超過分、すなわち剰余価値が残っている。剰余価値も、労賃に前貸しされた可変資本を補填する価値部分と同じく、生産過程中に労働者によって新たに創造された価値――凝固した労働――である。ただ剰余価値のほうは、全生産物の所有者である資本家になんの費用も費やさせないだけである。この後者の事情は、もし資本家が剰余価値のうちの諸部分を――たとえば、土地所有者に地代を譲渡しなければならない場合（その場合には、さらにこれらの部分はそのような第三者の収入をなすが）とは違って――他の関係者に譲渡する必要がないとすれば、資本家が剰余価値を全部、収入として消費することを実際に可能にする。この同じ事情は、わが資本家がそもそも商品生産にたずさわった推進的動機でもあった。しかし、剰余価値をものにしようとする彼のもともとは善き意図も、彼および他の人々が剰余価値を収入として事後に支出することも、剰余価値そのものには影響しない。これらの事情は、剰余価値が凝固した不払労働であるということをなにも変えず、同じくまた剰余価値の大きさをなにも変えないのであり、この大きさはまったく別の諸条件によって規定される。

しかし、ひとたびＡ・スミスが――実際に彼がそうしているように――すでに商品価値を考察するさいに、総再生産過程で商品価値の異なる諸部分にどんな役割が与えられるかを問題にしようとしたのであれば、〔価値の〕特定の諸部分が収入として機能するとき、他の諸部分が同様につねに資本として機能することは明らかであったし、――そうであれば、彼の論理に従って、後者の部分も、商品価値を構成する諸部分または商品価値がそれに分解される諸部分と呼ばれなければならなかったであろう。

(388) Ａ・スミスは、商品生産一般を資本主義的商品生産と同一視する。生産諸手段ははじめから「資本」であり、労働ははじめから賃労働であり、したがって、「有用で生産的な労働者の数は……どこにおいても、彼らを就業させるために使用される資本の量に比例する」（序論、一一ページ〔前出訳、㈠、九二ページ〕）。ひとことで言えば、労働過程のさまざまな要因――対象的および人的――がはじめから資本主義的生産時代の特徴を示す扮装で現われる。したがってまた、商品価値の分析は、この価値が、一方では、どの程度まで投下資本の単なる等価物をなし、他方では、それがどの程度まで前貸資本価値をまったく補填しない「自由な」価値すなわち剰余価値をなすかという考慮と、直接に重なる。このようにして、この見地から互いに比較される商品価値の諸断片が、こっそり、商品価値の自立的「構成諸部分」に転化され、最終的には「いっさいの価値の源泉」に転化される。もう一つの帰結は、商品価値がさまざまな種類の収入から構成されるということ、またはそれと入れ替わる形で、商品価値がさまざまな種類の収入に「分解される」ということであり、その結果、収入が商品価値から成り立つのではなく、商品価値が「収入」から成り立つということである。しかし、商品価値または貨幣が資本価値として機能しても、商品価値〝としての〟商品価値、または貨幣〝としての〟貨幣の本性が変化しないのと同様に、商品価値がのちにあれこれの人にとって収入として機能しても、商品価値は変化しない。A・スミスがとりあげる商品は、はじめから商品資本（それは商品の生産に消費された資本価値のほかに剰余価値を含む）であり、すなわち、資本主義的に生産された商品であり、資本主義的生産過程の結果である。したがって、資本主義的生産過程が、したがってまた、それに含まれている価値増殖過程および価値形成過程が、あらかじめ分析されていなければならなかったはずである。この過程の前提そのものがこれまた商品流通であるから、したがってこの過程の記述はまた、それとは独立した、それに先行する商品分析を必要とする。A・スミスが「奥義をつかんで」ときおり正しいことを言いあてる場合でさえ、彼はいつも、商品分析のおりに、すなわち商品資本を分析するついでに、価値生産を考慮するだけなのである。

＊〔初版および第二版では「資本」をさす代名詞 es になっているが、草稿では「価値」をさす代名詞 er である〕

第三節　その後の人たち〔四一〕

〔四一〕ここからこの章の終わりまで第二草稿より追加。

(389)

リカードウは、A・スミスの理論をほとんど言葉どおりに再生産する──「一国の生産物はすべて消費されるということにはだれでも同意するに違いないが、しかし、それが別の価値を再生産する人々によって消費されるか、あるいはそれを再生産しない人々によって消費されるかによって、ほとんど考えられないほどに大きな相違が生じる。収入が貯蓄されて資本に追加されるとわれわれが言うとき、その意味するところは、収入のうち資本に追加される〔……〕部分が不生産的労働者によってではなく生産的労働者によって消費される、ということである」(『〔経済学と課税の〕原理』、〔第三版、ロンドン、一八二一年、〕一六三ページ〔堀経夫訳『リカードウ全集』I、雄松堂書店、一九七二年、一七五ページ〕)。

実際には、リカードウは、労賃と剰余価値とへの(または可変資本と剰余価値とへの)商品価格の分解にかんするA・スミスの理論を完全に受け入れている。彼がスミスと争うのは、(一) 剰余価値の構成諸部分についてであり、彼は、剰余価値の必然的要素として地代を認めない。(二) リカードウは商品価格をこれらの構成部分に分割する。したがって、価値の大きさが、〝先に存在するもの〟である。構成諸部分の総和が与えられた大きさとして前提され、それが出発点とされるのであって、A・スミスがしばしば逆に、また彼自身のより深い洞察に反してそうしているように、商品価値の大きさが〝あとになってから〟構成諸部分の加算によってつくりだされるのではない。

ラムジーはリカードウに反対して次のように言う――「リカードウは、全生産物が労賃と利潤とにだけ分割されるのではなく、一部分が固定資本の補塡のために必要であるということを忘れている」（『富の分配にかんする一論』、エディンバラ、一八三六年、一七四ページ）。ラムジーの言う固定資本とは、私の言う不変資本と同じものである――「固定資本は、生産されつつある商品の製造（原文は「将来の商品の増加」）には寄与するけれども労働者の維持には寄与しない形態で存在する」（五九ページ）。

A・スミスは、彼が商品価値を、したがってまた社会的年生産物の価値を、労賃と剰余価値とに、したがって単なる収入に、分解したことの必然的な帰結――もしそうであれば年生産物は、全部、消費されうるということになる――に、反抗した。ばかげた帰結を引き出すのは、決して独創的な思想家たちのやることではない。彼らはそれをセーやマカロックのような輩にまかせる。

実際、セーは事態をまったく手軽にかたづける。一方の人にとっての資本前貸しは、他方の人にとっては収入および純生産物であるか、またはそうであった。総生産物と純生産物との区別は純粋に主観的であり、*「こうしてすべての生産物の総価値は社会のうちに収入として分配された」（セー『経済

（390）
学概論』、一八一七年、第二巻、六九〔正しくは六四〕ページ）。「各生産物の総価値は、その生産に寄与した土地所有者と資本家と勤労者との利潤から構成される」。〔労賃がここでは〝勤労者の利潤〟として現われる！〕「その結果、社会の収入は生産された総価値に等しくなるのであって、一派の経済学者たち」〔重農主義者たち〕「が考えたように土地の純生産物に等しいだけなのではない」（六三ページ）。

* 〔草稿では、ここに、純生産物とは収支の差として計算される事業主の個人的関心にかかわるものでしかないとするセー『経済学概論』の一節（同六四ページ）が引用されている〕

セーのこの発見を、とりわけプルードンも自分のものであるとした。

原理的には同じようにA・スミスの学説を受け入れているシュトルヒは、けれどもセーのやっているような応用が支持できないことを見いだす。「もし、一国民の収入がその総生産物に等しいこと、すなわちどんな資本も」〔どんな不変資本もと言うべきである〕「控除する必要がないことを認めるならば、この国民が、その将来の収入に少しも損害を与えることなしに、その年々の生産物の全価値を不生産的に消費しうる、ということをも認めなければならない。……一国民の」〔不変〕「資本を構成する生産物は、消費されえないものである」（シュトルヒ『国民の収入の性質にかんする諸考察』、パリ、一八二四年、〔一四七〕一五〇ページ）。

しかし、シュトルヒは、この不変資本部分の存在が、自分の採用したスミスの価格分析――それによれば、商品価値は労賃と剰余価値とを含むだけで不変資本部分を含まない――と、どのようにして一致するのか、を言い忘れている。この価格分析がばかげた結論に導くことは、彼にはセーを通してのみ明らかとなるのであって、これについての彼自身の最後の言葉は、こうである――「必要価格をそのもっとも単純な諸要素に分解することは不可能である」（シュトルヒ『経済学講義』、ペテルブルク、一八一五年、第二巻、一四〇〔正しくは一四二〕ページ）。

シスモンディは、とくに資本と収入との関係を取り扱い、また実際にこの関係の特殊な理解を彼の『新原理』*の〝種差〟〔他と区別される特有な性質〕にしているのであるが、彼は科学的な言葉はひとことも述べず、問題の解明には少しも寄与しなかった。

*〔シスモンディ『経済学新原理』、第二版、パリ、一八二七年、菅間正朔訳、世界古典文庫、上・下、日本評論社、一九四九―五〇年〕

バートン、ラムジー、およびシェルビュリエ*は、スミスの見解を乗り越えようと試みている。彼らが失敗するのは、不変資本価値と可変資本価値との区別を固定資本と流動資本との区別から明確に分離しないで、はじめから問題を一面的に提起するからである。

*〔バートン『社会の労働階級の状態に影響をおよぼす諸事情にかんする諸考察』、ロンドン、一八一七年（真実一男訳『社会の労働者階級の状態』、法政大学出版局、一九九〇年）、ラムジー『富の分配にかんする一論』、エディンバラ、一八三六年、シェルビュリエ『富か貧困か。社会的富の現在の分配の原因と結果との説明』、パリ、一八四一年〕

ジョン・スチュアト・ミル*も、例のごとくもったいぶりながら、A・スミスからその後継者たちに伝えられた学説を再生産している。

＊〔ジョン・スチュアト・ミル『経済学原理』、ロンドン、一八四八年、末永茂喜訳、岩波文庫、全五巻、一九五九―一九六三年〕

結論――スミスの思想的混乱はこんにちまで存続し、彼のドグマは経済学の正統派的信条をなしている。

（391）

第二〇章　単純再生産＊

＊〔第二草稿では「単純な規模での再生産。（貨幣流通なしの叙述）」となっている。なお、第一節から第一三節までの節区分および表題はエンゲルスによる〕

第一節　問題の提起

（四二）もしわれわれが社会的資本すなわち総資本——個別諸資本はこの総資本の諸断片をなすにすぎず、これらの断片の運動はそれら各自の個別的運動であると同時に、総資本の運動の不可欠な環でもある——の年々の機能をその結果において考察するならば、すなわち、もし社会が一年間に供給する商品生産物を考察するならば、社会的資本の再生産過程がどのように行なわれるのか、どのような性格が社会的資本の再生産過程を個別資本の再生産過程から区別するのか、またどのような性格が両者に共通しているのかが、明らかとなるに違いない。年生産物は、社会的生産物のうち資本を補填する諸部分すなわち社会的再生産[*1]を含むとともに、消費元本にはいり込んで労働者と資本家によって消費される諸部分をも含み、したがって、生産的消費と個人的消費の両者を包括する。この消費は、[*2]資本家階級と労働者階級との再生産（すなわち維持）を含み、したがってまた総生産過程の資本主義的性格の再生産をも含む。

(四二)　第二草稿より。

＊1〔草稿では「すなわち社会的生産あるいは再生産」となっている〕

＊2〔草稿では、このまえに「商品世界の再生産を含むとともに」の句がある〕

(392)

われわれが分析しなければならないのは、明らかに$W'-\left\{\begin{matrix}G-W\ldots P\ldots W'\\ g-w\end{matrix}\right.$という流通図式であり、[＊1]しかもここでは消費が必然的に一つの役割を演じる。というのは、出発点の$W'=W+w$、すなわち商品資本は、不変資本価値および可変資本価値を含むとともに剰余価値をも含むからである。だから商品資本の運動は、個人的消費と生産的消費とをともに包括する。$G-W\ldots P\ldots W'-G'$および$P\ldots W'-G'-W\ldots P$という循環の場合には、資本の運動が出発点であり終結点である。——これには確かに消費も含まれている。というのは、商品、すなわち生産物は、売られなければならないからである。しかし、この販売が行なわれたと前提すれば、その後この商品がどうなるかは、個別資本の運動にとってはどうでもよいことである。これにたいして$W'\ldots W'$という運動の場合には、まさにこの総生産物W'の各価値部分がどうなるかが証明されなければならないということから、社会的再生産の諸条件が認識されうるのである。ここでは総再生産過程は、資本自身の再生産過程を含むとともに、流通によって媒介された消費過程をも含む。[＊2]

＊1〔ここまで第二草稿。以下、第八草稿による。ただし、この行の流通図式は第八草稿からとられており、第二草稿では「$W'-G'-W+w-P-W'$」である〕

＊2〔ここまで第八草稿。以下、ふたたび第二草稿より〕

しかも、われわれの当面の目的のためには、再生産過程は、W′の個々の構成諸部分の価値補填ならびに素材補填の観点から考察されなければならない。いまや、われわれは、個々の資本の生産物価値を分析した場合のように、個々の資本家は自分の商品生産物を販売することによって自分の資本の構成諸部分をまず貨幣に転換し、次に商品市場において生産諸要素を再購買することによって生産資本に再転化することができるという前提ではもはや満足することはできない。これらの生産諸要素は、それらが物的性質のものである限り、それらと交換されそれらによって補填される個別的完成生産物と同じく、社会的資本の一構成部分をなす。他方では、社会的商品生産物のうち、労働者がその労賃の支出により資本家が剰余価値の支出によって消費する部分の運動は、総生産物の運動の不可欠な一環をなすばかりでなく、個別諸資本の運動ともからみ合っており、したがってその運動の経過は、単にこれを前提するだけでは説明することができない。

直接に提起されている問題は、次のことである。すなわち、生産において消費された資本は、その価値から見て、[＊1]どのようにして年々の生産物から補填されるのか、そしてこの補填の運動は、資本家による剰余価値の消費および労働者による労賃の消費とどのようにからみ合うのか？　である。したがって、まずもって問題になるのは、単純な規模での再生産である。さらに、諸生産物がその価値どおりに交換されるということだけでなく、生産資本の構成諸部分にはなにも価値革命は起こらないということも想定される。価格が価値から背離する場合についても、この事情はその限りではやはり社

（393）会的資本の運動には影響をおよぼすことができない。背離のまえにもあとにも全体としては同じ総量の生産物が交換されるのである――とはいえ、その場合に個々の資本家たちが分配にあずかる価値比率は、もはやそれぞれの前貸し額にも、各自が個々に生産した剰余価値の総量にも比例しないであろうが。しかし、価値革命について言えば、それが一般的かつ均等に配分される限り、それは年々の総生産物の価値構成諸部分のあいだの比率をなにも変えない。これにたいして価値革命が部分的かつ不均等に配分される限り、それは撹乱となる。この撹乱は、第一に、それがもとのままの価値比率からの背離とみなされる限りでは、撹乱として理解されうるだけである。ところが第二に、年々の生産物の価値の一部分は不変資本を補填し、他の一部分は可変資本を補填するという法則が証明されているとすれば、不変資本の価値においてであれ可変資本の価値においてであれ、革命が起こったとしても、それはこの法則をなにも変えないであろう。もとの価値に別の価値が取って代わるであろうから、価値革命はただ、不変資本または可変資本として機能する価値諸部分のあいだの相対的大きさを変化させるだけであろう。[*2]

＊1〔草稿では「その価値および素材から見て」となっている〕

＊2〔草稿では、このあとに次の段落が続く。「最後に、問題をもっとも単純な諸条件に帰着させるためには、まず、貨幣流通、したがってまた資本の貨幣形態をまったく捨象しなければならない。流通する貨幣総量は、明らかに、それが流通させる社会的総生産物の価値の構成部分をなさない。したがって、総生産物の価値がどのように不変価値などに配分されるかということが問題になるとしても、この問題は、それ自体、貨幣流

通とはかかわりはない。はじめに貨幣流通を考慮に入れずに問題を取り扱うことで、貨幣流通によって媒介される場合に、どのように現象が現われるかを知ることができる。」〕

われわれが資本の価値生産および生産物価値を個別的に考察していたあいだは、商品生産物の現物形態は、たとえばそれが機械からなっていようと、穀物または鏡からなっていようと、分析にとってはまったくどうでもよいことであった。これはつねに一例であって、任意のどの生産部門も同じく例解に役立ちえた。われわれが取り扱ったのは、あらゆる点で一個別資本の過程として現われる直接的生産過程そのものであった。資本の再生産が考察された限りでは、商品生産物のうち資本価値を表わす部分は、流通部面の内部において、自己の生産諸要素に、したがって生産資本という姿態にみずからを再転化する機会をみつけるものと想定することで十分であった。それはちょうど、労働者と資本家とが市場で労賃と剰余価値とを支出する諸商品を見いだすものと想定すれば十分であったのと同じである。この単に形式的な説明の仕方は、社会的総資本およびそれの生産物価値を考察するさいには、もはや十分ではない。生産物価値の一部分が資本に再転化し、他の部分が資本家階級および労働者階級の個人的消費にはいり込むことは、総資本が結果として生み出した生産物価値そのものの内部において一つの運動を形成する。そしてこの運動は、価値補填であるばかりでなく、素材補填でもあり、したがって社会的生産物の価値構成諸部分の相互の比率によって制約されているとともに、それら〔構成諸部分〕の使用価値、それらの素材的姿態によっても制約されている。

(四三)不変のままの規模での単純再生産というものは、* ――一方で、資本主義的基礎の上では蓄積または

（394）

拡大された規模での再生産がまったく欠如するということは奇妙な仮定であり、他方で、生産が行なわれる諸関係は年が違えば絶対的に不変のままということはない（それなのに不変のままということが前提されている）という限りでは――、一つの抽象であるように見える。その前提は、一定の価値をもつ社会的資本が前年と同じく今年もふたたび同じ総量の商品価値を供給し、同じ量の欲求を満足させる――諸商品の形態は再生産過程において変化するかも知れないが――ということである。しかしながら、蓄積が行なわれる限りで、単純再生産はつねに蓄積の一部分を形成し、したがってそれだけで考察することができるのであり、蓄積の現実的一要因である。年々の生産物の価値は、使用価値の総量が不変のままであっても、減少することがありうる。使用価値の総量が減少しても、価値は同じままであることもありうる。価値総量と再生産された使用価値の総量とが、同時に減少することもありうる。これらすべてのことは、結局、再生産が以前よりも有利な事情のもとで行なわれるか、それとも困難な事情のもとで行なわれるかに帰着するのであって、後者の場合は、不完全な――不十分な――再生産という結果に終わりうる。これらすべてのことは、再生産のさまざまな要素の量的側面に影響しうるのみであって、これらの要素が、〔自己を〕再生産しつつある資本として、または再生産された収入として、総過程のなかで果たす役割には影響しえない。

（四三）　第八草稿より。

＊〔草稿では「単純再生産または不変のままの規模での再生産というものは」となっている〕

第二節　社会的生産の二大部門(四四)

(四四)　基本的に第二草稿より。表式は第八草稿より。

社会の総生産物、したがってまたその総生産は、次の二つの大部門に分かれる――

I　生産諸手段。生産的消費にはいり込まなければならないか、または少なくともはいり込みうる形態をもつ諸商品。

II　消費諸手段。資本家階級および労働者階級の個人的消費にはいり込む形態をもつ諸商品。*

*〔第二草稿では、Iが「消費諸手段の生産」、IIが「生産諸手段の生産」となっている。エンゲルスは第八草稿により、これを入れ替えた〕

これら二大部門のそれぞれにおいて、それに属するさまざまな生産部門の全体が、単一の大きな生産部門をなす。すなわち、一つは、生産諸手段の生産部門であり、もう一つは、消費諸手段の生産部門である。この双方の生産部門のそれぞれにおいて使用される総資本は、社会的資本の特殊な一つの大部門をなす。

(395) それぞれの大部門において、資本は次の二つの構成部分に分かれる――

(一)　可変資本。これは、価値の面から考察すると、当該生産部門で使用された社会的労働力の価値に等しく、したがって、それに支払われた労賃の総額に等しい。素材の面から考察すると、可変資本は、活動する労働力そのもの、すなわち、この資本価値によって運動させられている生きた労働からなる。

（二）不変資本、すなわち、当該部門で生産に使用されたすべての生産諸手段の価値。これらの生産諸手段はさらにまた、固定資本——機械、道具、建物、役畜など——と、流動不変資本——原料および補助材料、半製品などのような生産諸材料——とに分かれる。

この資本の助けを借りて両大部門のそれぞれにおいて生産された年生産物の全体の価値は、生産のなかで消費されてその価値の面から見て生産物に移転されただけの不変資本ｃを表わす価値部分と、年労働の全体によってつけ加えられた価値部分とに分かれる。この後者の価値部分はさらに、前貸しされた可変資本ｖの補填分と、それを超えて剰余価値ｍを形成する超過分とに分かれる。したがって、すべての個々の商品の価値と同じように、それぞれの大部門の年生産物全体の価値も　ｃ＋ｖ＋ｍ　に分かれる。

生産において消費された不変資本を表わす価値部分ｃは、生産において使用された不変資本の価値とは一致しない。確かに、生産材料は全体的に消費され、したがってその価値も全部的に生産物に移転される。しかし、使用された固定資本は、その一部だけが完全に消費され、したがってその部分の価値が生産物に移行する。機械、建物などという固定資本の他の一部は、年々の摩滅によって減価するとはいえ、依然として存在し、機能し続ける。固定資本のうちのこの機能し続ける部分は、生産物価値を考察する場合、われわれにとって存在しない。この部分は、この新たに生産された商品価値からは独立して、それとならんで現存する資本価値の一部をなす。このことはすでに、個別資本の生産

(396)

物価値を考察したさいに明らかにされた〔第一部、第六章、一九二ページ[*1]〔本訳書、第一巻、三五三―三五四ページ〕〕。けれども、ここではわれわれは、前記の個所で用いられた考察の仕方をしばらく度外視しなければならない。[*2] われわれが個別的資本の生産物価値を考察したさいに述べたように、摩滅によって固定資本から失われる価値は、摩滅期間中に生産された商品生産物に移転するのであり、この場合、この固定資本の一部が摩滅期間中にこの移転された価値から、〝現物で〟補塡されるかされないかは問わない。これに反し、ここで社会的総生産物とそれの価値とを考察するさいには、われわれは、固定資本がこの一年間にふたたび〝現物で〟補塡されない限り、少なくともしばらく、摩滅によってこの一年間にこの固定資本から年生産物に移転される価値部分を度外視する必要がある。われわれは、本章の後段の一節〔第一一節〕でこの点を別に論じるであろう。[*3]

*1〔これは第二版のページ。草稿では、第一部初版の「一七九ページ以下」の参照が指示されている。これは、第一部、第七章、本訳書、第一巻、三六六―三六七ページにあたる〕

*2〔この一文はエンゲルスによる〕

*3〔この一文はエンゲルスによる〕

---

*

*〔以下、第八草稿。草稿では、この区分線にあたるところに「あとで論じることの先取り」と書かれてアンダーラインが引かれている〕

単純再生産の研究のために、われわれは、次の表式を研究の基礎にしようと思う。すなわち、ここではc＝不変資本、v＝可変資本、m＝剰余価値であり、価値増殖率 $\frac{m}{v}$ は一〇〇%と仮定される。数字は、何百万かのマルク、フラン、ポンドのどれを意味するとしてもよい。

Ⅰ　生産諸手段の生産――

資本…………4,000 c ＋1,000 v ＝5,000

商品生産物……4,000 c ＋1,000 v ＋1,000m ＝6,000

ただし、商品生産物は生産諸手段として存在する。

Ⅱ　消費諸手段の生産――

資本…………2,000 c ＋500 v ＝2,500

商品生産物……2,000 c ＋500 v ＋500m ＝3,000

ただし、商品生産物は消費諸手段として存在する。

*概括すれば、年総商品生産物は次のようになる――

Ⅰ　4,000 c ＋1,000 v ＋1,000m ＝6,000　生産諸手段

Ⅱ　2,000 c ＋　500 v ＋　500m ＝3,000　消費諸手段

＊〔以下、ふたたび第二草稿。ただし、原注四四で示されたように表式の数値は第八草稿の表式に合わせて変更されている〕

総価値＝9,000 である。前提に従って、現物形態で機能し続ける固定資本は、この総価値から除外されている。

いま、単純再生産――したがってそこでは、全剰余価値が不生産的に消費される――の基礎上で必要とされる諸転換を研究し、そのさい、諸転換を媒介する貨幣流通をさしあたり無視するとすれば、はじめから次の三つの重要な支点がわれわれには明らかとなる。

（一）大部門Ⅱの労働者たちの労賃 500ｖ とこの大部門の資本家たちの剰余価値 500ｍ とは、消費諸手段に支出されなければならない。しかしそれらの価値は、1,000 の価値をもつ消費諸手段――大部門Ⅱの資本家たちの手中にあって、前貸しされた 500ｖ を補塡し、さらに 500ｍ を表わしている消費諸手段――の形で存在する。したがって、大部門Ⅱの労賃と剰余価値とは、大部門Ⅱの内部で、Ⅱの生産物と交換される。こうして、消費諸手段という形で、（500ｖ＋500ｍ）Ⅱ＝1,000 が、総生産物から消えうせる。(397)

（二）同様に、大部門Ⅰの 1,000ｖ＋1,000ｍ も、消費諸手段に、すなわち大部門Ⅱの生産物に支出されなければならない。したがって、それらは、大部門Ⅱの生産物のうちなお残っている、額から見て同額の不変資本部分 2,000ｃ と交換されなければならない。その代わりに、大部門Ⅱは、同額の生産諸手段を、すなわち、Ⅰの 1,000ｖ＋1,000ｍ の価値が体現されているⅠの生産物を受け取る。

こうして2,000 IIc と（1,000 v ＋1,000m）I とが計算から消えうせる。

（三）なお残っているのは、4,000 Ic である。これらは、大部門Iでしか利用されえない生産諸手段という形で存在し、Iの消費された不変資本の補填に用いられ、したがってIの個々の資本家のあいだでの相互交換によって決着をつけられる――それは、ちょうど、（500 v ＋500m）II が、IIの労働者たちと資本家たちとのあいだ、またはIIの個々の資本家たちのあいだでの交換によって決着をつけられるのと同じである。

以上は、さしあたり、以下に述べることを理解しやすくするためのものにすぎない。*

＊〔この一文はエンゲルスによる〕

第三節　両大部門間の転換――I（v＋m）対 IIc（四五）

（四五）ここからはふたたび第八草稿。

両大部門のあいだの大きな交換から始めよう。*（1,000 v ＋1,000m）I ――生産者たちの手中に生産諸手段の現物形態で存在するこの価値は、2,000 IIc と、すなわち消費諸手段の現物形態で存在する諸価値と交換される。この交換によって、IIの資本家階級は、自己の不変資本＝2,000 を、消費諸手段の形態から、ふたたび消費諸手段の生産諸手段の形態に――その資本がまた新たに労働過程の要因として、また価値増殖のために不変資本価値として機能しうる形態に――転換した。他方では、この交換によって、Iの労働力の等価物（1,000 Iv）とIの資本家たちの剰余価値（1,000 Im）とが消費諸手段に実現されている。両者とも、生産諸手段のその現物形態から、収入として消費されうる現物形態に転換されている。

(398)
しかし、この相互転換は、貨幣流通によって成立するのであって、この貨幣流通は相互転換を媒介するとともに、その転換の理解を困難にもするが、しかし、*それは決定的に重要である。なぜなら、可変資本部分は、つねにまた新たに貨幣形態で、貨幣形態から労働力に転換される貨幣資本として、登場しなければならないからである。可変資本は、社会の全範囲にわたって同時に相ならんで経営されているすべての事業部門において、それらの事業部門が大部門Iに属するかIIに属するかを問わず、貨幣形態で前貸しされなければならない。資本家が労働力を買うのは、労働力が生産過程にはいり込むまえであるが、それにたいして支払いをするのは、ようやく約定の期日がきてからであり、労働力がすでに使用価値の生産に支出されたあとのことである。生産物の残りの価値部分と同じく、生産物のうち、労働力の支払いに支出された貨幣の等価物にすぎない部分、すなわち可変資本価値を表わす価値部分も、資本家に属する。まさにこの価値部分において、労働者は、すでに自分の労賃の等価物を資本家に提供しているのである。しかし、商品の貨幣への再転化、商品の販売こそが、資本家にその可変資本を、資本家がまた新たに労働力の購入に前貸ししうる貨幣資本として復帰させる。

＊〔この一文はエンゲルスによる〕

＊〔草稿では、「成立するのであって」以下が「媒介されるが」となっている〕

　こうして、大部門Ⅰでは、総資本家は、生産物Ⅰ――すなわち労働者たちによって生産された生産諸手段――のうちｖ部分としてすでに存在する価値部分にたいして、1.000ポンド（私がポンドと言うのは、それが貨幣形態にある価値であることを示すためでしかない）＝1.000ｖを労働者たちに支払った。労働者たちは、この1.000ポンドでⅡの資本家たちから同じ価値分の消費諸手段を買い、こうしてⅡの不変資本の半分を貨幣に転化させる。Ⅱの資本家たちの側は、この1.000ポンドでⅠの資本家たちから1.000の価値をもつ生産諸手段を買う。こうして、Ⅰの資本家たちにとっては、彼らの生産物の一部として生産諸手段の現物形態で存在していた可変資本価値＝1.000ｖが貨幣に再転化され、いまやⅠの資本家たちの手中で新たに貨幣資本として機能しうるのであり、この貨幣資本は、労働力に、すなわち生産資本のもっとも本質的な要素に転換される。こういう仕方で、Ⅰの資本家たちの可変資本は、彼らの商品資本の一部が実現された結果として、貨幣形態で彼らのもとに還流する。

　ところで、Ⅰの商品資本のｍ部分と、Ⅱの不変資本部分の残り半分との転換に必要な貨幣について言えば、この貨幣はさまざまな方法で前貸しされることができる。現実には、この流通は、両大部門の個別資本家たちの無数の個別的売買を包含するが、そのさいには、どのような事情があっても、貨幣はこれらの資本家から出てこなければならない。というのは、われわれは、労働者たちによって流通に投じられる貨幣量については、すでに計算をすませているからである。大部門Ⅱの一資本家が、
(399) 生産資本のほかに自己の手もとにある貨幣資本のなかから大部門Ⅰの資本家たちのもとにある生産諸

手段を買うこともありうるし、逆に、大部門Ⅰの一資本家が、資本支出にではなく個人的支出にあてられる貨幣元本のなかから大部門Ⅱの資本家たちのもとにある消費諸手段を買うこともありうる。すでに第一篇および第二篇で明らかにしたように、資本前貸し用であれ、収入の支出用であれ、ある程度の手持ち貨幣が、どのような事情があっても、生産資本とならんで資本家の手中にあるものと前提されなければならない。貨幣の半分はⅡの資本家たちによって彼らの不変資本を補填するために生産諸手段の購入に前貸しされ、他の半分はⅠの資本家たちによって消費のために支出されると想定すれば――この場合、われわれの目的にとってこの割合はまったくどうでもよいのであるが――、大部門Ⅱは、500ポンドを前貸ししてそれでⅠから生産諸手段を買い、こうして（Ⅰの労働者たちから出てくる前述の1.000ポンドを含めて）*Ⅱの不変資本の$\frac{3}{4}$を〝現物で〟補填した。大部門Ⅰは、そのようにして得た500ポンドでⅡから消費諸手段を買い、こうしてⅠの商品資本のうちmからなる部分の半分だけ、w―g―wという流通を経過したのであり、Ⅰの生産物のこの部分は消費元本に実現された。この第二の過程によって、500ポンドが貨幣資本としてⅡの手中に復帰し、Ⅱはその生産資本のほかにこの貨幣資本を所有する。他方では、Ⅰは、その商品資本のうちなお生産物として手もとに貯蔵されているm部分の半分の販売を先取りして――それを販売する前に――Ⅱの消費諸手段の購入のために500ポンドにのぼる貨幣支出を行なう。Ⅱは、この500ポンドでⅠから生産諸手段を買い、こうしてⅡは、その全不変資本（1.000＋500＋500＝2.000）を〝現物で〟補填したのであり、他方、Ⅰはその全剰余価値〔1.000〕を消費諸手段に実現した。全体としては、4.000ポンドにのぼる

（400）

諸商品の転換が2.000ポンドの貨幣流通で行なわれたわけであるが、この2.000ポンドという大きさになるのは、年生産物全体が二、三の大きな部分に分けて一挙に転換されるものとして描かれるからにほかならない。このさい重要なのは、次の事情だけである。すなわち、Ⅱは、消費諸手段の形態で再生産された自己の不変資本を生産諸手段の形態に再転換するばかりでなく、そのほかに、Ⅱが生産諸手段の購入で流通に前貸しした500ポンドも、Ⅱに復帰するということ、また、同じくⅠも、Ⅰが生産諸手段の形態で再生産した可変資本を、ふたたび貨幣形態で——新たに直接に労働力に転換されうる貨幣資本として——所有するばかりでなく、そのほかに、Ⅰが自己の〔商品〕資本の剰余価値部分を販売する前にそれを先取りして消費諸手段の購入に支出した500ポンドもⅠに還流するということ、これである。しかし、この500ポンドがⅠに還流するのは、右の支出がなされたことによるのではなく、Ⅰの商品生産物のうち、Ⅰの剰余価値の半分を担う部分がそれに続いて販売されることによるのである。

＊〔この丸括弧の一文はエンゲルスによる〕

どちらの場合にも、Ⅱの不変資本が〔消費諸手段という〕生産物形態から生産諸手段の現物形態——この形態でのみそれは資本として機能しうる——に、再転換されるばかりではない。同じくまた、Ⅰの可変資本部分が貨幣形態に、Ⅰの生産諸手段の剰余価値部分が消費可能な、収入として使い果たされうる形態に転換されるばかりでもない。それに加えて、Ⅱへは500ポンドの貨幣資本が還流するが、この500ポンドは、Ⅱが、消費諸手段の形態で現存する不変資本のうち、500ポンドに相当し、これを補償する価値部分を販売する以前に、生産諸手段の購入に前貸ししたものである。さらにまた、Ⅰへは、Ⅰが消費諸手段の購入に〝まえもって〟支出した500ポンドが還流する。Ⅱへは、その商品生産物の不変〔資本〕部分をあてにして前貸しされた貨幣が還流し、Ⅰへは、その商品生産物の剰余価値部分をあてにして前貸しされた貨幣が還流するとすれば、それはただ、Ⅱの資本家たちがⅡの商品形態で存在する不変資本のほかに、Ⅰの資本家たちがⅠの商品形態で存在する剰余価値のほかに、それぞれさらに500ポンドの貨幣を流通に投じたからにほかならない。彼らは、最終的に、彼らのそれぞれの商品等価物を交換することによって相互に完全に支払いをすませた。彼らが彼らの諸商品の価値総額を超えてこの諸商品転換の手段として流通に投じた貨幣は、彼らの各々が流通に投じた割合に〝比例して〟、それぞれのもとに流通から復帰する。彼らは、このことによって、びた一文も儲けてはいない。Ⅱは、消費諸手段の形態で不変資本＝2,000と貨幣で500とをもっていた。Ⅱは、いまは生産諸手段で2,000と、まえと同じく貨幣で500とをもっている。同様にⅠは、まえと同じく1,000の剰余価値（生産諸手段である諸商品から、いまや消費元本に転化されている）と、まえと同じく貨幣で500とをもっている。――一般的に言えば、次のようなことになる。すなわち、産業資本家たちが彼ら自身の商品流通を媒介するために流通に投じる貨幣は――それが商品の不変〔資本〕価値部分をあてにしていようと、または、諸商品中に存在し、収入として支出される限りでの剰余価値をあてにしていようと――それぞれの資本家が貨幣流通のために前貸ししたその分だけ、各自の手中に復帰する。

(401)

大部門Ⅰの可変資本の貨幣形態への再転化について言えば、この可変資本は、Ⅰの資本家たちにとっては、彼らがそれを労賃に投下したあとでは、さしあたり商品形態――労働者たちが可変資本分を資本家たちに提供した形態――で存在する。この資本家たちは、労働者たちにたいしてその労働力の価格として可変資本を貨幣形態で支払った。Ⅰの資本家たちは、その限りでは、彼らの商品生産物のうち、貨幣で投下されたこの可変資本に等しい価値構成部分をすでに支払っている。その代わりに、彼らはまた、商品生産物のうちのこの部分の所有者なのである。しかし、労働者階級のうちⅠの資本家たちによって使用される部分は、決して彼ら自身によって生産される生産諸手段の買い手ではない。労働者階級のこの部分は、Ⅱによって生産される消費諸手段の買い手なのである。したがって、〔Ⅰで〕労働力の支払いのさいに貨幣で前貸しされた可変資本は、Ⅰの資本家たちに直接には復帰しない。その可変資本は、労働者たちの購買を通じて、労働者仲間にとって必要で一般に入手することのできる諸商品の資本主義的生産者たち、すなわちⅡの資本家たちの手中に移行するのであり、Ⅱの資本家たちがこの貨幣を生産諸手段の購入に用いてはじめて――この回り道を通ってはじめて、可変資本は、Ⅰの資本家たちの手中に復帰するのである。

その結果として明らかになるのは、次のことである。すなわち、単純再生産の場合には、Ⅰの商品資本のうちの価値額　v＋m　は（したがってⅠの総商品生産物のうちこれに照応する比例的部分も）、大部門Ⅱの総商品生産物のうちのやはり比例的部分として区別される不変資本Ⅱcに等しくなければならない。言い換えれば、Ⅰ（v＋m）＝Ⅱc　でなければならない。

第四節　大部門Ⅱの内部での転換。必要生活諸手段と奢侈品

次に、大部門Ⅱの商品生産物の価値のうち、なお研究しなければならないのは、その構成諸部分v＋mである。この構成諸部分の考察は、われわれがここで取り扱うもっとも重要な問題――すなわち、各個々の資本主義的商品生産物の価値のc＋v＋mへの分割は、たとえさまざまな現象形態によって媒介されるとしても、どの程度まで年総生産物の価値にもあてはまるかという問題――とはなんの関係もない。この問題は、一方では、Ⅰ(v＋m)対Ⅱcの転換によって解決され、他方では、Ⅰの年々の商品生産物のなかでのⅠcの再生産についての後段に留保されている研究〔第六節〕によって解決される。Ⅱ(v＋m)は、消費諸物品の現物形態で存在するのだから、また、労働力の支払いとして労働者たちに前貸しされた可変資本は、労働者たちによって全体として見れば消費諸手段に支出されなければならないのだから、さらにまた、諸商品の価値部分mは、単純再生産の前提のもとでは、事実上収入として消費諸手段に支出されるのだから、〝一見して〟明らかなように、Ⅱの労働者たちは、Ⅱの資本家たちから受け取った労賃で自分自身の生産物の一部分――これは労賃として受け取った貨幣価値の大きさに照応する――を買いもどすのである。(402)これによって、Ⅱの資本家階級は、労働力の支払いとして前貸しされた自分の貨幣資本を貨幣形態に再転化する。これは、資本家階級が労働者たちに単なる価値引換券《ヴエールトマルケン》〔金券、パン券など〕で支払ったのとまったく同じである。労働者たちが、彼らによって生産され資本家たちによって所有されている商品生産物の一部を買うことによって、

これらの価値引換券を実現するやいなや、これらの価値引換券は資本家たちの手中に復帰するであろう。違うのは、この場合には、この引換券は価値を思い浮かばせるだけでなく、その金または銀の肉体的存在のなかに価値をもっているということだけであろう。労働者階級が買い手として、資本家階級が売り手として現われる過程によって、貨幣形態で前貸しされた可変資本がこの種の仕方で還流することについては、われわれは、のちにさらに詳しく研究するであろう〔第五節〕。しかし、ここで問題になるのは、可変資本のその出発点へのこの還流に関連して明らかにされなければならないもう一つの点である。

年々の商品生産の大部門Ⅱは、きわめて多種多様な産業諸部門からなるが、それらは——その生産物から見て——次の二つの大きな中部門に分割されうる——

（a）[*1]消費諸手段。労働者階級の消費にはいり込むもの、および、必要生活諸手段である限りでは、たとえ質と価値から見て労働者たちのそれとはしばしば違うとしても、資本家階級の消費の一部をもなすもの。われわれは、この中部門の全体を、われわれの目的のために必要消費諸手段という項目のもとに一括することができる。この場合、たとえばタバコのような生産物が生理学的観点から見て必要消費諸手段であるかないかは、まったくどうでもよいことである。慣習上必要消費諸手段であればそれで十分である。

（b）[*2]奢侈的消費諸手段。これは、資本家階級の消費にしかはいり込まないもの、したがって、決して労働者の手にははいらない剰余価値の支出分としか転換されえないもの。[*3]

＊１・２〔この「（ａ）」「（ｂ）」（原文では「a）」「b）」）はエンゲルスによる。草稿では「（ｂ）」にあたる個所は「第二の項目」となっており、「（ａ）」にあたるところは何も書かれていない〕
＊３〔初版および第二版は、ここで段落を区切っていないが、内容から見て改行とした〕

第一の項目にかんして明らかなのは、この項目に属する商品種類の生産に前貸しされた可変資本は、Ⅱの資本家階級のうちこの必要生活諸手段を生産する部分（すなわちⅡaの資本家たち）のもとに、貨幣形態で直接に還流しなければならないということである。Ⅱaの資本家たちは、この必要生活諸手段を、彼ら自身の労働者たちにたいし、労賃として労働者たちに支払った可変資本の額だけ売る。この還流は、さまざまな関連産業諸部門の資本家たちのあいだの取り引き――それによって、この還流する可変資本が〝比例配分的に〟配分される――が、たとえどんなに多数であろうとも、Ⅱの資本家階級のうちのこの中部門ａの全体について言えば、直接的である。流通諸過程は、労働者たちが支出し（403）た貨幣によってその流通諸手段が直接に供給されるのである。ところが、中部門Ⅱbについては、事情が異なる。価値生産物のうち、われわれがここで取り扱わなければならない部分の全体Ⅱb（ｖ＋ｍ）は、奢侈品――すなわち、生産諸手段の形態で存在する商品価値Ⅰvと同じく、労働者階級が買うことのできない物品――の現物形態で存在する。とはいえ、この奢侈品もあの生産諸手段と同じくこれら労働者たちの生産物なのであるが。したがって、この中部門に前貸しされた可変資本を資本主義的生産者たちのもとに貨幣形態で復帰させる還流は、直接的ではありえず、Ⅰvの場合と同じく媒介されたものでなければならない。

たとえば、大部門Ⅱの全体について上述したように v＝500，m＝500 であると仮定しよう。ただし、可変資本とそれに対応する剰余価値とは、次のように分割されるものとする――

中部門a、必要生活諸手段――v＝400，m＝400．したがって、必要消費諸手段という形の商品量の価値は、400v＋400m＝800 すなわち、Ⅱa(400v＋400m)．

中部門b、奢侈品――その価値は、100v＋100m＝200 すなわち、Ⅱb(100v＋100m)．

Ⅱbの労働者たちは、自分たちの労働力にたいする支払いとして、貨幣で 100 を、たとえば 100 ポンドを受け取った。彼らはこれでⅡaの資本家から 100 という額の消費諸手段を買う。このⅡaの資本家階級は、この貨幣で商品Ⅱbを 100 だけ買い、これによってⅡbの資本家たちにその可変資本が貨幣形態で還流する。

Ⅱaには、すでに 400v が彼ら自身の労働者たちとの交換によって、ふたたび貨幣形態で資本家たちの手中に存在している。そのほか、Ⅱaの生産物のうちの剰余価値を表わす部分の $\frac{1}{4}$ が、Ⅱbの労働者たちに引き渡されており、その代わりに、奢侈品という形の Ⅱb(100v) が買われている。

いま、Ⅱaの資本家たちのもとでもⅡbの資本家たちのもとでも、必要生活諸手段と奢侈品とに収入の支出を配分する比率が同一であると前提すれば――どちらもそれぞれ $\frac{3}{5}$ を必要生活諸手段に、$\frac{2}{5}$ を奢侈品に支出すると仮定すれば――、中部門Ⅱaの資本家たちは、その剰余価値収入 400m の $\frac{3}{5}$ だけ、すなわち 240 を彼ら自身の生産物である必要生活諸手段に投下し、$\frac{2}{5}$ ＝160 を奢侈品に投下するであろう。中部門Ⅱbの資本家たちも、彼らの剰余価値 ＝100m を同じように――すなわち、$\frac{3}{5}=60$ を必要生活諸手段に、$\frac{2}{5}=40$ を奢侈品に配分するであろう。後者の奢侈品は、彼ら自身の中部門の内部で生産され、かつ転換される。

(Ⅱa)m が受け取る奢侈品 160 は、次のようにしてⅡaの資本家のもとに流れてくる――すなわち、(404) 上述したように、必要生活諸手段という形態にある (Ⅱa)400m のうち 100 は、奢侈品の形で存在する同額の (Ⅱb)v と交換され、さらに必要生活諸手段の形で存在する〔残りの〕60 は、奢侈品の形で存在する (Ⅱb)60m と交換された。そうすると総計算は以下のようになる。

Ⅱa：400v＋400m：Ⅱb：100v＋100m

(一) 400v(a) は、Ⅱaの労働者たちによって消費し尽くされるが、これは彼らの生産物〔必要生活諸手段〕の一部をなす。労働者たちは、これを彼ら自身の〔中〕部門の資本主義的生産者たちから買う。こうして、これら資本主義的生産者たちのもとに 400 ポンドの貨幣が――すなわち、彼ら自身の労働者たちに労賃として支払った 400 の可変資本価値が――復帰するのであって、この価値で彼らはまた新たに労働力を買うことができる。

(二) 400m(a) のうち 100v(b) に等しい部分、すなわち、剰余価値 (a) の $\frac{1}{4}$ は、次のようにして奢侈品に実現される――労働者たち (b) は、自分たちの〔中〕部門 (b) の資本家たちから労賃として 100 ポンドを受け取った。彼らは、それで、m(a) の $\frac{1}{4}$、すなわち必要生活諸手段の形で存在している諸商品を買う。aの資本家たちは、この貨幣で、同じ価値額の奢侈品＝100v(b)、すなわち全奢侈品生産物の半分を買う。こうして、bの資本家たちのもとに彼らの可変資本が貨幣形態で復帰し、彼らは、労働力の購入を更新することによって、彼らの再生産をまた新たに開始することができる。というのは、大部門Ⅱ全体の全不変資本は、すでにⅠ（ｖ＋ｍ）対Ⅱｃの交換によって補填されているからである。したがって、奢侈品労働者たちの労働力が新たに販売できるのは、彼ら自身の生産物のうち自分たちの労賃の等価物として創造された部分〔（Ⅱb）100v〕が、Ⅱaの資本家たちによって彼らの消費元本のなかに引き入れられて、現金化されることによってのみである。（同じことは、Ⅰの労働力の販売についても言える。というのは、Ⅰ（ｖ＋ｍ）と交換されるⅡcは、必要生活諸手段および奢侈品からなり、また、Ⅰ（ｖ＋ｍ）によって更新されるものは、必要生活諸手段および奢侈品の生産諸手段をなすからである〔本訳書、第二巻、六五二―六五三ページのⅡa、Ⅱb中の不変資本部分参照〕。）

（三）次に、両中部門の資本家たちの交換である限りでのａとｂとのあいだの交換に移ろう。これまで述べたことにより、ａにおける可変資本（400ｖ）と剰余価値の一部（100ｍ）、およびｂにおける可変資本（100ｖ）は解決されている。さらにわれわれは、両〔中〕部門における資本家たちの収入の支出の平均的比率として、奢侈品に２／５、生活必需品に３／５と仮定した。したがって、中部門ａ全体には、すでに奢侈品に支出された100のほかに、さらに奢侈品のために60が割り振られ、またｂには同じ比率で奢侈品のために40が割り振られる。

したがって、（Ⅱa）ｍは、〔必要〕生活諸手段のための240と奢侈品のための160とに分割される。すなわち、240＋160＝400ｍ（Ⅱa）である。

（IIb）m は、〔必要〕生活諸手段のための 60 と奢侈品のための 40 とに分割される。すなわち、60＋40＝100m（IIb）である。この部門〔IIb〕は、この後者の 40 をそれ自身の生産物のうちから消
(405) 費し（その剰余価値の $\frac{2}{5}$）、〔必要〕生活諸手段のための 60 を、IIb の剰余生産物のうちの 60 を 60m（a）と交換することによって受け取る。

こうして、〔大部門〕IIの資本家階級全体については、次のようになる（この場合、v＋m が中部門aでは必要生活諸手段として存在し、bでは奢侈品として存在する）。

IIa（400v＋400m）＋IIb（100v＋100m）＝1,000. これは、前述の運動によって、次のように実現される。500v（a＋b）{これは 400v（a）と 100m（a）とに実現される}＋500m（a＋b）{これは 300m（a）＋100v（b）＋100m（b）に実現される}＝1,000.

aとbとについて、それぞれを単独で考察すれば、実現は次のようになる。*

$$\text{a）}\quad \frac{\text{v}}{400\text{v（a）}}+\frac{\text{m}}{240\text{m（a）}+100\text{v（b）}+60\text{m（b）}}=800$$

$$\text{b）}\quad \frac{\text{v}}{100\text{m（a）}}+\frac{\text{m}}{60\text{m（a）}+40\text{m（b）}}\cdots\cdots\cdots=\underline{200}$$

$$1{,}000$$

*〔表式では、線の上にあるv、mは、各中部門の実現前の価値構成諸部分を表わし、線の下は、各中部門においてそれぞれの価値構成部分が実現を通じてどのような形態に転化したかが示されている。たとえば、中部門bの左辺の第一項の線の下の 100m（a）は、奢侈品という形態の中部門bの生産物のv部分が、中部

門aの生産物のm部分のうちの 100m と交換され、交換後は必要生活諸手段という形態をとっており、これによって中部門bの労働力が再生産されることを示している〕

説明を簡単にするために、可変資本と不変資本との比率をまえと同じ〔1：4〕とすれば（そうすることはまったく必要はないのだが）、400v（a）にたいしては不変資本＝1,600 となり、100v（b）にたいしては不変資本＝400 となり、Ⅱについては二つの〔中〕部門aとbは、次のようになる――

Ⅱa）　1,600c＋400v＋400m＝2,400

Ⅱb）　400c＋100v＋100m＝ 600

そして、その合計は――

2,000c＋500v＋500m＝3,000

これに対応して、2,000Ⅰ（v＋m）と交換される消費諸手段 2,000Ⅱc のうち、1,600 は必要生活諸手段の生産諸手段に転換され、400 は奢侈品の生産諸手段に転換される。

したがって、2,000Ⅰ（v＋m）自体は、aのための（800v＋800m）Ⅰ＝必要生活諸手段の生産諸手段 1,600 と、bのための（200v＋200m）Ⅰ＝奢侈品の生産諸手段 400 とに分かれるであろう。

本来の労働諸手段のかなりの部分ばかりでなく、原料や補助材料などのかなりの部分も、双方の〔中〕部門にとって同種のものである。しかし、総生産物Ⅰ（v＋m）のさまざまな価値部分の転換に

（406）ついて言えば、この分割は、まったくどうでもよいことであろう。上記の 800Ｉv も 200Ｉv も、それが実現されるのは、労賃が消費諸手段 1,000Ⅱc に支出され、したがって、労賃のために前貸しされた貨幣資本が、復帰するさいにＩの資本主義的生産者たちのあいだにつり合いをもって分配され、彼らの前貸しした可変資本が〝比例して〟彼らに貨幣で再補填されることによってである。他方、1,000Ｉm の実現について言えば、ここでも資本家たちはつり合いをもって〔彼らのmの大きさに比例して〕、Ⅱcの残りの半分全部＝1,000 から、消費諸手段での 600Ⅱa と 400Ⅱb とを引き出すであろう。したがって、Ⅱaの不変資本を補填するもの〔800Ｉm〕は——

600c（Ⅱa）からの 480（$\frac{3}{5}$）と、400c（Ⅱb）からの 320（$\frac{2}{5}$）＝800

Ⅱbの不変資本を補填するもの〔200Ｉm〕は——

600c（Ⅱa）からの 120（$\frac{3}{5}$）と、400c（Ⅱb）からの 80（$\frac{2}{5}$）＝200

合計＝1,000 である。*

*〔$\frac{3}{5}$ と $\frac{2}{5}$ は、はじめの式では、800Ｉm の、あとの式では、200Ｉm の、必要生活諸手段と奢侈品との割合を示す〕

ここでは、Ｉについても Ⅱについても、可変資本の不変資本にたいする比率は任意に仮定したものであり、またＩおよびⅡについて、ならびにⅡの中部門についてのこの比率の同一性も任意に仮定したものである。この同一性について言えば、それは、ただ単純化のためにここで仮定されているだけであって、異なった比率を仮定しても、問題の諸条件とその解決には絶対になにも変わりはないであろう。しかし、単純再生産という前提のもとでは、必然的な結果として次のようなことが生じてくる――

（一）生産諸手段の現物形態で創造された年労働の新しい価値生産物（ｖ＋ｍ に分かれうる）は、年労働の他の部分によって生産された生産物価値のうちの、消費諸手段の形態で再生産された不変資本価値ｃに等しいということ。もしそれ*〔Ⅰ（ｖ＋ｍ）〕がⅡｃよりも小さければ、Ⅱはその不変資本を全部補填することはできないであろう。もしそれがⅡｃより大きければ、利用されない超過分が残るであろう。どちらの場合にも、単純再生産という前提はそこなわれるであろう。

＊〔ここからこの段落の末まではエンゲルスによる〕

（二）消費諸手段の形態で再生産された年生産物の場合には、貨幣形態で前貸しされた可変資本ｖを受け取る人たちが奢侈品労働者である限り、彼らによって可変資本ｖが実現されうるのは、必要生活諸手段のうち、その資本主義的生産者たちにとって〝もともと〟剰余価値を体現する部分においてのみであるということ。すなわち、奢侈品生産に投下されたｖは、必要生活諸手段の形態で生産されたｍのうち、このｖの価値の大きさに対応する部分に等しく、したがって、このｍ全体――すなわち（Ⅱa）ｍ――よりも小さくなければならないということ、そして、奢侈品生産のｖがｍのこの部分において実現されることによってのみ、奢侈物品の資本主義的生産者たちのもとに彼らの前貸可変資本が貨幣形態で復帰するということ。これは、Ⅰ（ｖ＋ｍ）がⅡｃにおいて実現されることとまったく類似した現象である。ただ第二の場合には、（Ⅱb）ｖ は、（Ⅱa）ｍ のうち価値の大きさから見て自

(407)
己と等しい部分に実現されるという点が異なるにすぎない。これらの比率は、年々の総生産物がどのように配分されても、その総生産物が流通によって媒介される年々の再生産の過程に現実にはいり込む限りは、質的に基準を与えるものであり続ける。Ⅰ(v＋m)はⅡcにおいてのみ実現されることができ、同じくⅡcはこの実現によってのみ生産資本の構成部分としてのその機能を更新することができる。同様に、(Ⅱb)v は(Ⅱa)m の一部分においてのみ実現されうるのであり、(Ⅱb)v はそうすることによってのみ貨幣資本としてのその形態にまた再転化されうる。言うまでもなく、このことが妥当するのは、これらいっさいが現実に再生産過程そのものの結果である限りにおいてのみ、したがってたとえば、Ⅱbの資本家たちがvのための貨幣資本を信用を通じてよそから調達しない限りにおいてのみである。これにたいして量的には、年生産物のさまざまな部分の転換が前述のように比例的に行なわれるのは、生産の規模と価値諸関係とが不変のままである限りにおいてのみ、またこれらの厳密な諸関係が対外貿易によって変更されない限りにおいてのみである。

さて、もしアダム・スミス流に Ⅰ(v＋m) はⅡcに分解され、ⅡcはⅠ(v＋m) に分解されると言うとすれば、またはスミスがよりしばしばそしてさらに愚かしく言うのを常としているように、Ⅰ(v＋m) はⅡcの価格(または価値、彼は〝交換価値〟と言っている)の構成諸部分をなし、ⅡcはⅠ(v＋m) の価値の全構成部分をなすと言うとすれば、同じく次のように言いうるであろうし、また言わなければならないであろう――すなわち、(Ⅱb)v は (Ⅱa)m に分解される、または (Ⅱa)m は (Ⅱb)v に分解される、または (Ⅱb)v はⅡaの剰余価値〔(Ⅱa)m〕の一構成部分をなし、またその逆でもある、と。そうであれば、剰余価値は労賃または可変資本に分解され、また可変資本は剰余価値の一「構成部分」をなすことになるであろう。Ａ・スミスの場合には、労賃が必要生活諸手段の価値によって規定され、逆にまた必要生活諸手段の商品価値は、それに含まれる労賃（可変資本）と剰余価値との価値によって規定されているから、その限りにおいて、実際に、このようなばかげたことが彼には見いだされる。彼は、資本主義的基礎の上で一労働日の価値生産物が分けられうる諸断片――すなわち　ｖ＋ｍ――にすっかり心を奪われて、次のことについてはまったく忘れている。それは、単純な商品交換においては、さまざまな現物形態で存在する等価物が支払労働からなるか不払労働からなるかは、どちらの場合でもその生産には等量の労働が費やされるのだから、まったくどうでもよいということ、また、Ａの商品が生産手段でＢの商品が消費手段であるかどうか、すなわち、販売後に一方の商品は資本の構成部分として機能しなければならないが、それにたいして他方の商品は消費元本にはいり込んで、アダム〔・スミス〕〝によれば〟収入として消費されるかどうかということも、同じくどうでもよいということである。個々の買い手が自分の商品をどのように使用するかは、商品交換すなわち流通部面には属さないのであって、商品の価値にはかかわりない。この点は、年々の社会的総生産物の流通を分析するさいには、この生産物のさまざまな構成諸部分の特定の用途、それらの消費の契機が考慮されなければならないということによっては、決して変わらない。(408)

先に確認された、（Ⅱb）ｖ を（Ⅱa）ｍ のうちの等価部分と転換する場合に、またさらに（Ⅱa）ｍ と（Ⅱb）ｍ とのあいだで転換する場合には、Ⅱa およびⅡb の個々の資本家たちにせよ、この資本家たちのそれぞれの総体にせよ、彼らが自分たちの剰余価値を必要消費対象物と奢侈品とに同一の比率で分割するものとは、決して前提されていない。ある人は奢侈品消費により多く支出し、他の人は必要消費対象物の消費により多く支出するかもしれない。単純再生産の基盤の上では、全剰余価値に等しい価値額が消費元本に実現されるということが前提されているだけである。したがってもろもろの限界が与えられている。それぞれの〔中〕部門の内部では、ある人はaにより多く支出し、他の人はbにより多く支出するかもしれない。しかし、これは互いに相殺されうるのであって、そのため、aの資本家階級とbの資本家階級とは、全体として見れば、それぞれ同じ比率でaとb〔の生産物への支出〕に加わる。しかし、価値諸関係――Ⅱの生産物の総価値にたいしてaおよびbの二種類の生産者たちが占める比率上の割り当て――は、したがってまたこれらの生産物を供給する生産諸部門のあいだの一定の量的比率も――それぞれの具体的な場合には必然的に与えられている。例としてあげてある比率はかりのものにすぎない。他の比率が仮定されても、それによって質的諸契機は少しも変わらない。量的諸規定が変化するだけであろう。しかし、なんらかの事情によって、aとbとの比率的大きさに現実の変化が生じるとすれば、それに対応して単純再生産の諸条件も変化するであろう。

（Ⅱb）v が（Ⅱa）m のうちの等価部分において実現されるという事情から、次のような結論が出てくる。すなわち、年生産物のうち奢侈品部分が増大し、したがって奢侈品生産に吸収される労働力

部分が上昇するのと同じ比率で、（Ⅱb）v に前貸しされた可変資本の貨幣資本への――また新たに可変資本の貨幣形態として機能する貨幣資本への――再転化が、それとともに労働者階級のうちⅡbで就業する部分の生存と再生産――彼らにたいする必要消費諸手段の供給――が、資本家階級の浪費、彼らの剰余価値のかなりの部分の奢侈品への転換によって条件づけられるようになる、ということである。

（409）

どの恐慌も、奢侈品消費を一時的に減少させる。恐慌は、（Ⅱb）v の貨幣資本への再転化を緩慢にし、遅滞させ、部分的にしかできないようにし、こうして奢侈品労働者たちの一部を街頭に投げ出すが、他方ではまさにそうすることによって必要消費諸手段の販売をも停滞させ、減退させる。同時に解雇される不生産的労働者たち――彼らは、自分たちのサーヴィスと引き換えに資本家たちの奢侈支出の一部分を受け取り*（〝その限りで〟これらの労働者自身が奢侈物品である）、またとくに、必要生活諸手段の消費などにも非常に大きく参加する――のことは、まったく別にしてである。繁栄期、とくにそれの思惑〔投機〕最盛の時期――この時期には、すでに他の諸理由からも、諸商品で表現された貨幣の相対的価値が低下し（べつに現実的な価値革命が起きていないのに）、したがって諸商品の価格がそれ自身の価値とは無関係に上昇する――には、その逆のことが起こる。必要生活諸手段の消費が増大するだけではない。労働者階級（いまやその全予備軍が現役としてこれに加わる）も、いつもはその大部分が資本家階級にとってのみ「必要」消費諸手段となっているような種類の必要消費諸物品〔の消費〕に参加するほか、いつもは彼らの手の届かない奢侈諸物品の消費にも一時的に参加するのであって、そのことがまた、それはそれで、物価の上昇を呼び起こす。

＊〔草稿およびエンゲルス編集原稿、初版では「受け取り」は「形成し」となっている〕

恐慌は支払能力ある消費の不足または支払能力ある消費者たちの不足から生じると言うのは、まったくの同義反復である。資本主義制度は、支払いをする消費以外の消費を知らない。〝貧民の資格での〟消費または「詐欺師」の消費を別とすれば、諸商品が売れないということは、それにたいする支払能力ある買い手たち、すなわち消費者たちがみつからなかった（諸商品が最終的には生産的消費のために買われようと、個人的消費のために買われようと）ということにほかならない。しかし、もし、労働者階級はそれ自身の生産物のあまりにも少なすぎる部分しか受け取っておらず、したがって彼らが生産物のより大きな分け前を受け取り、その結果、彼らの労賃が増大すればただちに、彼らはこの害悪から救われるであろうと言うことによって、この同義反復により深い根拠があるかのような外観を与えようとする人がいるとすれば、それにたいしては次のことを指摘するだけでよい。すなわち、恐慌は、いつでもまさに、労賃が全般的に上昇して、労働者階級が年生産物のうちの消費に予定された部分からより大きな分け前を実際に受け取る時期にこそ準備される、と。このような時期は——健全で「単純な」（！）常識をもったこれらの騎士たちの見地からすれば——逆に恐慌を遠ざけるはず(410)であろうに。したがって、資本主義的生産は、労働者階級のあの相対的繁栄をただ一時的にしか、しかもつねにただ恐慌の前ぶれとしてしか許さない、人々の善意または悪意にはかかわりのない諸条件を含んでいるように見える。〔四六〕

（四六）　ロートベルトゥスの恐慌論を万一にも信奉する人々のための〝心覚えに〟[*]。F・エンゲルス。

＊〔ロートベルトゥスは、恐慌の原因は、労働者階級の分配分の逓減にあり（過少消費説）、この原因の除去は、労働者階級の所得を高めること以外にないとした。エンゲルスは、ロートベルトゥスのキルヒマン宛の『第一書簡』『第二書簡』（いずれも一八五〇年。吉田茂芳訳『恐慌論』、ミネルヴァ書房、一九六〇年）を念頭においていると思われる〕

さきに見たように、必要消費諸手段の生産と奢侈品の生産とのあいだの比例関係は、Ⅱ（v＋m）の、ⅡaとⅡbとへの分割――したがってまたⅡcの、（Ⅱa）c と（Ⅱb）c とへの分割を条件とする。したがってこの分割は、生産の性格と量的関係とに根本的に影響するのであり、生産の総姿容を本質的に規定する一契機である。

単純再生産は、剰余価値の獲得が個別資本家たちの推進的動機として現われるとはいえ、本来、消費を目的としている。しかし、ここでは、剰余価値――その比率的大きさがどのようなものであろうと――も、結局のところ、資本家の個人的消費に役立つべきものでしかない。

単純再生産が、あらゆる拡大された規模での年々の再生産の部分、しかももっとも重要な部分でもある限り、この〔消費という〕動機は、依然として致富そのものという動機に随伴するとともにそれに対立し続ける。実際には、事態はもっと錯綜した形で現われる。なぜなら、獲物――資本家の剰余価値――の分け前に関与する者たちが、資本家とは無関係の消費者として登場するからである。

第五節　貨幣流通による諸転換の媒介

これまでに展開した限りでは、さまざまな生産者部門のあいだの流通は、次の表式に従って行なわれた。*

*〔この一文はエンゲルスによる〕

(一) 大部門Ⅰと大部門Ⅱとのあいだで――

Ⅰ　4.000c＋1.000v＋1.000m

Ⅱ　…………………2.000c…………＋500v＋500m

こうして、Ⅱc＝2.000の流通はかたづいており、それはⅠ(1.000v＋1.000m)と転換されている。われわれは4.000Ⅰcをいましばらくわきにおいておくので、なお残るのは、大部門Ⅱの内部でのv＋mの流通である。さて、Ⅱ(v＋m)は中部門Ⅱaと Ⅱbとのあいだで次のように分割される――

(二) Ⅱ　500v＋500m＝a(400v＋400m)＋b(100v＋100m)

400v(a)は、それ自身の中部門の内部で流通する。これによって支払われた労働者たちは、それと引き換えに、彼ら自身が生産した必要生活諸手段を、彼らの使用者たち、すなわちⅡaの資本家たち

(411)

から買う。

両方の中部門の資本家たちは、彼らの剰余価値のそれぞれ $\frac{3}{5}$ をⅡaの生産物（必要生活諸手段）に、$\frac{2}{5}$ をⅡbの生産物（奢侈品）に支出するから、剰余価値aの $\frac{3}{5}$ すなわち240は、中部門Ⅱa自身の内部で消費される。同様に剰余価値b（これは奢侈品として生産され、現存している）の $\frac{2}{5}$〔40〕は中部門Ⅱbの内部で消費される。

したがって、ⅡaとⅡbとのあいだでなお交換されるべきものとして残っているのは——

Ⅱaの側では160mであり、

Ⅱbの側では100v＋60mである。これらは、互いに相殺される。Ⅱbの労働者たちは、貨幣賃銀として受け取った彼らの100で、Ⅱaから100の額の必要生活諸手段を買う。同じくⅡbの資本家たちも、彼らの剰余価値の $\frac{3}{5}=60$ の額だけ、彼らの必要生活諸手段をⅡaから買う。これによって、Ⅱaの資本家たちは、右に仮定した彼らの剰余価値の $\frac{2}{5}=160$m を、Ⅱbによって生産された奢侈品（支払われた労賃を補填する生産物としてⅡbの資本家の手中にある100v、および60m）に投じるために必要な貨幣を受け取る。したがって、これを表わす表式は——

（三）　Ⅱa　（400v）＋（240m）　　＋160m

　　　　b…………………100v＋60m＋（40m）

であり、ここで、括弧に入れられた額は、それ自身の中部門の内部だけで流通し、消費されるもので

ある。＊

＊〔「両方の中部門の資本家たちは」からここまではエンゲルスによる〕

可変資本に前貸しされた貨幣資本の直接的還流は、必要生活諸手段を生産する資本家〔中〕部門Ⅱaにとってのみ起こるが、このような直接的還流は、先に述べた一般的法則――すなわち、商品流通が正常に進行すれば貨幣を流通に前貸しする商品生産者のもとに貨幣が復帰するという一般的法則――が特殊な諸条件によって修正されて現われたものにすぎない。なお、ここから次のような結果も生じる。すなわち、もしおよそ商品生産者の背後に貨幣資本家がいて、この貨幣資本家のほうで産業資本家に貨幣資本（言葉のもっとも厳密な意味での貨幣資本、すなわち、貨幣形態にある資本価値）を前貸しするとすれば、この貨幣の真の還流点はこの貨幣資本家のポケットである、ということである。貨幣は多かれ少なかれあらゆる人々の手を経て流通するとはいえ、このようにして、流通している貨幣の大部分は、銀行などの形態において組織され集積された貨幣資本部門に属するのである。この部門がその資本を前貸しする仕方は、この部門への貨幣形態での恒常的な最終的還流＊を条件づける――とはいえ、この還流はまた、産業資本の貨幣資本への再転化によって媒介されているのではあるが。

＊〔草稿では、このあとに「および再支出」とある〕

(412) 商品流通には、つねに二種のものが必要である――流通に投じられる商品と、流通に投じられる貨幣とである。「〔それだから〕流通過程は、直接的な生産物交換と違って、使用価値の場所または持ち手の変換によって消失するものではない。貨幣は、それが一つの商品の変態系列からは最終的に脱落するからといって、消滅するものではない。貨幣は、商品が立ちのいた流通上の場所につねに沈澱する」等々（第一部、第三章、九二ページ〔本訳書、第一巻、一九九ページ〕）。

たとえば、Ⅱcと Ⅰ(v＋m) とのあいだの流通では、われわれは、この流通のために貨幣で500 ポンドがⅡによって前貸しされると仮定した。生産者の大きな社会的グループのあいだの流通が分解していく無数の流通過程においては、ときにはこのグループの一人が、ときにはあのグループの一人が、まず買い手として登場するであろう――すなわち貨幣を流通に投じるであろう。このことは、個別的な事情をまったく度外視しても、すでにさまざまな商品資本の生産期間の相違、したがってそれらの回転の相違によって条件づけられている。すなわちⅡは、500 ポンドで同じ価値額の生産諸手段をⅠから買い、一方Ⅰはこの 500 ポンドでⅡから消費諸手段を買う。こうして、貨幣はⅡに還流するが、Ⅱは、この還流によって決して儲かりはしない。Ⅱは、まず 500 ポンドの貨幣を流通に投じて同じ価値額の商品を流通から引き出した。次にⅡは、500 ポンドの商品を売って、同じ価値額の貨幣を流通から引き出す。こうしてこの 500 ポンドが還流する。実際に、Ⅱはこのようにして 500 ポンドの貨幣と 500 ポンドの商品、合計 1,000 ポンドを流通に投じた。Ⅱは、500 ポンドの商品と 500 ポンドの貨幣とを流通から引き出す。流通は、500 ポンドの商品（Ⅰ）と 500 ポンドの商品（Ⅱ）との転換のために 500 ポンドの貨幣しか必要としない。このように、他人の商品を購買するさいに貨幣を前貸しした者は、自分の商品を販売するさいには貨幣を回収する。だから、かりにⅠがまずⅡから 500 ポンドで商品を購入し、そのあとⅡに 500 ポンドで商品を販売するとすれば、

（413）

この500ポンドは、ⅡにではなくⅠに復帰するであろう。

大部門Ⅰでは、労賃に投下された貨幣、すなわち貨幣形態で前貸しされた可変資本が貨幣形態で復帰するのは、直接にではなく、間接に、回り道をしてである。これにたいしてⅡでは、500ポンドの労賃が直接に労働者から資本家に復帰するのであって、それは、売買が同じ人々のあいだで繰り返されて、そのため彼らがかわるがわる商品の買い手および売り手としてつねに相対する場合に、この復帰がつねに直接的であるのと同じである。Ⅱの資本家は、労働力にたいして貨幣で支払いをする。彼は、そうすることによって労働力を自分の資本に合体させるのであり、そして、彼にとっては貨幣資本の生産資本への転化であるにすぎないこの流通過程を経ることによってのみ、彼は産業資本家として、自分の賃労働者としての労働者に相対するのである。しかし次に、第一段階では売り手であり、自分の労働力の商人であった労働者が、第二段階では買い手、貨幣所有者として、諸商品の売り手である資本家と相対する。こうして、労賃に投下された貨幣が資本家に還流する。これらの商品の販売がぺてんなどを含まず、商品と貨幣の形で存在する等価物どうしが交換される限り、この販売は、資本家に儲けをもたらす過程ではない。資本家は労働者に、二度――最初は貨幣で、次には商品で――支払うわけではない。資本家の貨幣は、労働者がその貨幣を資本家のもとにある商品と引き換えると、資本家のところに復帰する。

しかし、可変資本に転化された貨幣資本――すなわち、労賃に前貸しされた貨幣――は、貨幣流通そのものにおいては主役を演じる。なぜなら、――労働者階級はその日暮らしをせざるをえず、したがって産業資本家たちに長期の信用を与えることはできないので――、可変資本は、さまざまな産業部門において諸資本の回転期間がどんなに違っていようと、社会の場所的に異なる無数の地点で、週などある決まった短い期限ごとに――つまり比較的急速に繰り返される期間ごとに（これらの期間が短ければ短いほど、この水路を経て一度に流通に投じられる貨幣総額はそれだけ相対的に少額でありうる）――同時に貨幣で前貸しされなければならないからである。どの資本主義的生産の国においても、こうして前貸しされる貨幣資本は、〔貨幣の〕総流通にたいして比率的に決定的な部分を占めているのであって、しかも、同じ貨幣が――それが出発点に還流するまえに――きわめて多様な水路を流れ回って、無数の他の事業のための流通手段として機能するのだから、ますますそうなのである。

さてこんどは、Ｉ（ｖ＋ｍ）とⅡ$_c$とのあいだの流通を別の観点から考察しよう。

Ｉの資本家たちは、労賃の支払いに 1,000 ポンドを前貸しし、これで労働者たちは、1,000 ポンドの生活諸手段をⅡの資本家たちから買い、Ⅱの資本家たちはこれまた同じ貨幣でＩの資本家たちから生産諸手段を買う。こうして、Ｉの資本家たちには彼らの可変資本が貨幣形態で復帰し、他方、Ⅱの資本家たちは、彼らの不変資本の半分を商品資本の形態から生産資本に再転化した。Ⅱの資本家たち
(414) は、Ｉのもとにある生産諸手段を入手するために、さらに別の 500 ポンドの貨幣を前貸しする。Ｉの資本家たちは、この貨幣をⅡの消費諸手段に支出する。こうしてこの 500 ポンドはⅡの資本家た

ちに還流する。Ⅱの資本家たちは、商品に転化した彼らの不変資本の最後の四分の一をそれの生産的な現物形態に再転化するために、この500ポンドをまた新たに前貸しする。この貨幣はふたたびⅠに還流して、〔Ⅰは〕また新たにⅡのもとで同額の消費諸手段を入手する。こうしてこの500ポンドはⅡに還流する。Ⅱの資本家たちは、いまやまえと同じく、500ポンドの貨幣と2.000ポンドの不変資本――しかしこの不変資本は、商品資本の形態から生産資本に新たに転換されている――とを所有する。1.500ポンドの貨幣で5.000ポンドの商品量が流通させられた。すなわち、（一）Ⅰは労働者たちに1.000ポンドを、同じ価値額の労働力と引き換えに支払う。（二）労働者たちは同じ1.000ポンドでⅡから生活諸手段を買う。（三）Ⅱはその同じ貨幣でⅠから生産諸手段を買い、これによってⅠには1.000ポンドの可変資本が貨幣形態で回収される。（四）Ⅱは500ポンドでⅠから生産諸手段を買う。（五）Ⅰは同じ500ポンドでⅡから消費諸手段を買う。（六）Ⅱは同じ500ポンドでⅠから生産諸手段を買う。（七）Ⅰは同じ500ポンドでⅡから生活諸手段を買う。Ⅱには500ポンドが還流しているが、これは、Ⅱが商品での自己の2.000ポンドのほかに流通に投じたものであり、Ⅱはそれと引き換えに商品での等価物を流通から引きあげなかったのである。(四七)

(四七)　ここの叙述は、先に（三七四ページ〔本訳書、第二巻、六四〇ページ以下〕）述べたものとはいくらか違う。そこでは、Ⅰも500という別個の金額を流通に投じた。ここでは、Ⅱだけが流通のために追加の貨幣材料を供給する。けれども、このことは結論を少しも変えるものではない。――F・エンゲルス。

こうして、転換は次のように進行する――

（415）

（一）Ｉは、労働力、すなわち 1.000 ポンドの商品と引き換えに、1.000 ポンドの貨幣を支払う。
（二）労働者たちは、彼らの労賃で、1.000 ポンドの金額だけⅡから消費諸手段を、すなわち 1.000 ポンドの商品を買う。
（三）Ⅱは、労働者たちから手に入れたこの 1.000 ポンドで、同じ価値だけＩから生産諸手段を、すなわち 1.000 ポンドの商品を買う。
こうして、1.000 ポンドの貨幣が可変資本の貨幣形態としてＩに還流した。
（四）Ⅱは、500 ポンドでＩから生産諸手段を、すなわち 500 ポンドの商品を買う。
（五）Ｉは、同じ 500 ポンドでⅡから消費諸手段を、すなわち 500 ポンドの商品を買う。
（六）Ⅱは、同じ 500 ポンドでＩから生産諸手段を、すなわち 500 ポンドの商品を買う。
（七）Ｉは、同じ 500 ポンドでⅡから消費諸手段を、すなわち 500 ポンドの商品を買う。
転換された商品価値の総額は 5.000 ポンドである。
Ⅱが購買に前貸しした 500 ポンドは、Ⅱのもとに復帰した。
結果は、次のとおりである――
（一）Ｉは可変資本を、最初に流通に前貸しした 1.000 ポンドの額だけ貨幣形態で所有する。そのほかにＩは、自分の個人的消費のために 1.000 ポンドを、Ｉ自身の商品生産物で支出した。すなわち、Ｉは、1.000 ポンドの価値額の生産諸手段を販売して入手した貨幣を支出した。
他方では、貨幣形態で存在する可変資本が転換されなければならない現物形態――すなわち労働力

――は、消費によって維持され、再生産されて、それの所有者たちが生きようと思うならば売らざるをえない彼らの唯一の商品として、ふたたび現存する。したがって、賃労働者たちと資本家たちの関係も再生産されている。

（二）Ⅱの不変資本は〝現物で〟補填され、同じⅡによって流通に前貸しされた500ポンドはⅡに復帰している。

Ⅰの労働者たちにとっては、流通は、W―G―Wという単純流通である。すなわち、W①（労働力）―G②（Ⅰの可変資本の貨幣形態1.000ポンド）―W③（1.000ポンドの額の必要生活諸手段）。この1.000ポンドは、商品――生活諸手段――の形態で存在するⅡの不変資本を同じ価値額になるまで貨幣化する。

Ⅱの資本家たちにとっては、この過程はW―G、すなわち、彼らの商品生産物の一部分の貨幣形態への転化であって、この一部分は、この貨幣形態から生産資本の構成諸部分に――すなわち彼らに必要な生産諸手段の一部分に――再転化される。

Ⅱの資本家たちが生産諸手段の残りの諸部分を購入するために行なうG（500ポンド）の前貸しにさいしては、Ⅱcのうちなお商品形態（消費諸手段）で存在する部分の貨幣形態が先取りされている。ⅡがGで買い、ⅠによってWが売られる行為G―Wでは、貨幣（Ⅱ）が生産資本の一部分に転化され、他方、W（Ⅰ）は行為W―Gを経過して、貨幣に転化されるが、この貨幣は、Ⅰにとっては、資本価値のどの構成部分も表わさず、消費諸手段にのみ支出される貨幣化された剰余価値を表わす。

(416)

流通G―W…P…W′―G′において、ある一資本家の最後の行為G―Wは、他の一資本家の最後の行為W′―G′（またはこの行為の一部分）である。Gを生産資本に転換させるこのWが、Wの売り手（したがってこのWを貨幣に転換する者）にとって、不変資本部分を表わすか、可変資本部分を表わすか、それとも剰余価値を表わすかは、商品流通そのものにとってはまったくどうでもよい。

大部門Iにかんして、その商品生産物のうちの v＋m という構成部分について言えば、Iは、自分が投入したよりも多くの貨幣を流通から引き出す。第一に、Iには 1,000 ポンドの可変資本が復帰する。第二に、Iは〔前記の転換（四）を見よ〕500 ポンドで生産諸手段を売る――これでIの剰余価値の半分が貨幣化される。次に〔転換（六）〕、Iはふたたび 500 ポンドで、その剰余価値の残り半分である生産諸手段を売る。これによって剰余価値の全部が貨幣形態で流通から引きあげられている。したがって、順次に（一）可変資本が貨幣に再転化される＝1,000 ポンド、（二）剰余価値の半分が貨幣化される＝500 ポンド、（三）剰余価値の残り半分〔が貨幣化される〕＝500 ポンド。したがって、合計 1,000v＋1,000m＝2,000 ポンドが貨幣化される。Iは（のちに考察されるべき、Icの再生産を媒介する諸転換は度外視して）、1,000 ポンドしか流通に投じなかったにもかかわらず、その二倍を流通から引きあげた。もちろん、貨幣化された（Gに転化された）〔Iの〕mは、この貨幣が消費諸手段に消費し尽くされることによって、すぐにまた他の人の手中（II）に消えうせる。Iの資本家たちは、自分たちが商品で投入したのと同じだけの価値を貨幣で引きあげたにすぎない。この価値が剰余価値であるということ、すなわち資本家たちにはなんの費用も費やさせないということは、これらの商品の価値そのものを絶対に変えない。だからこのことは、商品流通における価値転換が問題である限り、まったくどうでもよい。もちろん、剰余価値の貨幣化は、前貸しされた資本がその諸転換中に身にまとう他のすべての形態と同じく、一時的である。それが持続するのは、まさにⅠの商品の貨幣への転化と、それに続くⅠの貨幣のⅡの商品への転化との合間だけである。

回転〔時間〕がより短いと仮定すれば――または、単純商品流通の観点から考察して、流通する貨幣の通流回数がより多いと仮定すれば――、転換される諸商品価値を流通させるためには、もっと少ない貨幣で十分であろう。この貨幣総額は――順次に行なわれる転換の回数が与えられていれば――つねに流通する諸商品の価格総額または価値総額によって規定されている。この場合、この価値総額がどのような割合で、一方では剰余価値、他方では資本価値からなるかは、まったくどうでもよい。

われわれの例において、Ⅰで労賃が年に四回支払われるとすれば、$4\times250=1{,}000$ である。したが
(417) って、Ⅰvと $\frac{1}{2}$Ⅱc とのあいだの流通のため、および可変資本ⅠvとⅠの労働力とのあいだの流通のためには、250 ポンドの貨幣で十分であろう。同じく、ⅠmとⅡcとのあいだの流通が四回転で行なわれるとすれば、それには 250 ポンドしか必要ではなく、したがって全体では、5,000 ポンドの額の商品の流通のためには、500 ポンドの貨幣額または貨幣資本しか必要ではないであろう。その場合、剰余価値は、順次に半分ずつ二回にではなく、いまや順次に $\frac{1}{4}$ ずつ四回にわたって貨幣化されるであろう。

転換（四）において、ⅡではなくⅠが買い手として登場し、したがって 500 ポンドの貨幣を同じ

大きさの価値の消費諸手段に支出するものとすれば、その場合には、転換（五）ではⅡがこの同じ500ポンドで生産諸手段を買い、（六）ではⅠが同じ500ポンドで消費諸手段を買い、（七）ではⅡが同じ500ポンドで生産諸手段を買う。したがって結局、この500ポンドは、先にはⅡに復帰したように、Ⅰに復帰する。ここでは、剰余価値は、それの資本主義的生産者たち自身が私的消費に支出した貨幣によって貨幣化されるのであり、この貨幣は、先取りされた収入、すなわち、これから売られるべき商品に潜んでいる剰余価値からの先取りされた所得を表わす。剰余価値の貨幣化は、500ポンドの還流によって行なわれるのではない。というのは、Ⅰは、商品Ⅰvでの1,000ポンドのほかに、転換（四）の終わりに貨幣で500ポンドを流通に投じたのであり、そしてこの貨幣は追加であって――われわれの知る限りでは――売られた商品の代金ではなかったからである。この貨幣がⅠに還流しても、これによってⅠは自己の追加貨幣を回収しただけであり、自己の剰余価値を貨幣化したわけではない。[*] Ⅰの剰余価値の貨幣化は、この剰余価値が潜んでいる諸商品Ⅰmの販売によってはじめて行なわれるのであり、毎回、商品の販売によって得られた貨幣が新たに消費諸手段に支出されないあいだだけ続く。

＊〔この一文はエンゲルスによる〕

Ⅰは、追加貨幣（500ポンド）でⅡから消費諸手段を買う。この貨幣はⅠによって支出され、Ⅰはそれとの等価物をⅡの商品で受け取る。この貨幣は、ⅡがⅠから500ポンドで商品を買うことによってはじめて還流する。したがってそれは、Ⅰによって売られた商品の等価物として還流するが、この商品はⅠにとってはなんの費用もかからず、したがってⅠにとって剰余価値をなすのであり、このようにして、Ⅰ自身が流通に投じた貨幣が、Ⅰ自身の剰余価値を貨幣化するのである。同様に、Ⅰは、その第二の購買（六）* のさいにその等価物をⅡの商品で手に入れている。いまⅡがⅠから生産諸手段を買うこと（七）* をしないとすれば、Ⅰは実際に 1,000 ポンドで消費諸手段への支払いをした――自己の全剰余価値を収入として消費した――ことになるであろう。すなわち、500 ポンドを自己の諸商品Ⅰ（生産諸手段）で支払い、500〔ポンド〕を貨幣で支払いをしたことになるであろう。その代わり、Ⅰはまだ自己の諸商品Ⅰ（生産諸手段）で500 ポンドだけ在庫をもち、それにたいして貨幣で 500 ポンドを手放したことになるであろう。

＊〔ⅡではなくⅠが買い手として登場する前段落の転換の場合の（六）（七）をさす〕

(418)
それとは反対にⅡは、自己の不変資本の四分の三を商品資本の形態から生産資本に再転化しているであろう。これにたいし、四分の一は貨幣資本（500 ポンド）の形態に、すなわち実際には遊休貨幣または自己の機能を中断されて待機している貨幣の形態にあることになる。もしこの状態が長引けば、Ⅱは、再生産の規模を四分の一だけ縮小しなければならないであろう。――しかし、あの、Ⅰが背負い込んでいる生産諸手段での 500 は、商品形態で存在する剰余価値ではない。それら〔500〕は、前貸しされた 500 ポンドの貨幣――Ⅰが自己の、商品形態にある 1,000 ポンドの剰余価値のほかにもっていた貨幣――の代わりにそこに存在しているのである。貨幣としては、それらは、いつでも実現されうる形態にある。商品〔形態〕としては、それらは、一時的に販売不能である。次のことだけは明らかである。すなわち、単純再生産――そこではⅠにおいてもⅡにおいても生産資本のすべての要素が補塡されなければならない――は、この場合、Ⅰがはじめに放してやった500ポンドという金の鳥たちがⅠのもとに帰ってくるときにだけ、引き続き可能である、ということである。

ある資本家（ここでわれわれが念頭におくのはまだ産業資本家たちだけであり、それらは同時に他のすべての資本家たちの代表でもある）が貨幣を消費諸手段に支出すれば、その貨幣は、彼にとっては使い果たされたのであり、世の人のみな行く道を行ったのである*。もし貨幣がふたたび彼のもとに還流するとすれば、その還流が起こりうるのは、彼が諸商品と引き換えに――すなわち彼の商品資本によって――流通から貨幣を釣り上げる限りでのことである。彼の年々の全商品生産物（彼にとっては商品資本）の価値と同じく、全商品生産物の各要素の価値、すなわち各個の商品の価値も、彼にとっては不変資本価値、可変資本価値、および剰余価値に分けられうるものである。したがって、諸商品（これらが要素となって商品生産物を形成する）の各個々の貨幣化は、同時に、全商品生産物に潜んでいる剰余価値の一定部分の貨幣化でもある。したがって、いまの場合に、資本家自身が貨幣を流通に投じており――しかも消費諸手段に貨幣を支出して――、この貨幣で彼の剰余価値が貨幣化される、〝言い換えれば〟実現されるということは、文字どおり正しい。もちろん、ここで問題になっているのは、同一の貨幣諸片ではなく、資本家が個人的欲求を満たすために流通に投じた額に等しい（またはそのうちの一部に等しい）額の現金である。

＊〔旧約聖書、ヨシュア記、二三・一四、列王記上、二・二などに由来する成句。「死ぬ」の意〕

(419)

実際には、これは二重の仕方で行なわれる――事業がこの年のうちに開始されたばかりであれば、資本家が事業収入自体から自分の個人的消費のために貨幣を支出しうるようになるには、かなりの期間、うまくいって数ヵ月はかかる。だからといって、彼は一瞬も自分の消費をやめはしない。彼は、これから獲得されるべき剰余価値をあてにして自分自身に貨幣を前貸しするが（自分のポケットからであるか、信用によって他人のポケットからであるか、それはここではまったくどうでもよいことである）、しかし、これによって彼は、あとから実現されるべき剰余価値を実現するための流通媒介物をも前貸しすることになる。これにたいして、事業がすでに比較的長いあいだ規則的に進捗《しんちょく》しているならば、支払いと収入とは、一年のあいだのさまざまな時期に配分される。しかし、ただ一つ、資本家の消費だけは絶え間なく続けられるのであって、この消費は、〔彼の収入を〕先取りして行なわれ、その大きさは通常のまたは予測される収入にたいするある比率に従って計算される。商品の各部分が売られるたびに、年々生み出されうる剰余価値の一部も実現される。しかし、一年全体のあいだに、生産された商品のうち、商品に含まれている不変資本価値と可変資本価値とを補填するのに必要な分だけしか売れないとすれば、または、物価が低下し、その結果、年々の全商品生産物を売ってもそれに含まれる前貸資本価値だけしか実現されないとすれば、将来の剰余価値をあてにして支出された貨幣の先取り的性格がはっきりと表われてくるであろう。わが資本家が破産すれば、彼の債権者と裁判所は、彼の先取りされた私的支出が、彼の事業の規模、およびこの事業に普通にまたは正常に照応する剰余価値収入の大きさにたいして、正しい比率を保っているかどうかを調査する。

しかし、資本家階級全体について見れば、資本家階級は自己の剰余価値の実現のために（または自己の不変資本および可変資本の流通のためにも）みずから貨幣を流通に投じなければならないという命題は、逆説的でないのみならず、全機構の必要条件として現われる。というのは、ここには二つの階級、すなわち自分の労働力しか自由に処分できない労働者階級と、社会的生産諸手段をも貨幣をも独占的に所有している資本家階級しか存在しないからである。＊商品に潜んでいる剰余価値の実現に必要な貨幣をまず第一に労働者階級が自分の資力から前貸しするとすれば、それこそ逆説であろう。しかし、個々の資本家がこの前貸しを行なうのは、つねにただ、自分が買い手として行動する――すなわち、消費諸手段の購入に貨幣を支出するか、または、労働力であれ生産諸手段であれ、自分の生産資本の諸要素の購入に貨幣を前貸しする――という形態においてのみである。彼は、つねに等価物と引き換えにしか貨幣を手放さない。彼は、商品を流通に前貸しするのと同じやり方でのみ、貨幣を流通に前貸しする。彼は、どちらの場合にも、それらの流通の出発点として行動する。

＊〔草稿では、このまえに「商品流通に必要な、だからまた」の句がある〕

現実の経過は、次の二つの事情によってあいまいにされる。

（一）産業資本の流通過程内では、商業資本（その最初の形態はつねに貨幣である。というのは、商人そのものはなにも「生産物」または「商品」をつくりださないからである）と貨幣資本とが、特殊な種類の資本家が操縦する対象として現われること。

（二）剰余価値――これは、第一次的にはつねに産業資本家の手中になければならない――はさま

(420)ざまなカテゴリーに分裂し、それらのカテゴリーの担い手として、産業資本家とならんで、地主(地代のための)、高利貸し(利子のための)などが現われ、同じく政府とその役人、金利生活者なども現われること。これらの連中は、産業資本家にたいして買い手として現われ、その限りでは産業資本家の諸商品を貨幣化するものとして現われる。彼らも〝それ相応〟に「貨幣」を流通に投じるのであって、産業資本家はこの貨幣を彼らから受け取る。そのさい、いつも忘れられるのは、彼らがどのような源泉からこの貨幣を最初に受け取ったのか、また繰り返し新たに受け取るのか、ということである。

第六節　大部門Ⅰの不変資本(四八)

(四八)　以下、第二草稿より。

まだ残っているのは、大部門Ⅰの不変資本＝4.000Ⅰcの検討である。この価値は、Ⅰの商品生産物に再現しているところの、Ⅰの商品量の生産に消費された生産諸手段の価値に等しい。この再現している価値は、Ⅰの生産過程で生産されたのではなく、不変価値として――すなわちこの生産過程の生産諸手段の所与の価値として――その年の前にこの過程にはいり込んだ価値であって、いまやⅠの商品量のうち大部門Ⅱによって吸収されない部分全体のうちに存在する。つまり、そのようにしてⅠの資本家たちの手中に残っているこの商品量の価値は、彼らの年商品生産物全体の価値〔6.000〕の

$\frac{2}{3}$ に等しい。それぞれ特殊な生産手段を生産する個々の資本家については、われわれは、次のように言うことができた——彼は自分の商品生産物を売り、それを貨幣に転化する、と。商品生産物を貨幣に転化することによって、彼は、自分の生産物の不変価値部分をも貨幣に再転化した。次に、彼は、貨幣に転化したこの価値部分で他の商品販売者たちから自分の生産諸手段をふたたび買い入れる。言い換えれば、彼の生産物の不変価値部分を現物形態に——その不変価値部分がまた新たに生産的不変資本として機能しうる形態に——転化する。ところが、いまの場合には、この前提は不可能となる。Ⅰの資本家階級は、生産諸手段を生産する資本家の全体を包含する。そのうえ、彼らの手中に残されている 4,000 の商品生産物は、社会的生産物のどの他の部分とも交換することのできない一部分である。というのは、年生産物のうちにこれらの商品生産物と交換できるような他の部分は、もはや存在しないからである。この4,000 をのぞいて、残りは全部、すでに処理されている。一部は社会的消
(421) 費元本によって吸収されており、他の一部は大部門Ⅱの不変資本を補填しなければならないものであり、この大部門Ⅱは、すでに大部門Ⅰとの交換において自由に処理できるものはすべて交換してしまっている。

この困難は、Ⅰの商品生産物の全部が、現物形態から見て生産諸手段で、すなわち不変資本そのものの素材的諸要素で構成されるということを考慮すれば、非常に簡単に解決される。ここでは、さきほどのⅡの場合と同一の現象が、ただ別の様相で示されているにすぎない。Ⅱにおいては、商品生産物の全部が消費諸手段であった。だから、この商品生産物のうち、そこに含まれている労賃プラス剰

余価値によってはかられる一部分は、Ⅱ自身の生産者たちによって消費されることができた。ここ、Ⅰにおいては、商品生産物の全部が、生産諸手段――すなわち、建物、機械、容器、原料と補助材料などからなる。だから、この生産物の一部分、すなわち、この部面で使用される不変資本を補塡する部分は、その現物形態のまま、ただちにまた新たに生産資本の構成部分として機能することができる。この部分は、それが流通にはいる限りでは、大部門Ⅰの内部で流通する。[*] Ⅱにおいては、商品生産物の一部分は〝現物で〟Ⅱ自身の生産者たちによって個人的に消費され、これにたいしてⅠにおいては、生産物の一部分は〝現物で〟その資本主義的生産者たちによって生産的に消費される。

＊〔この一文はエンゲルスによる〕

Ⅰの商品生産物の一部分＝4,000 c では、この大部門で消費された不変資本価値が、しかもただちにまた生産的不変資本として機能することのできる現物形態で再現する。Ⅱでは、3,000 の〔Ⅱの〕商品生産物のうち、その価値が労賃プラス剰余価値（＝1,000）に等しい部分は、直接にⅡの資本家たちと労働者たちとの個人的消費にはいり込み、他方ではこれにたいして、この商品生産物の不変資本価値（＝2,000）は、Ⅱの資本家たちの生産的消費にふたたびはいり込むことはできず、Ⅰとの交換によって補塡されなければならない。

反対に、Ⅰにおいては、その 6,000 の商品生産物のうち、その価値が労賃プラス剰余価値（＝2,000）に等しい部分は、その生産者たちの個人的消費にははいり込まず、またその現物形態から見てもはいり込むことはできない。[*1] それはむしろ、まず最初に、Ⅱと交換されなければならない。逆に、この生産物の不変価値部分＝4,000は――Ｉの資本家階級全体を考察すれば――、直接にふたたび彼らの不変資本として機能しうる現物形態にある。[*2]言い換えれば、大部門Ｉの全生産物は、その現物形態から見て――資本主義的生産様式のもとでは――不変資本の諸要素としてのみ役立てられうる諸使用価値からなる。したがって、6,000の価値をもつこの生産物のうち、1/3（2,000）は大部門Ⅱの不変資本を補填し、残りの2/3は大部門Ｉの不変資本を補填する。

＊１〔「またその現物形態から見て」からここまではエンゲルスによる〕

＊２〔ここからこの段落の末まではエンゲルスによる〕

（422）

Ｉの不変資本は、製鉄所にいくら、炭坑にいくらなど、さまざまな生産諸手段生産部門に投下されているさまざまな資本グループの一団からなる。これらの資本グループのそれぞれ、またはこれらの社会的なグループ資本のそれぞれは、これまた、自立的に機能する個別資本の大なり小なりの一団から構成される。まず第一に、社会の資本、たとえば7,500（単位は一〇〇万などでもよい）が、さまざまな資本グループに分かれる。7,500の社会的資本が特殊な諸部分に分けられ、その各部分が特殊な一生産部門に投下されている。社会的資本価値のうち特殊な各生産部門に投下された部分は、現物形態から見れば、一部は特殊な各生産部面の生産諸手段からなり、一部はその部面の経営に必要でそれにふさわしい技能をもっている労働力からなる――この労働力は、分業によって、個々の各生産部面で果たさなければならない独特な労働種類に応じて、[*]さまざまに変形される。社会的資本のうちの特殊な各生産部門に投下された部分は、これまた、この部門に投下された、自立的に機能する個別資本の総和からなる。このことは、言うまでもなく、両大部門に、すなわちⅠにもⅡにもあてはまる。

＊〔第二版では「労働力」となっていた。初版およびエンゲルスの編集原稿に従って訂正。草稿では「部分労働」となっている〕

ところで、Ⅰにおいて、その商品生産物の形態で再現している不変資本価値について言えば、それの一部は、それが生産物として出てくる特殊な生産部面に（または、個別的事業経営にさえも）またふたたび生産諸手段としてはいり込む——たとえば、穀物が穀物生産に、石炭が石炭生産に、鉄が機械の形態で鉄の生産にはいり込む等々。

けれども、Ⅰの不変資本価値を構成する部分諸生産物が、自分の特殊的または個別的生産部面にふたたび直接にはいり込まない限りでは、それらは位置を換えるだけである。それらは、現物形態で大部門Ⅰの他のある生産部面にはいり込み、大部門Ⅰの他の生産諸部面の生産物が、それらを〝現物で〟補填する。これは、これらの生産物の単なる場所変換である。それらはすべて、Ⅰの不変資本を補填する諸要因としてふたたびはいり込む——ただし、Ⅰのあるグループにではなく、もっぱら他のあるグループにはいり込む。ここでⅠの個々の資本家たちのあいだで交換が行なわれる限りでは、それは不変資本の一現物形態と不変資本の他の一現物形態との交換であり、ある種類の生産諸手段と他の諸種類の生産諸手段との交換である。それは、Ⅰのさまざまな個別的不変資本部分の相互交換である。諸生産物は、それら自身の生産部門で直接に生産諸手段として役立たない場合には、自己の生産
(423) 場所から他の生産場所へ遠ざけられ、このようにして互いに補填し合う。言い換えれば（Ⅱにおいて

剰余価値について行なわれたのと同様に）――Ｉにおける各資本家は、自分がこの 4,000 の不変資本の共同所有者である割合に応じて、自分に必要なふさわしい生産諸手段をこの商品量から引き出す。もし生産が資本主義的でなく社会的であったとしても、次のことは明白である。すなわち、大部門Ｉのこれらの生産物は、再生産のために、同じように絶えずこの大部門の生産諸部門のあいだに生産手段として再配分され、一部は直接それが生産物として出てきた生産部面にとどまり、それにたいして他の一部は他の生産場所へと遠ざけられ、このようにしてこの大部門Ｉのさまざまな生産場所のあいだでの恒常的な行ったり来たりが生じるであろう。

第七節　両大部門における可変資本と剰余価値

ところで、年々生産される消費諸手段の総価値は、一年間に再生産されるIIの可変資本価値に新たに生産されるIIの剰余価値を加えたもの（すなわち、IIにおいて一年間に生産される価値に等しい）に、一年間に再生産されるＩの可変資本価値および新たに生産されるＩの剰余価値を加えたもの（したがって、Ｉにおいて一年間に生産される価値を加えたもの）に等しい。

したがって、単純再生産という前提のもとでは、年々生産される消費諸手段の総価値は、年々の価値生産物、すなわち社会的労働によってその一年間に生産される価値全体に等しいのであり、また、単純再生産の場合にはこの価値全体が消費されるのだから、等しくなければならない。

社会的労働日全部は、次の二つの部分に分かれる――（一）必要労働。これは年間に 1,500v という価値を創造する。（二）剰余労働。これは 1,500m という追加価値または剰余価値を創造する。これらの価値の合計＝3,000 は、3,000 という年々生産される消費諸手段の価値に等しい。したがって、一年間に生産される消費諸手段の全価値は、社会的労働日全部が一年間に生産する全価値に等しく、社会的可変資本の価値プラス社会的剰余価値に、すなわち、年々の新生産物の全部に等しい。

しかし、われわれが知っているように、これらの二つの価値の大きさは一致するとはいえ、それだからといって、Ⅱの諸商品すなわち消費諸手段の全価値が社会的生産のこの大部門で生産されたわけでは決してない。これらの二つの価値の大きさが一致するのは、Ⅱにおいて再現している不変資本価値が、Ⅰにおいて新たに生産された価値（可変資本価値プラス剰余価値）に等しいからである。だから、Ⅰ（v＋m）は、Ⅱの生産物のうち、その生産者たち（大部門Ⅱにおける）にとって不変資本価値を表わす部分を買うことができるのである。(424) このことから、Ⅱの資本家たちにとって彼らの生産物の価値は c＋v＋m に分かれるにもかかわらず、なにゆえ社会的に考察すればこの生産物の価値が v＋m に分かれうるのかが、明らかになる。すなわち、それがそうであるのは、Ⅱcがここでは Ⅰ（v＋m）に等しく、社会的生産物のこの両構成部分が、その交換を通じてそれらの現物形態を相互に交換し合うからであり、それゆえこの転換後にはⅡcはふたたび生産諸手段の形で存在し、これにたいして Ⅰ（v＋m）は消費諸手段の形で存在するからにほかならない。

そしてこの事情こそ、A・スミスが年々の生産物の価値は v＋m に分解すると主張するきっかけになったものである。このことは、（一）年生産物のうち消費諸手段からなる部分についてだけあてはまるのであって、（二）この全価値がⅡにおいて生産され、したがってその生産物価値が、Ⅱに前貸しされた可変資本価値、プラス、Ⅱで生産された剰余価値、に等しいという意味ではあてはまらない。そうではなく、Ⅱ（c＋v＋m）＝Ⅱ（v＋m）＋Ⅰ（v＋m）という意味でのみ、または、Ⅱc＝Ⅰ（v＋m）であるからこそ、あてはまるのである。

さらに、次のようになる――

社会的労働日（すなわち、まる一年のあいだに総労働者階級によって支出された労働）は、各個別的労働日と同じように、二つの部分にのみ、すなわち必要労働プラス剰余労働にのみ分かれるにもかかわらず、したがって、この労働日によって生産される価値も同様に二つの部分にのみ、すなわち、可変資本価値、すなわち、労働者が自分自身の再生産諸手段を買うのに使う価値部分と、資本家が自分自身の個人的消費のために支出しうる剰余価値とにのみ分かれるにもかかわらず――それにもかかわらず、社会的に考察すれば、社会的労働日の一部分は、新規の不変資本の生産にのみ、すなわち、労働過程では生産諸手段として、したがって労働過程にともなう価値増殖過程では不変資本として機能することだけが予定されている諸生産物の生産にのみ、支出される。われわれの前提によれば、社会的労働日全体は 3.000 という貨幣価値で表わされ、そのうちの $\frac{1}{3}$＝1.000 だけが消費諸手段――すなわち、社会の総可変資本価値と総剰余価値とが最終的にはそれらに実現される諸商品――を生産する大部門Ⅱで生産される〔Ⅱ(500v＋500m)〕。したがって、この前提によれば、社会的労働日

（425）の $\frac{2}{3}$ は、新たな不変資本の生産に使用される。大部門Ⅰの個々の資本家たちと労働者たちとの見地からすれば、社会的労働日のこの $\frac{2}{3}$ は、大部門Ⅱの社会的労働日の残りの $\frac{1}{3}$ とまったく同様に、単に可変資本価値プラス剰余価値の生産〔Ⅰ（1,000v＋1,000m）〕に用いられるだけであるにもかかわらず、それにもかかわらず、社会的労働日のこの $\frac{2}{3}$ は、社会的に考察すれば――同じく生産物の使用価値の面から考察しても――、生産的消費の過程にある、またはその過程で消費された不変資本の補填分を生産するだけである。個別的に考察しても、労働日のこの $\frac{2}{3}$ は、確かにその生産者たちにとっては可変資本価値プラス剰余価値にちょうど等しい全価値を生産するが、しかしこの $\frac{2}{3}$ の労働日は、労賃または剰余価値が支出されうるような種類の使用価値をなにも生産しない。その生産物は、生産手段である。

まず注意すべきなのは、ⅠにおいてであろうとⅡにおいてであろうと、社会的労働日のどの部分も、すでにこの二大生産部面で使用されそこで機能している不変資本の価値を生産するのに用いられるのではない、ということである。この二大生産部面が生産するのは、〔既存の〕不変資本価値＝4,000Ⅰc＋2,000Ⅱc に追加される追加価値 2,000Ⅰ（v＋m）＋1,000Ⅱ（v＋m）だけである。生産諸手段の形態で生産された新価値は、まだ不変資本ではない。それは、将来不変資本として機能するよう規定されているにすぎない。

Ⅱの総生産物――消費諸手段――は、その使用価値の面から、具体的に、その現物形態において考察すれば、社会的労働日のうちⅡによって行なわれる三分の一の生産物である。それは、この大部門で使用された、織布労働、製パン労働などとしての具体的形態における諸労働の生産物——すなわち労働過程の主体的要素として機能する限りでのこの労働の生産物である。それにたいしてIIのこの生産物の不変価値部分について言えば、それは以前には生産諸手段の形態にあったが、それが新たな使用価値として、新たな現物形態、すなわち消費諸手段の形態で再現するだけである。その価値は、労働過程によって、古い現物形態から新しい現物形態に移転されている。しかし、生産物価値のうちのこの $\frac{2}{3}$ の価値＝2,000 は、IIの今年の価値増殖過程において生産されたものではない。

労働過程の見地から考察すれば、IIの生産物は、新たに機能している生きた労働と、この労働に与えられ前提されている生産諸手段——この労働が実現されるその対象的諸条件をなすものとしての生産諸手段——との結果であるが、それとまったく同様に、価値増殖過程の見地から考察すれば、IIの
(426) 生産物価値＝3,000 は、社会的労働日のうち新たにつけ加えられた $\frac{1}{3}$ によって生産された新価値（500v＋500m＝1,000）と、ここで考察されているIIの生産過程よりも前に過ぎ去った過去の社会的労働日の $\frac{2}{3}$ が対象化されている不変価値〔2,000IIc〕とから構成されている。IIの生産物のうちのこの〔不変〕価値部分は、この生産物そのものの一部分で表わされる。それは、社会的労働日の $\frac{2}{3}$ に等しい 2,000 という価値をもつ一定分量の消費諸手段の形で存在する。この消費諸手段こそ、右の〔不変〕価値部分が再現する新たな使用形態である。したがって、消費諸手段の一部分＝2,000IIc と、生産諸手段I＝I（1,000v＋1,000m）との交換は、実際には、総労働日の $\frac{2}{3}$ ——これは今年の労働の一部分をなすものではなく、この年より前に過ぎ去っている——と、この一年に新

たにつけ加えられた今年の労働日〔Ⅰ(1.000ｖ＋1.000ｍ)＋Ⅱ(500ｖ＋500ｍ)〕の $\frac{2}{3}$ との交換である。この年の社会的労働日の $\frac{2}{3}$〔Ⅰ(1.000ｖ＋1.000ｍ)〕は、もしそれが、年々消費される消費諸手段のうち、この年のうちにではなくこの年より前に支出され実現された労働日の $\frac{2}{3}$ を潜めている価値部分と交換できないとすれば、不変資本の生産に使用されながら、しかも同時に、可変資本価値プラス剰余価値をそれら自身の生産者のために形成することはできないであろう。この交換は、この年の労働日の $\frac{2}{3}$ と、この年より前に支出された労働日の $\frac{2}{3}$ との交換であり、今年の労働時間と以前の年の労働時間との交換である。したがって、このことは、次の謎をわれわれに解き明かしてくれる。それは、社会的労働日全体の価値生産物は、――この労働日の $\frac{2}{3}$ が、可変資本または剰余価値が実現されうる諸対象の生産に支出されずに、むしろこの一年間に消費された資本を補填すべき生産諸手段の生産に支出されたにもかかわらず――、なぜ、可変資本価値プラス剰余価値に分解されうるか、という謎である。この謎は、Ⅰの資本家たちと労働者たちが自分たちの生産した可変資本価値プラス剰余価値を実現するⅡの生産物価値の $\frac{2}{3}$（そしてこれは年々の総生産物価値の $\frac{2}{9}$ になる）が、価値の面から考察すれば、この年より前に過ぎ去った社会的労働日の $\frac{2}{3}$ の生産物であるということによって、簡単に解ける。

　生産諸手段および消費諸手段であるⅠとⅡとの社会的生産物の合計は、確かにその使用価値の面から、具体的に、その現物形態において考察すれば、今年の労働の生産物であるが、しかし、この労働そのものが有用的具体的労働として考察される限りにおいてのみそうなのであって、この労働が労働力の支出、価値形成的労働として考察される限りではそうではないのである。そして有用的具体的労働がそうであるのも、生産諸手段は、それらにつけ加えられ、それらを操作する生きた労働によってのみ新生産物すなわち今年の生産物に転化した、という意味においてにすぎない。ところが逆にまた
(427) 今年の労働も、それとは無関係の生産諸手段、労働諸手段と生産諸材料なしには、生産物に転化することができなかったであろう。

第八節　両大部門における不変資本

総生産物価値 9,000 と、それが分かれていくカテゴリーについて言えば、その分析は、個別資本の生産物価値の分析よりも大きな困難をもたらすものではなく、むしろそれと同一である。ここでは〔われわれの前提によれば〕社会的年生産物全体のなかに、三年分の社会的労働日が含まれている。これらの〔社会的〕労働日の各年分の価値表現は 3,000 であり、したがって、全生産物の価値表現は 3×3,000＝9,000 である。

さらに、この労働時間のうち、年生産過程――われわれはそれの生産物を分析している――以前に、過ぎ去ったものは、大部門Ⅰでは $\frac{4}{3}$〔社会的年〕労働日（価値生産物 4,000）、大部門Ⅱでは $\frac{2}{3}$〔社会的年〕労働日（価値生産物 2,000）である。合わせて2社会的〔年〕労働日であり、その価値生産物は 6,000 である。だから、4,000Ⅰc＋2,000Ⅱc＝6,000c は、社会の生産物価値全体のなかに再現し

ている生産諸手段の価値または不変資本価値として現われる。

またさらに、大部門Ⅰでは、新たにつけ加えられた社会的年労働日の $\frac{1}{3}$ が必要労働、すなわち、可変資本 1.000Ⅰv の価値を補填し、またⅠで使用された労働〔力〕の価格を支払う労働である。同様にⅡでは、社会的〔年〕労働日の $\frac{1}{6}$ が 500 の価値額をもつ必要労働である。したがって、社会的〔年〕労働日の半分の価値表現である 1.000Ⅰv＋500Ⅱv＝1.500v は、この年につけ加えられた総労働日のうち必要労働からなる第一の半分の価値表現である。

最後に、Ⅰでは、総労働日の $\frac{1}{3}$、価値生産物＝1.000 が剰余労働であり、Ⅱでは、〔総〕労働日の $\frac{1}{6}$、価値生産物＝500 が剰余労働である。これらを合計すると、つけ加えられた総労働日の残りの半分となる。したがって、生産された総剰余価値＝1.000Ⅰm＋500Ⅱm＝1.500m である。

したがって――

社会的生産物価値の不変資本部分（c）――生産過程以前に支出された2〔社会的年〕労働日、その価値表現＝6.000 である。

一年間に支出された必要労働（v）――年生産において支出された労働日の半分、その価値表現＝1.500 である。

(428)

一年間に支出された剰余労働（m）――年生産において支出された労働日の半分、その価値表現＝1.500 である。

年労働の価値生産物（v＋m）＝3.000 である。*

総生産物価値（c＋v＋m）＝9,000 である。

＊〔この一文はエンゲルスによる〕

したがって、困難は社会的生産物価値そのものの分析にあるのではない。困難は社会的生産物の価値構成諸部分をその物的構成諸部分と比較するさいに生じる。

再現するにすぎない不変価値部分は、この〔社会的〕生産物のうち生産諸手段＊からなる部分の価値に等しく、この部分に体現されている。

＊〔草稿では「生産諸手段」の語全体に強調のためのアンダーラインが引かれている〕

その年の新たな価値生産物＝v＋m は、この生産物のうち消費諸手段からなる部分の価値に等しく、その部分に体現されている。

しかし、ここではどうでもよい例外はあるにしても、生産諸手段と消費諸手段とは、まったく異なる種類の商品であり、まったく異なる現物形態または使用形態をもつ生産物であり、したがってまたまったく異なる種類の具体的労働の生産物である。生活諸手段の生産に機械を使う労働は、機械を作る労働とはまったく異なる。その価値表現が 3,000 である年々の総労働日の全体は、そのなかにはどんな不変価値部分も再現しない消費諸手段＝3,000 の生産に支出されたように見える。というのは、この 3,000＝1,500v＋1,500m は可変資本価値プラス剰余価値だけに分解されるからである。他方、不変資本価値＝6,000 は、消費諸手段とはまったく異なる種類の諸生産物である生産諸手段に再現するが、にもかかわらず、社会的労働日のどんな部分もこの新たな諸生産物の生産には支出されなかったように見える。むしろ、この労働日全体が、生産諸手段ではなく消費諸手段という結果をもたらす労働様式からのみなるように見える。この秘密は、すでに解決されている。年労働の価値生産物は、大部門Ⅱの生産物価値、すなわち新たに生産された消費諸手段の全価値に等しい。しかし、この生産物価値は、年労働のうち消費諸手段の生産（大部門Ⅱ）の内部で支出された部分よりも〔年労働の〕$\frac{2}{3}$ だけ大きい。年労働の $\frac{1}{3}$ だけが、消費諸手段の生産に支出されている。この年労働（429）の $\frac{2}{3}$ は、生産諸手段の生産に、つまり大部門Ⅰに支出されている。この期間中にⅠにおいて生み出された価値生産物は、Ⅰにおいて生産された可変資本価値プラス剰余価値に等しいが、それは、Ⅱにおいて消費諸手段のなかに再現するⅡの不変資本価値に等しい。だから、それらは、相互に交換されて、〝現物で〟補填され合うことができる。だから、Ⅱの消費諸手段の全価値は、ⅠとⅡとの新たな価値生産物の合計に等しく、言い換えれば、Ⅱ$(c+v+m)=$Ⅰ$(v+m)+$Ⅱ$(v+m)$ であり、したがって、年労働によって $v+m$ の形態で生産された新価値の総額に等しい。

他方、生産諸手段（Ⅰ）の全価値は、生産諸手段（Ⅰ）の形態と消費諸手段（Ⅱ）の形態とで再現する不変資本価値の合計に等しく、したがって、社会の全生産物のなかに再現する不変資本価値の合計に等しい。この〔生産諸手段の〕全価値は、Ⅰにおける生産過程以前に過ぎ去った $\frac{4}{3}$ 労働日と、Ⅱにおける生産過程以前に過ぎ去った $\frac{2}{3}$ 労働日との価値表現に、すなわち、合わせて2総労働日の価値表現に等しい。

したがって、社会的年生産物の場合には、困難は次のことから生じる。すなわち、不変価値部分が、この不変価値部分につけ加えられる新価値　v＋m　――これは消費諸手段で表わされる――とはまったく別の種類の諸生産物――生産諸手段――で表わされる、ということである。そのため、価値の面から考察すると、消費された生産物総量の $2/3$〔6,000〕は、その生産にはなんらの労働も社会によって支出されることなしに、新たな形態で、新生産物として再現したかのような外観が生じる。このようなことは、個別資本の場合には起こらない。どの個別資本家も、一定の具体的な労働種類を使用し、その労働がその労働種類に特有な生産諸手段を生産物に転化[*1]する。たとえば、資本家が機械製造業者で、一年間に支出される不変資本＝6,000c、可変資本＝1,500v、剰余価値＝1,500m　であるとしよう。その生産物＝9,000　で、各一台＝500　の一八台の機械が生産物であるとしよう。ここでは全生産物が、機械という同一の形態で存在する。（もし彼がいくつもの種類を生産するとすれば、各種類ごとに計算される。）商品生産物全体が、その年に機械製造に支出された労働の生産物であり、同一の具体的労働種類と同一の生産諸手段との結合物である。だから、生産物価値の異なる諸部分は、同一の現物形態で表わされる――一二台の機械には　6,000c　が、三台の機械には　1,500v　が、三台の機械には　1,500m　が潜んでいる。ここで明らかなのは、一二台の機械の価値＝6,000c　であるのは、この一二台の機械にはこの機械製造以前に過ぎ去った労働だけが体現されていて、この機械製造に〔その年に〕支出された労働は体現されていないからではない、ということである。一八台の機械のための生産諸手段の価値がひとりでに一二台の機械に転化したのではなく、この一二台の機械の価値（これ自体は　4,000c＋1,000v＋1,000m　からなる）が、一八台の機械に含まれている不変資本価値

（430）の全価値に等しいということである。だから、この機械製造業者は、一八台の機械のうち一二台を売って、自分の支出した不変資本――一八台の新しい機械を再生産するために彼はそれを必要とする――を補填しなければならない。これにたいして、使用される労働が機械製造だけからなるにもかかわらず、その労働の結果として、もし一方には六台の機械＝1.500ｖ＋1.500ｍ が生じ、他方には 6.000ｃ の価値額の鉄、銅、ネジ、ベルトなど、すなわち、機械のための生産諸手段――ご存知のように、個々の機械製造資本家が自分で生産するのではなく、流通過程を通じて補填されなければならないもの――が現物形態で生じるものとすれば、事態は不可解なものとなるであろう。にもかかわらず、一見したところでは、社会的年生産物の再生産は、このような不合理な方法で遂行されているように見える。[*2]

＊1〔草稿では「特定の現物形態をもった生産物」となっている〕
＊2〔この一文はエンゲルスによる〕

個別資本の生産物、すなわち、社会的資本の、自立的に機能している、それ自身の生命を与えられた各断片の生産物は、あるなんらかの現物形態をもつ。唯一の条件は、この生産物が現実に使用形態をもつこと、すなわち、その生産物に流通能力ある商品世界の一分肢の刻印を押す使用価値をもつことである。その生産物が、自分が生産物として出てくるその同じ生産過程にふたたび生産手段としてはいり込むことができるかどうか、したがって、その生産物価値のうち不変資本部分を表わす部分が、実際にふたたび不変資本として機能することのできる現物形態をもつかどうかは、まったくどうでもよいことであり、また偶然である。もしそういう現物形態をもたないのであれば、生産物価値のこの部分は、売買を通じてその物的生産諸要素の形態に再転化され、それによって不変資本が機能する能力をもつその現物形態で再生産される。

社会的総資本の生産物については、事情は違う。再生産のすべての物的諸要素が、その現物形態で、この〔社会的〕生産物そのものの諸部分をなさなければならない。消費された不変資本部分が総生産によって補塡されうるのは、再現する不変資本部分の総体が、現実に不変資本として機能しうる新たな生産諸手段の現物形態で、生産物に再現する限りにおいてのみである。だから、単純再生産を前提すれば、生産物のうち生産諸手段からなる部分の価値は、社会的資本の不変価値部分に等しくなければならない。

さらに、個別的に考察すれば、新たにつけ加えられる労働によって資本家がその生産物価値のうちに生産するのは、彼の可変資本プラス剰余価値だけであり、他方、不変価値部分は、新たにつけ加えられる労働の具体的性格を通じて生産物に移転される。

社会的に考察すれば、社会的労働日のうち、生産諸手段を生産する部分――したがって生産諸手段に新価値をつけ加えるとともに、その生産で消費された生産諸手段の価値を〔新たに生産される〕生産諸手段に移転する部分――は、古い生産諸手段の形態で消費し尽くされた不変資本、すなわちⅠおよびⅡにおいて消費された不変資本を補塡することを予定された新たな不変資本のほかには、なにも生産しない。この部分は、生産的消費にはいっていくことを予定された生産物だけを生産する。だから、(431)

この生産物の全価値は、不変資本としてまた新たに機能しうる価値、不変資本だけをその現物形態で買いもどしうる価値、したがって社会的に考察すれば、可変資本にも剰余価値にも分解されない価値にほかならない。――他方、社会的労働日のうち消費諸手段を生産する部分は、社会的補填資本のどんな部分も生産しない。この部分は、その現物形態においてⅠおよびⅡの可変資本価値と剰余価値とを実現することを予定された生産物だけを生産する。

社会的な考察の仕方について語る場合、したがって、社会的資本の再生産ならびに個人的消費を包括する社会的総生産物を考察する場合、人は、プルードンがブルジョア経済学を模倣したやり方におちいって、あたかも資本主義的生産様式の社会は、〝一括して〟すなわち総体として見ると、この独自の歴史的経済的性格を失うかのように、事態を考察してはならない。その逆である。その場合、問題としなければならないのは総資本家である。総資本は、すべての個別資本家をひっくるめた株式資本として現われる。この株式会社は、各人は自分が投入するものは知っているが自分が引き出すものは知らないという点で、他の多くの株式会社と共通である。

第九節　A・スミス、シュトルヒ、およびラムジーへの回顧

社会的生産物の総価値は、9.000＝6.000c＋1.500v＋1.500m である。言い換えれば、6.000 は生産諸手段の価値を再生産し、3.000 は消費諸手段の価値を再生産する。したがって、社会的収入の価値

（432）

（v＋m）は総生産物価値の $\frac{1}{3}$ にしかならず、消費者——労働者ならびに資本家——の総体が、諸商品、諸生産物を社会的総生産物から引き出して自分たちの消費元本に合体させることができるのは、この $\frac{1}{3}$ の価値額までにすぎない。これにたいして、6,000＝生産物価値の $\frac{2}{3}$ は、〝現物で〟補填されなければならない不変資本の価値である。したがって、これだけの額の生産諸手段は、ふたたび生産元本に合体されなければならない。この点こそ、シュトルヒが、証明できないにもかかわらず必然的なものと見抜いているものである——「年生産物の価値が、一部は資本に一部は利潤に配分されるということ、また、年生産物の価値のこれらの部分のそれぞれは、国民がその資本を維持するためにもその消費元本を更新するためにも必要とする諸生産物を実に規則正しく購買するということは、明らかである。……一国民の資本を構成する諸生産物は、決して消費しうるものではない」（シュトルヒ『国民の収入の性質にかんする諸考察』、パリ、一八二四年、〔一三四、一三五、〕一五〇ページ〔強調はマルクスのもの〕）。

ところが、アダム・スミスはあんなばかばかしいドグマを打ち立てた。それは、こんにちにいたるまで、社会的生産物価値の総体は収入すなわち労賃プラス剰余価値に、または彼の表現では、労賃プラス利潤（利子）プラス地代に分解されるという既述の形態で信奉されているばかりではない。消費者たちは究極においては全生産物価値を生産者たちに支払わなければならないという、なおいっそう通俗的な形態でも信奉されている。これは、こんにちにいたるまで、いわゆる経済科学のもっとも信用されたきまり文句、いやむしろ永遠の真理の一つである。これは、次のようなもっともらしいやり方で例証される。なにかある物品、たとえばリンネル〔亜麻布〕のシャツをとってみよう。まず亜麻糸紡績業者は亜麻栽培者にたいして亜麻の全価値を支払わなければならない。すなわち、亜麻の種子、肥料、役畜飼料などを、建物、農具などのような亜麻栽培者の固定資本がこの生産物に引き渡す価値部分とともに、さらに亜麻の生産において支払われた労賃、亜麻に潜んでいる剰余価値（利潤、地代）、最後に亜麻の生産地から紡績工場までの運賃を、支払わなければならない。次に織布業者は、亜麻糸紡績業者にたいし、亜麻のこの価格だけでなく、〔亜麻糸紡績業者の〕機械、建物などの価値部分、要するに、亜麻〔糸〕に移転される固定資本の価値部分、さらに紡績過程中に消費されたすべての補助材料、紡績工の労賃、剰余価値なども払いもどしてやらなければならない。また漂白業者、完成亜麻布の輸送費、最後にシャツ製造業者についても同様であり、シャツ製造業者は、自分に原料を供給しただけのすべての先行の生産者たちの全価格を支払ったのである。いまや彼の手中で、いっそうの価値のつけ加えが行なわれる。それは、一部は労働諸手段、補助材料などの形態でシャツ製造において消費される不変資本の価値によって行なわれ、また一部はシャツ製造に支出された労働——この労働は、シャツ製造工の労賃の価値、プラス、シャツ製造業者の剰余価値、をつけ加える——によって行なわれる。（433）いま、このシャツ生産物の全体には、結局、一〇〇ポンドの費用がかかり、これが、年々の生産物価値全体のうち社会がシャツに支出する部分であるとしよう。シャツの消費者たちは一〇〇ポンドを支払い、したがって、シャツに含まれているすべての生産諸手段の価値と、亜麻栽培者、紡績業者、織布業者、漂白業者、シャツ製造業者ならびに全輸送業者の労賃プラス剰余価値を支払う。

これは完全に正しい。実際、これはどんな子供にもわかることである。ところが、さらに続けてこう言われる――他のすべての商品の価値についても同様である、と。これは、次のように言うべきであろう――すべての消費諸手段の価値、消費元本にはいり込む社会的生産物部分の価値、したがって社会的生産物価値のうち収入として消費されうる部分についても同様である、と。すべてのこれらの商品の価値総額は、確かに、それらの商品中に消費されたすべての生産諸手段（不変資本部分）の価値、プラス、最後につけ加えられた労働によって創造された価値（労賃プラス剰余価値）、に等しい。したがって、消費者の総体はこれらの価値総額の全部を支払うことができる。なぜなら、個々の各商品の価値は確かに $c+v+m$ からなるとはいえ、消費元本にはいり込むすべての商品の価値総額〔Ⅱ$(c+v+m)$〕を一括すれば、それは、最大限でも、社会的生産物価値のうち $v+m$ に分解される部分に等しい、すなわち、その一年間に支出された労働が既存の生産諸手段――不変資本価値――につけ加えた価値〔Ⅰ$(v+m)$＋Ⅱ$(v+m)$〕に等しいだけでありうるからである。しかし、不変資本価値について言えば、上述したように、それは、社会的生産物総量から二重の仕方で補填される。第一に、消費諸手段を生産するⅡの資本家たちと、そのための生産諸手段を生産するⅠの資本家たちとの交換によって、補填される。そしてここに、一方にとっては資本であるものが、他方にとっては収入であるという決まり文句の源泉がある。[*1] しかし、事態はそうはなっていない。2.000 の価値をもつ消費諸手段の形で存在する 2.000Ⅱc は、Ⅱの資本家階級にとっては、不変資本価値をなす。したがって、その生産物は、その現物形態の面から見れば、消費されなければならないにもかかわらず、Ⅱ

の資本家階級はそれを自分で消費することはできない。他方、2.000 I（v＋m）は、Iの資本家階級および労働者階級によって生産された労賃プラス剰余価値である。それらは、生産諸手段の現物形態で、つまり、それ自身の価値がその形では消費されることのできない諸物の現物形態で存在する。したがって、ここでわれわれの前には、4.000という価値総額が存在し、[*2]交換の以前にも以後にも、そのうちの半分は不変資本だけを補填し、半分は収入だけを形成するのである。――しかし、第二に、大部門Iの不変資本は、〝現物で〟補填される。一部はIの資本家たち相互の交換により、一部は個々の各事業内での〝現物での〟補填によって。

*1〔資本家にとって資本の機能を行なう資本の部分が労働者の収入をなすという、スミスの見解をさしている。本書、第一九章、第二節、4「A・スミスにおける資本と収入」参照〕

*2〔エンゲルスの編集原稿では、このまえに「そのうちの2.000だけが消費されうるのであり、また」の句がある。草稿にも同様の句があるが、価値総額は4.000でなく800で計算されている〕

（434）

年生産物の全価値は、結局は消費者たちによって支払われなければならないという決まり文句[*]は、消費者たちのなかに個人的消費者たちと生産的消費者たちというまったく異なった二つの種類を含める場合にのみ、正しいであろう。しかし、生産物の一部分が、生産的に消費されなければならないということは、それが資本として機能しなければならず、収入として消費されることはできないということを意味しているにすぎない。

*〔アダム・スミスの次の句が念頭におかれている。「あらゆる国の土地と労働との年々の全生産物は、疑い

もなく、究極的にはその住民の消費を充足するために……予定されたものである」（『諸国民の富』、第二篇、第三章、大内・松川訳、岩波文庫、㈡、一九六〇年、三四〇ページ）〕

もしわれわれが総生産物の価値＝9.000 を 6.000 c ＋1.500 v ＋1.500m に分割して、この 3.000（v＋m）を収入としての属性においてのみ考察するならば、逆に可変資本は消えうせて、資本は――社会的に考察すれば――不変資本だけからなるように見える。というのは、はじめ 1.500 v として現われたものは、社会的収入の一部分に、すなわち労働者階級の収入である労賃に分解され、それとともにその資本としての性格も消えうせているからである。実際に、こうした結論が、ラムジーによって引き出される。彼によれば、社会的に考察すれば、資本は固定資本だけからなるが、彼の言う固定資本とは、不変資本、すなわち生産諸手段として存在する価値総量のことであって、この生産諸手段が、労働諸手段であろうと、原料、半製品、補助材料などのような労働材料であろうと、彼にとってはどうでもよい。彼は、可変資本を流動資本と名づける――「流動資本は、労働者たちにたいして、その労働の生産物の完成前に前貸しされる食料その他の必需品だけからなる。……流動資本ではなく、固定資本だけが、厳密な意味で、国民的富の源泉である。……流動資本は、生産における直接的動因ではなく、また生産にとって本質的なものでも決してなく、ただ人民大衆の悲惨な貧困によって必要とされるにいたった一つの便益にすぎない。……国民的見地からすれば、固定資本だけが生産費の一要素をなす」（ラムジー、前出、二三―二六ページの各所）。ラムジーは、固定資本――彼はこの語を不変資本の意味に使っている――について、より詳しく次のように説明する――「あの労働」（すなわち、なんらかの商品に用いられた労働）「の生産物の一部分が固定資本として――すなわち、将来の商品の生産を助けることはあっても、労働者たちを維持することはないような形態で――存在してきた時間の長さ」（五九ページ）。

(435) ここにまたもや、A・スミスが引き起こした害毒が見られる。それは、スミスの場合には、不変資本と可変資本との区別を固定資本と流動資本との区別のなかに溺れ死にさせることによって、引き起こされている。ラムジーの不変資本は労働諸手段からなり、彼の流動資本*は生活諸手段からなる。両者ともに、与えられた価値の商品である。一方も他方も、どちらも同じように、剰余価値を生産することができない。

*〔草稿では「可変資本」となっている〕

第一〇節　資本と収入――可変資本と労賃（四九）

（四九）以下、第八草稿より。

年々の再生産の全体、すなわちその年の生産物の全体は、今年の有用的労働の生産物である。しかし、この総生産物の価値は、この総生産物の価値のうち、年労働――すなわち、その一年間に支出された労働力――を体現している部分よりも大きい。その年の価値生産物、すなわち、その一年間に商品形態で新たに創造された価値は、生産物価値、すなわちそのまる一年間に生産された商品量の総価値よりも小さい。年生産物の総価値から、この年の年労働によってそれにつけ加えられた価値を差し引いたときに得られる差額は、現実に再生産された価値ではなく、新たな定在形態において再現する価値にすぎない。これは、その年生産物よりもまえに存在していた価値から年生産物に移転された価値であって、まえに存在するこの価値は、その年の社会的労働過程で一緒に働いた不変資本の構成諸部分の耐久性に応じて、より早い時期あるいはより遅い時期のものでありうるのであり、その前年またはもっと以前の諸年にこの世に生まれた生産手段の価値に由来することもありうる。どんな場合も、それは、以前の年の生産諸手段からその年の生産物に移転された価値である。

われわれの表式を用いれば、これまで考察してきた諸要素のⅠとⅡとのあいだでの転換およびⅡ内部での転換ののちには、次のとおりになっている――

Ⅰ　4,000ｃ＋1,000ｖ＋1,000ｍ（後者の2,000は消費諸手段Ⅱｃに実現される）＝6,000

Ⅱ　2,000ｃ（Ⅰ（ｖ＋ｍ）との転換によって再生産される）＋500ｖ＋500ｍ＝3,000

価値総額＝9,000

(436)

一年間に新たに生産された価値は、ｖとｍとにだけ潜む。したがって、この年の価値生産物の総額は、ｖ＋ｍの総額に等しい。すなわち、2,000Ⅰ（ｖ＋ｍ）＋1,000Ⅱ（ｖ＋ｍ）＝3,000である。この年の生産物価値のうちの残りのすべての価値部分は、もっとまえからあって一年間の生産のなかで消費された生産諸手段の価値から移転された価値でしかない。この年の年労働は、3,000の価値のほかにはなんの価値も生産しなかった。この3,000の価値が、年労働による一年間の価値生産物の全部である。

ところで、上述したように、2,000 I（v＋m）は、大部門IIのために、それの2,000IIcを、生産諸手段の現物形態で補填する。[*1] したがって、年労働の三分の二は大部門Iに支出され、IIの不変資本を――その全価値をも、その現物形態をも――新たに生産した。したがって、社会的に考察すれば、その一年間に支出された労働の三分の二は、大部門IIにふさわしい現物形態で実現された新たな不変資本価値を創造した。したがって、社会的年労働の過半は、消費諸手段の生産に支出された不変資本価値を補填するために、新たな不変資本（生産諸手段の形で存在する資本価値）の生産に支出されたのである。この場合に資本主義社会を未開の人から区別するものは、シーニア（五〇）が考えたように、収入すなわち消費諸手段に分解されうる（転換されうる）果実をなにも自分にもたらすことのない労働をある時間にわたって支出することが、未開の人の特権と特性であるということにあるのではなく、区別は次の点にある――

（a）資本主義社会は、その自由に使用しうる年労働のより多くを、生産手段（〝したがって〟不変資本）の生産に使用するが、この生産諸手段は、労賃の形態においても剰余価値の形態においても収入には分解されえないのであって、資本としてのみ機能することができる。

（b）未開の人が弓、矢、石槌《いしづち》、斧、籠《かご》などをつくるとき、彼は、そのように費やされた時間が消費諸手段の生産に費やされたのではないこと、すなわち彼は生産諸手段にたいする自己の必要を満た

（437）

しただけであることを、まったくはっきりとわかっている。そのうえ、未開の人は、時間の消費にたいする彼の完全な無関心によって重大な経済的罪を犯すのであり、たとえば、タイラーが述べるように、一本の矢を仕上げるのにしばしばまる一ヵ月も費やす。（五一）

（五〇）「未開の人が弓をつくるとき、彼は一つの事業を行なうが、しかし節欲は実践しない」（シーニア『経済学の基本原理』、アリヴァベーネ訳、パリ、一八三六年、三〇八〔正しくは三四二、三四三〕ページ）。*2——「社会が進歩すればするほど、社会はますます節欲を要求する」（同前、三四二〔正しくは三四三〕ページ）。——『資本論』、第一部、第二二章、第三節、六一九ページ〔本訳書、第一巻、一〇三九ページ〕参照。

（五一）E・B・タイラー『人類の原始史〔……〕にかんする諸研究』、H・ミュラー訳、ライプツィヒ、刊行年記載なし〔一八六六年〕、二四〇ページ。

*1〔この一文はエンゲルスによる〕

*2〔この注は第二草稿からとられた。第二草稿では、このあとに続けて次のように書かれている。「穀物の一部を食べずに種子として『消費する』ための、ロシアの農民の真の節欲についてのN・フレロフスキーの叙述を参照のこと」（『ロシアにおける労働者階級の状態』、サンクト・ペテルブルク、一八六九年、一九一、一九二ページ）〕

一部の経済学者が理論的困難、すなわち現実の連関の理解から逃れようとして用いるありふれた考え——一方にとって資本であるものは他方にとっては収入であり、一方にとって収入であるものは他方にとっては資本であるという考え——は、部分的には正しいが、一般的に提起されるやいなや、まったくの誤りとなる（すなわち、それは、年々の再生産とともに進行する転換過程全体の完全な誤解を含み、したがって部分的に正しいことの事実的基礎にかんする誤解をも含む)。

そこで、この考えの部分的な正しさの基礎となっている事実的諸関係をまとめよう。それによって同時に、この諸関係の誤った把握も明らかになるであろう。

(一) 可変資本は、資本家の手中では資本として機能し、賃労働者の手中では収入として機能する。可変資本は、まず第一に資本家の手中に貨幣資本として存在する。それは、資本家がそれで労働力を買うことによって、貨幣資本として機能する。それが資本家の手中で貨幣形態にとどまる限り、それは、貨幣形態で存在する与えられた価値以外のなにものでもなく、したがって一つの不変の大きさであって、決して可変の大きさではない。それは、潜勢的にのみ可変資本である――まさにそれの労働力への転換可能性によって。それが現実的な可変資本になるのは、その貨幣形態を脱ぎ捨てたあと、すなわち、それが労働力に転換され、この労働力が生産資本の構成部分として資本主義的過程＊のなかで機能するとき以後においてのみである。

＊〔草稿では「資本主義的生産過程」となっている〕

はじめに資本家のために可変資本の貨幣形態として機能した貨幣は、いまや労働者の手中において、彼が生活諸手段に転換する彼の労賃の貨幣形態として機能する。すなわち、彼が自己の労働力を絶えず繰り返し売ることから引き出す収入の貨幣形態として機能する。

ここで起きているのは、買い手――この場合は資本家――の貨幣が、彼の手から売り手――この場合は労働力の売り手である労働者――の手に移るという単純な事実にすぎない。可変資本が、資本家

（438）

にとっては資本として、労働者にとっては収入として、二重に機能するのではなく、同じ貨幣が、まず資本家の手中で彼の可変資本の貨幣形態として、したがって潜勢的可変資本として存在し、資本家がそれを労働力に転換するやいなや、労働者の手中で、販売された労働力の等価物として役立つのである。しかし、同じ貨幣が売り手の手中では買い手の手中にある場合とは異なる別の用途に役立つということは、商品のすべての売買につきものの現象である。

弁護論的経済学者たちが事態を誤って叙述していることは、もしわれわれが、資本主義的買い手の側での流通行為Ｇ—Ａ（＝Ｇ—Ｗ）、すなわち貨幣の労働力への転換と、売り手である労働者の側でのＡ—Ｇ（＝Ｗ—Ｇ）、すなわち商品労働力の貨幣への転換とだけを眼中におくようにして、さしあたりその後のことは問題にしないようにすれば、もっともよく明らかになる。彼らは次のように言う——同じ貨幣がここでは二つの資本を実現する。買い手——資本家——は、彼の貨幣資本を生きた労働力に転換し、その労働力を彼の生産資本に合体させる。他方で、売り手——労働者——は、彼の商品——労働力——を貨幣に転換し、その貨幣を収入として支出するのであり、そうすることによって、まさに自分の労働力をつねにまた新たに繰り返し売り、かつそのようにしてそれを維持することができるようになる。したがって、彼の労働力は、それ自体、商品形態にある彼の資本であって、そこから彼のもとにつねに彼の収入が湧いてくるのである、と。実際には、労働力は彼の財産《フエアメーゲン》＊1（いつも更新され、再生産されるそれ）であって、彼の資本ではない。労働力は、彼がつねに売ることができ、また生きるためにつねに売らなければならない唯一の商品であり、これは、ただその買い手である資本家の手中においてはじめて資本（可変資本）として作用する。ある人がつねに、絶えず繰り返しまた新たに自分の労働力を、すなわち自分自身を第三者に売らざるをえなくされているということは、前記の経済学者たちによれば、つねに売るべき「商品」（自分自身）をもっているのだから、その人が資本家であることを証明するものである。この意味では、奴隷もまた――ただし、奴隷は、第三者によってただ一度だけ商品として売られるのであるが――資本家となる。というのは、この商品――労働奴隷――の性質には、その買い手が毎日また新たにこの商品を働かせるだけでなく、この商品に生活諸手段を与えて、そのおかげでそれがいつもまた新たに繰り返し働くことができるようにもするということが必然的にともなってくるからである。――（この点については、マルサス宛の手紙[*2]におけるシスモンディとセーとを比較せよ。）

*1〔ドイツ語のVermögenには「能力」と「財産」との二義があり、ここはこの両義をかけた「能力という財産」の意味と思われる〕

*2〔J・B・セー『マルサス氏への手紙。経済学の諸主題、とくに商業の一般的停滞の原因について』、パリ、一八二〇年（中野正訳『恐慌に関する書簡』、世界古典文庫、一九五〇年、日本評論社）。セーはそこでシスモンディに反論しつつ、ここでマルクスが指摘している弁護論的見解を述べている（同前訳、三五―三六ページ）〕

（二）したがって、1.000Ⅰv＋1.000Ⅰm と 2.000Ⅱc との転換においては、一方にとって不変資本であるもの（2.000Ⅱc）が、他方にとっては可変資本と剰余価値、すなわち一般に収入となり、また一方にとって可変資本と剰余価値（2.000Ⅰ（v＋m））、すなわち一般に収入であるものが、他方にとっては不変資本となる。

まず第一にわれわれは、ⅠvとⅡcとの転換を、それもまず労働者の立場から考察しよう。

Ⅰの総労働者は、自分の労働力をⅠの総資本家に1.000で売った。Ⅰの総労働者は、この価値を、(439) 労賃の形態で支払われた貨幣で受け取る。この貨幣で、彼〔総労働者〕はⅡから同じ価値額の消費諸手段を買う。Ⅱの資本家は、Ⅰの総労働者にたいしては商品の売り手としてのみ相対し、それ以外のなにものとしても相対するわけではなく、上記の500Ⅱvの転換の場合（四〇〇ページ〔これは初版のページ数。第二版では三八〇ページにあたる。本訳書、第二巻、六四九―六五〇ページ〕）のように、労働者が自分自身の資本家から買う場合でもそうである。彼の商品、労働力がたどる流通形態は、欲求の単なる充足すなわち消費をめざした単純商品流通の形態、W（労働力）―G―W（消費諸手段、商品Ⅱ）である。この流通過程の結果は、労働者が資本家Ⅰのための労働力としてみずからを維持したということ、今後もそうした労働力としてみずからを維持するためには、いつも新たにA（W）―G―Wの過程を繰り返さなければならないということである。彼の労賃は消費諸手段に実現される。それは、収入として支出され、そして労働者階級を全体として見れば、つねに繰り返し収入として支出される。

次に、同じⅠvとⅡcとの転換を資本家の立場から考察しよう。Ⅱの全商品生産物は、消費諸手段からなっている。したがって、それは、年々の消費にはいり込むことを予定された、すなわちだれかある人にとって――ここで考察されている場合ではⅠの総労働者にとって――収入の実現に役立てられることを予定された諸物からなる。しかし、IIの総資本家にとっては、彼の商品生産物の一部分＝2,000は、いまや、彼の生産資本のうちの不変資本価値が商品に転化された形態であって、それは、この商品形態から、ふたたび、生産資本の不変部分としてまた新たに作用しうる現物形態に再転化されなければならない。IIの資本家がこれまでに達成したのは、商品形態（消費諸手段）で再生産された彼の不変資本価値の半分（＝1,000）を、Iの労働者への販売によって貨幣形態に再転化したことである。したがってまた、不変資本価値IIcのこの第一の半分に転換されたのは、可変資本Ivではなく、貨幣――Iにとっては労働力との転換で貨幣資本として機能し、このようにして労働力の売り手のものになった貨幣――であり、この貨幣は労働力の売り手にとっては資本を表わすものではなく、貨幣形態での収入を表わすもの、すなわち、消費諸手段の購買手段として支出されるものである。他方、Iの労働者たちからIIの資本家たちに流れてきた貨幣＝1,000は、IIの生産資本の不変的要素として機能することはできない。それは、まだIIの商品資本の貨幣形態でしかなく、これから不変資本の固定的または流動的構成諸部分に転換されなければならない。したがって、IIは、自分の商品の買い手であるIの労働者たちから代金として受け取った貨幣で、Iから1,000だけ生産諸手段を買う。こ
(440)
うして、IIの不変資本価値の総額の半分が、IIの生産資本の要素としてふたたび機能しうる現物形態で更新される。そのさい、流通形態は、W―G―W、すなわち、1,000の価値をもつ消費諸手段―貨幣＝1,000―1,000の価値をもつ生産諸手段、であった。

しかし、W―G―Wは、ここでは資本運動である。Wは労働者たちに売られてGに転化され、そし

てこのGが生産諸手段に転換される。それは、商品からこの商品の素材的形成諸要素への再転化である。他方、Iにたいして II の資本家が商品の買い手としてのみ機能するのと同じように、IIにたいしてIの資本家は、ここでは商品の売り手としてのみ機能する。I〔の資本家〕は、最初に、可変資本として機能するように予定された 1.000 の貨幣で、1.000 の価値をもつ労働力を買った。したがって、I〔の資本家〕は、貨幣形態で手放した自己の 1.000v の等価物を受け取った。この貨幣はいまや労働者のものであり、労働者はこれをIIからの諸購買に支出する。このようにしてIIの金庫に流れ込んだこの貨幣をIが回収できるのは、Iが同じ価値額の諸商品の販売を通じてふたたびそれを釣り上げることによってのみである。

最初にIは、可変資本部分として機能するよう予定された一定の貨幣額＝1.000 をもっていた。それは、同じ価値額の労働力に転換されることによって、可変資本部分として機能する。しかし、労働者は、生産過程の結果として 6.000 の価値をもつ商品量（生産諸手段）をIに提供したのであって、そのうちの $\frac{1}{6}$ すなわち 1.000 はその価値から見れば、貨幣で前貸しされた可変資本部分の等価物である。この可変資本価値は、かつてその貨幣形態にあったときと同じく、その商品形態にあるいまも、可変資本としては機能しない。それが可変資本として機能しうるのは、生きた労働力への転換が行なわれたのちにおいてだけであり、労働力が生産過程で機能するあいだだけである。貨幣としては、可変資本価値は潜勢的可変資本にすぎなかった。しかし、それは、直接に労働力に転換されうる形態にあった。商品としては、この同じ可変資本価値は、まだ潜勢的貨幣価値にすぎない。それは、商品の販売によってはじめて――すなわちこの場合には、Ⅱが1,000だけⅠから商品を買うことによってはじめて――もとの貨幣形態で再現される。ここでは流通運動はこうである。すなわち、1,000v（貨幣）―1,000の価値をもつ労働力―商品での1,000（可変資本の等価物）―1,000v（貨幣）。したがって、G―W…W―G（＝G―A…W―G）。W…Wのあいだにある生産過程そのものは、流通部面には属さない。生産過程は、年々の再生産のさまざまな要素の相互転換のなかには現われない――といってもこの相互転換は、生産資本のあらゆる要素の再生産を、すなわち不変的諸要素の再生産と可変的要素つまり労働力の再生産とを包括するのであるが。この転換のすべての担い手たちは〔商品の〕買い手もしくは売り手としてのみ、またはその両者として現われる。そこでは労働者たちは商品の買い手としてのみ現われ、資本家たちは、かわるがわる買い手および売り手として現われ、そしてある限界内で、一方的に商品の買い手として、あるいは一方的に商品の売り手として現われるにすぎない。

(441)

結果はこうである。Ⅰは、その資本の可変価値部分を貨幣形態――この形態からのみ、可変価値部分は直接に労働力に転換されうる――でふたたび所有する。すなわち、可変価値部分を、それがⅠの生産資本の可変的要素として現実に前貸しされうる唯一の形態でふたたび所有する。他方、労働者は、商品の買い手としてふたたび登場しうるためには、いまや、あらかじめふたたび商品の売り手として、彼の労働力の売り手として、登場しなければならない。

大部門Ⅱの可変資本（500Ⅱv）について言えば、同じ大生産部門の資本家たちと労働者たちとのあいだの流通過程は、われわれがこれをⅡの総資本家とⅡの総労働者とのあいだで行なわれるものとして考察する限り、媒介されない形態で現われる。

＊〔草稿では、ここから段落末までは次のようになっている。「一方の資本家の総数と他方の労働者の総数とをそれらの連関において全体の大きさとして互いに考察するときには、媒介された形態でではなく、媒介されない形態で現われる」〕

Ⅱの総資本家は、500ｖを、同じ価値額の労働力の購買に前貸しする。ここでは、総資本家は買い手であり、総労働者は売り手である。次に労働者は、自分の労働力と引き換えに受け取った貨幣をたずさえて、自分自身が生産した商品の一部の買い手として登場する。したがって、ここでは資本家が売り手である。労働者は、資本家にたいして、自分の労働力の購入のさいに自分に支払われた貨幣を、生産されたⅡの商品資本の一部、すなわち、商品での500ｖによって、補填した。資本家は、労働力への転換前に貨幣形態で所有したのと同じｖを、いまや商品形態で所有する。他方、労働者は、自分の労働力の価値を貨幣に実現したが、いまやこの貨幣を、自分の消費を賄うために自分自身が生産した消費諸手段の一部の購入に収入として支出することによって、ふたたび実現する。これは、貨幣での労働者の収入と、労働者自身が商品形態で再生産した資本家の商品構成部分500ｖとの交換である。このようにして、この貨幣は、Ⅱの資本家のもとに彼の可変資本の貨幣形態として復帰する。ここでは、貨幣形態にある等価値の収入価値が、商品形態にある可変資本価値を補填する。

＊〔草稿ではこのあとに「労働者が買い手であり、」の句がある〕

（442）

資本家は、労働力を購入するさいに労働者に支払う貨幣を、労働者にそれと等価値の商品量を販売して労働者からふたたび取り上げることによって富裕になりはしない。もし資本家が、労働力の購入のさいにまず500を労働者に支払い、そのほかにさらに、彼が労働者に生産させた500の価値のある商品量を無償で労働者に与えたとすれば、資本家は労働者にたいして実際に二回支払ったことになるであろう。逆に、もし労働者が、500という自分の労働力の価格と引き換えに、500という商品での等価物以外にはなにも資本家のために生産しなかったとすれば、資本家は、この操作のあとでもそのまえのときとまさに同じ地点にいることになったであろう。しかし、労働者は、3,000の生産物を再生産した。彼は、生産物の不変価値部分、すなわち生産物に消費された生産諸手段の価値＝2,000を、新生産物に転化することによって維持した。そのほか彼は、この与えられた価値に1,000（v＋m）という価値をつけ加えた。（デスチュト・ド・トラシは、あたかも資本家が、貨幣での500の還流によって剰余価値を手に入れるという意味において、富裕になるかのような考えを展開しているが、これについては本章の第一三節で詳述する。）

Ⅱの労働者の側からの500の価値ある消費諸手段の購買によって、Ⅱの資本家のもとには、彼がついいままで商品でもっていた500Ⅱvの価値が、ふたたび貨幣で、すなわち彼が最初にそれを前貸しした形態で復帰する。この取り引きの直接の結果は、他のどの商品販売の場合とも同様に、商品形態から貨幣形態への、与えられた価値の転換である。この取り引きによって媒介される出発点への貨幣の還流も、なにも特殊なものではない。もしⅡの資本家が、500の貨幣でⅠの資本家から商品を買い、次に自分のほうから 500 の額の商品をⅠに売ったとしても、同じように 500 の貨幣が彼のもとに還流したであろう。この 500 の貨幣は、1,000 の商品量の転換に役立っただけで、前述の一般的法則に従って、この商品量の転換のために貨幣を流通に投じた人のもとに還流したであろう。

しかし、Ⅱの資本家のもとに還流した 500 の貨幣は、同時に、貨幣形態にある更新された潜勢的可変資本である。なぜそうなのか？　貨幣、したがってまた貨幣資本は、それが労働力に転換可能であるという理由からのみ、またその限りでのみ、潜勢的可変資本である。Ⅱの資本家のもとへの 500 ポンドの貨幣の復帰には、市場へのⅡの労働力の復帰がともなう。反対の極への両者〔貨幣と労働力〕の復帰は――したがってまた、この 500 の貨幣の、貨幣としてだけでなく、貨幣形態での可変資本としての再現も――一つの同じ手続きによって条件づけられている。貨幣＝500 がⅡの資本家のもとに還流するのは、彼がⅡの労働者に 500 の額の消費諸手段を売ったからであり、したがって、労働者が自己の労賃を支出し、それによって自己と家族とを、したがって自己の労働力をも維持したからである。生き続けるためには、また商品の買い手として登場し続けることができるためには、労働者はまた新たに自己の労働力を売らなければならない。だから、Ⅱの資本家のもとへのこの 500 の貨幣の復帰は、同時に、労働力がこの 500 の貨幣によって買われうる商品として復帰することまたは維持されることであり、したがって、潜勢的可変資本としての 500 の貨幣の復帰なのである。

次に、奢侈品を生産する〔中〕部門Ⅱbについて言えば、そのｖ――すなわち（Ⅱb）ｖ――は、Ⅰｖの場合と同じ事情にある。Ⅱbの資本家たちのためにその可変資本を貨幣形態で更新する貨幣は、Ⅱaの資

(443)
本家たちの手を経て回り道をしてⅡbの資本家たちのもとに流れてくる。[*1] しかし、それにもかかわらず、労働者たちが自分の労働力を売る相手の資本主義的生産者たちから直接に自分の生活諸手段を買うか、それとも労働者たちが他の部門の資本家たちから買い、その資本家たちを介して回り道をしてはじめて右の資本主義的生産者たちに貨幣が還流するかでは、区別が生じる。労働者階級はその日暮らしであるから、買うことができる限り買う。資本家の場合、たとえば 1.000Ⅱc と 1.000Ⅰv との転換の場合は、事情は異なる。資本家はその日暮らしではない。自分の資本の可能な限りの価値増殖が、資本家の推進的動機である。だから、なんらかの種類の事情が生じて、そのためⅡの資本家にとって、自分の不変資本をただちに更新することをせずに、少なくともその一部をもうしばらく貨幣形態で保持するほうがより有利であると思われるときには、この 1.000Ⅱc の〔貨幣での〕Ⅰへの還流は遅れ、したがって貨幣形態での 1.000v の復元は遅れる。そしてⅠの資本家は、準備貨幣を使用することができる場合にのみ同じ規模で仕事を続行しうるのであって、それは、一般に、貨幣での可変資本価値の還流が速いか、それとも[*2]遅いかを顧慮することなしに、連続して仕事を続行しうるためには、貨幣での準備資本が必要なのと同じである。

＊1〔この一文はエンゲルスによる〕

＊2〔初版、第二版では、「それとも」が誤って「および」となっていた。カウツキー版以降訂正。草稿も「それとも」になっている〕

その年の再生産のさまざまな要素の転換を研究しようとすれば、過去の年労働の結果、すなわち、すでに終了した年の労働の結果をも研究しなければならない。この年の年生産物に結実した生産過程は、われわれの背後にあり、過ぎ去っており、その生産物のなかに消失しており、したがってまた、生産過程に先行または並行する流通過程も、潜勢的可変資本から現実的可変資本への転換、すなわち労働力の売買も、なおさらそうなっている。労働市場は、もはや、ここで目の前にある商品市場の一部ではない。労働者は、ここではすでに、自己の労働力を売っただけではなく、剰余価値とともに、自分の労働力の価格の等価物をも商品で提供してしまっている。他面、労働者は、自己の労賃をポケットにもっており、この転換のあいだは、商品（消費諸手段）の買い手としてのみ現われる。しかし、他方では、年生産物は、再生産のすべての要素を含んでいなければならず、生産資本のすべての要素を、したがってとりわけそのもっとも重要な要素である可変資本を復元しなければならない。そしてわれわれが実際に見たように、可変資本にかんしては、転換の結果として次のようなことが示される――すなわち、労働者は、商品の買い手として、自分の労賃を支出することによって、また購買した商品を消費することによって、彼が販売しなければならない唯一の商品であるその労働力を維持し、再生産する。この労働力の購入に資本家が前貸しした貨幣が資本家のもとに復帰するのと同様に、労働力もまた、この貨幣と転換可能な商品として労働市場に復帰する。（444）ここ、とくに 1.000 Ⅰv の場合には、次のような結果が得られる。Ⅰの資本家の側には貨幣で 1.000 v――それにたいしてⅠの労働者の側には 1.000 の価値をもつ労働力があり、こうして、Ⅰの全再生産過程がまた新たに開始されうる。これが、転換過程の一つの結果である。

他方、Ⅰの労働者たちの労賃の支出は、1,000 c の額の消費諸手段をⅡから引き出し、こうしてこの消費諸手段を商品形態から貨幣形態に転化させた。Ⅱは、Ⅰから商品＝1,000 v を買うことによって、その消費諸手段をこの貨幣形態から自分の不変資本の現物形態に再転化させたのであって、このことにより、Ⅰの可変資本価値がふたたび貨幣形態でⅠのもとに還流する。

Ⅰの可変資本は三つの転化を経過するが、それらは年生産物の転換ではまったく現われないか、または暗示的に現われるだけである。

（一）第一の形態は貨幣での 1,000 Ⅰ v であり、これは、同じ価値額の労働力に転換される。この転換は、それ自体、ⅠとⅡとのあいだの商品交換には現われないが、しかしその結果は、Ⅰの労働者階級が1,000 の貨幣をたずさえてⅡの商品販売者に相対することに現われるのであって、これは、Ⅱの労働者階級が 500 の貨幣をたずさえて商品形態で存在している 500 Ⅱ v の商品販売者に相対するのとまったく同じである。

（二）第二の形態は、可変資本が実際に変化をし、可変資本として機能する唯一の形態であり、そこでは価値創造力が、それと交換される所与の価値に代わって現われる――この第二の形態はわれわれの背後にある生産過程にもっぱら属している。

（三）第三の形態――可変資本が生産過程の結果において可変資本であることを実証した形態――は年価値生産物であり、したがってⅠの場合には 1,000 v ＋1,000m＝2,000 Ⅰ（v＋m）である。可変資本の最初の価値である貨幣での 1,000 に代わって、二倍の大きさの価値である商品での 2,000 が

（445）

現われている。したがってまた、可変資本価値である商品での 1.000 は、生産資本の要素としての可変資本によって創造された価値生産物のちょうど半分をなす。商品でのこの 1.000 Ⅰv は、総資本のうちの、Ⅰによって最初に 1.000 v の貨幣で前貸しされた、その規定から見れば可変的な部分の、正確な等価物である。しかし、それは、商品形態では潜勢的に貨幣であるにすぎず（それはその販売によってはじめて現実的に貨幣になる）、したがって言うまでもなく、直接に可変的貨幣資本ではない。それが結局このような貨幣資本になるのは、商品 1.000 Ⅰv がⅡcにたいして販売されることによってであり、また労働力が、購買可能な商品として、すなわち1.000 v の貨幣が転換されうる材料として、まもなく再現することによってである。

これらすべての変化のあいだ、Ⅰの資本家はつねに可変資本を自分の手中に保持している。すなわち、（一）最初は貨幣資本として。（二）次には自分の生産資本の要素として。（三）さらにその次には自分の商品資本の価値部分として、すなわち商品価値で。（四）最後にはふたたび貨幣で。この貨幣にたいしてふたたび労働力――貨幣がそれに転換されうる労働力が相対する。労働過程のあいだ、資本家は、可変資本を、活動し価値を創造しつつある労働力として手中にもっているのであって、与えられた大きさの価値としてもっているのではない。けれども資本家は労働者にたいしていつも、労働者の力が短いにせよ長いにせよすでに一定の時間にわたって作用したあとにはじめて支払うから、資本家はまた、彼が支払うまえに、この力によって創造されたこの力自体にとっての補填価値、プラス剰余価値を、すでに手中にもっているのである。

可変資本はつねになんらかの形態で資本家の手中にとどまるから、それがだれかにとっての収入に転換されると言うことは決してできない。反対に、商品での 1.000 Ｉv は、それがⅡへ販売されることによって貨幣に転換されるのであり、それ〔商品での 1.000Ｉv〕がⅡにたいしてその不変資本の半分を〝現物で〟補塡するのである。

分解されて収入になるのは、Ｉの可変資本、貨幣での 1.000 v ではない。この貨幣は、労働力に転換されてしまえば、Ｉの可変資本の貨幣形態として機能することをやめてしまうのであって、これは、商品の他の売り手*のそれぞれが彼の貨幣をある売り手の商品に転換してしまえば、彼の貨幣は、彼のなんらかの所有物を代表することをやめてしまうのと同じである。労賃として受け取られた貨幣が労働者階級の手中でなしとげる諸転換は、可変資本の転換ではなく、貨幣に転化された彼らの労働力の価値の転換である。それは、労働者によって創造された価値生産物（2.000Ｉ（v＋m））の転換が、労働者とはなんの関係もない、資本家に属する商品の転換にすぎないのと、まったく同じである。しかし、資本家は――そして彼の理論的代弁者である経済学者はなおさら――、労働者に支払われた貨幣が依然として彼の、資本家の貨幣であるという妄想から脱却することがなかなか困難である。資本家が金生産者であるとすれば、可変価値部分――すなわち、資本家のために労働〔力〕の購買価格を補塡する商品での等価物――そのものが直接に貨幣形態で現われ、したがってまた、還流という回り道をせずにまた新たに可変的貨幣資本として機能することができる。ところが、Ⅱの労働者について言えば――奢侈品労働者を度外視する限り――、500 v そのものが労働者の消費のために予定され

(446)
ている商品の形で存在しており、労働者——総労働者として考察された労働者——は、この商品を、彼が自分の労働力を販売したその同じ総資本家から直接にふたたび買うのである。Ⅱの資本の可変価値部分は、その現物形態から見れば、その大部分が労働者階級の消費に予定された消費諸手段という形で存在する。しかし、労働者によって消費諸手段という形態で支出されるのは、可変資本ではない。それは労賃であり、労働者の貨幣であって、それが、まさにこの消費諸手段に実現されることによって、可変資本 500Ⅱv を資本家のためにそれの貨幣形態で復元させるのである。可変資本Ⅱvは、不変資本 2,000Ⅱc と同じく、消費諸手段の形で再生産されている。一方も他方もともに収入には分解されない。収入に分解されるものは、どちらの場合にも労賃である。

＊〔草稿では「商品の他の買い手」となっている〕

しかし、収入としての労賃の支出によって、ある場合には 1,000Ⅱc が、同じくこの回り道をして 1,000Ⅰv が、また〝同じく〟500Ⅱv が、したがって不変資本と可変資本とが（可変資本の場合には一部は直接の還流により、一部は間接の還流によって）、貨幣資本として復元されるということは、年生産物の転換における一つの重要な事実である。

第一一節　固定資本の補填＊

＊〔本節の各項の区分および表題はエンゲルスによる〕

年々の再生産の諸転換を叙述するにあたっての一つの大きな困難は、次のようなものである。事態を叙述するもっとも簡単な形態をとってみれば、こうである――

（Ⅰ）　4,000 c ＋1,000 v ＋1,000m ＋

（Ⅱ）　2,000 c ＋ 500 v ＋ 500m ＝9,000

(447) これは、結局――4,000 Ⅰc＋2,000 Ⅱc＋1,000 Ⅰv＋500 Ⅱv＋1,000 Ⅰm＋500 Ⅱm＝6,000 c ＋1,500 v ＋1,500m＝9,000 に分解される。不変資本の一価値部分は、ことにそれが本来の労働諸手段（生産諸手段の独自の部類としての）からなっている場合には、労働諸手段から労働生産物（商品）に移転されている。この労働諸手段は、生産資本の諸要素として、しかもその古い現物形態のままで機能し続ける。この労働諸手段が一定の期間にわたって機能し続けるあいだに徐々にこうむる摩滅、価値喪失こそは、この労働諸手段を使って生産された諸商品の価値要素として再現するものであり、労働用具から労働生産物に移転されるものである。したがって、年々の再生産との関連でここで問題になるのは、もともと、固定資本のうちその寿命が一年よりも長くもつような構成諸部分だけである。もしそれらの構成部分が一年以内に完全に死滅するのであれば、それらはまた、年々の再生産によって完全に補填され、更新されうるのであり、したがってここで問題となる点とはもともと関係がない。機械その他の比較的長もちのする固定資本の諸形態の場合には、建物または機械の本体が長命であるとしても、それのある部分器官は一年以内にすっかり補填されなければならないということが起こりうるし――また比較的しばしばそれが起こる。これらの部分器官は、固定資本のうちの一年以内に補填されなければならない諸要素という同一のカテゴリーに属する。

諸商品のうちのこの価値要素〔固定資本の摩滅分〕は、決して修理費と混同されてはならない。商品が販売されれば、この価値要素は換金され、他の価値諸要素と同じように貨幣に転化される。しかし、それが貨幣に転化されたのちには、他の価値諸要素〔部分諸器官、原料、労働力など〕とそれとの区別が現われる。諸商品の生産に消費された原料および補助材料は、諸商品の再生産が始まるためには（一般に諸商品の生産過程が連続的なものであるためには）、〝現物で〟補填されなければならない。諸商品に支出された労働力[*1]も、同様に新規の労働力によって補填されなければならない。したがって、商品を売って得た貨幣は、つねに生産資本のこれらの要素に、すなわち貨幣形態から商品形態に、再転換されなければならない。たとえば、原料と補助材料がある期日ごとにかなり大量に――その結果、それらが生産用在庫を形成するほどに――購入されるということ、したがってある期間のあいだこれらの生産諸手段は新たに購入される必要がなく、したがってまた――それらが間に合っているあいだは――商品の販売からはいってくる貨幣も――それがこの目的に役立つ限りは――積み立てられることができ、したがって不変資本のこの部分は、しばらくその能動的機能を休止した貨幣資本として現われるということ、こうしたことは事態をなにも変えるものではない。これは収入資本[*2]ではない。これは、貨幣形態で休止している生産資本である。生産諸手段の更新は、この更新の形態は――流通との関連で――さまざまでありうるとはいえ、つねに行なわれなければならない。生産諸手段を更新し

（448）

補塡するための新たな購買という流通操作は、比較的長い期日ごとに行なわれることがありうる。その場合には一度に大量の貨幣投下が行なわれ、その代わりそれに照応する生産在庫が生じる。あるいは、相次いで短い期日ごとに行なわれることもありうる。その場合には、相次ぐすみやかな、より少額ずつの貨幣支出と、少量の生産在庫が生じる。こうしたことは、事態そのものをなにも変えない。労働力についても同様である。生産が年間を通じて連続的に同じ規模で行なわれる場合には、消費し尽くされた労働力が新たな労働力によってつねに補塡される。農業でのように、労働が季節的に使用されるか、またはさまざまな時期にさまざまな分量の労働が使用される場合には、それに応じて、ときには少量の、ときには多量の労働力が購入される。これに反して、商品販売から得られた貨幣は、それが商品価値のうち固定資本の摩滅分に等しい部分を貨幣化する限りでは、この貨幣がそれの価値喪失を補塡する生産資本の構成部分には再転化されない。それは、生産資本とは別に沈澱し、その貨幣形態のままにとどまる。この貨幣沈澱は、多かれ少なかれ数年からなる再生産期間が過ぎ去るまで繰り返され、そのあいだ、不変資本の固定的要素はその古い現物形態のままで生産過程において機能し続ける。建物、機械などのような固定的要素の寿命が尽き、もはや生産過程で機能しえなくなると、その価値は、その固定的要素のとなりに、完全に貨幣で補塡されて存在する——すなわち、貨幣沈澱の総額で補塡され、固定資本からそれが生産に協力した諸商品にしだいに移転され、その諸商品の販売によって貨幣形態に移行した諸価値の総額で補塡されて存在する。次にこの貨幣は、固定資本（または固定資本の諸要素、というのは、固定資本のさまざまな要素は寿命を異にするからである）を

〝現物で〟補塡し、こうして生産資本のこの構成部分を現実に更新するのに、役立てられる。つまり、この貨幣は、不変資本価値の一部分であるその固定部分の貨幣形態である。だから、この蓄蔵貨幣の形成は、それ自体、資本主義的再生産過程の一要素であり、固定資本が寿命を終えて、[*3] その結果、その全価値を、生産された諸商品に引き渡してしまって、いまや〝現物で〟補塡されなければならないときまでの、固定資本またはその個々の要素の価値の再生産と積み立て――貨幣形態での――である。しかし、この貨幣は、それが固定資本の新しい諸要素に再転化されて、死滅した諸要素を補塡するときにのみ、その蓄蔵貨幣形態を失い、したがって、そのときにはじめて、流通によって媒介される資本の再生産過程にふたたび能動的にはいり込む。

＊1〔草稿およびエンゲルスの編集原稿では「諸商品の生産に支出された労働力」となっている〕
＊2〔草稿では「予備資本」となっている〕
＊3〔草稿では「現物形態にある固定資本が寿命を終えて」となっている〕

単純な商品流通が単なる生産物交換と同一ではないように、年々の商品生産物の転換も、そのさまざまな構成諸部分の単なる、無媒介的な、相互的交換には分解されえない。そこでは貨幣が一つの特殊な役割を果たすのであって、この役割は、とくに固定資本価値の再生産の仕方にも現われる。（生産が共同的で、商品生産の形態をとらないと前提すれば、事態がいかに異なった現われ方をするかは、のちに研究されなければならない。）

さて、基本表式に立ちもどるならば、大部門Ⅱについては、2.000 c ＋500 v ＋500m であった。こ

(449)

こでは、一年のうちに生産された消費諸手段の全部は、3,000の価値に等しいのであり、この商品総額を構成しているさまざまな商品諸要素のそれぞれは、その価値から見れば $\frac{2}{3}$c＋$\frac{1}{6}$v＋$\frac{1}{6}$m に、または百分率では $66\frac{2}{3}$c＋$16\frac{2}{3}$v＋$16\frac{2}{3}$m に分かれる。大部門Ⅱのさまざまな商品種類が含む不変資本の割合は、さまざまであるだろう。同様に、それらの商品種類ごとに不変資本の固定部分も、さまざまであるだろう。固定資本諸部分の寿命、したがってまた年々の摩滅、またはその固定資本諸部分の参加によって生産されている商品にその諸部分が〝比例配分的に〟移転する価値部分も、同様である。こうしたことは、ここではどうでもよいことである。社会的再生産過程にかんして問題になるのは、大部門Ⅱと大部門Ⅰとのあいだの転換だけである。ⅡとⅠとは、ここでは、それらの社会的総量関係においてのみ相対し合っている。だから、Ⅱの商品生産物の価値部分cの比率的大きさ（いま取り扱われている問題ではこれだけが基準を与える）は、Ⅱに包含されるすべての生産部門をひとまとめにして得られる平均的比率である。

こうして、その総価値が 2,000c＋500v＋500m に区分される商品種類（しかもその大部分が同一の商品種類）のそれぞれは、価値から見れば、一様に $66\frac{2}{3}$%c＋$16\frac{2}{3}$%v＋$16\frac{2}{3}$%m である。このことは、c、v、mのどの項目のもとに現われる諸商品のどの100ずつについてもあてはまる。

2,000c が体現されている諸商品は、その価値から見れば、ふたたび次のように分けられる――

（1）$1{,}333\frac{1}{3}$c＋$333\frac{1}{3}$v＋$333\frac{1}{3}$m＝2,000c

同様に、500ｖはこう分けられる――

(2)　$333\frac{1}{3}c+83\frac{1}{3}v+83\frac{1}{3}m=500v$

最後に、500ｍはこう分けられる――

(3)　$333\frac{1}{3}c+83\frac{1}{3}v+83\frac{1}{3}m=500m$

いま、(1)、(2)、(3)においてｃを合計すれば、$1,333\frac{1}{3}c+333\frac{1}{3}c+333\frac{1}{3}c=2,000$ となる。同様*に $333\frac{1}{3}v+83\frac{1}{3}v+83\frac{1}{3}v=500$となり、ｍについても同じである。総計は、前記のように、3,000 という全価値となる。

＊〔ここからこの段落の末まではエンゲルスによる〕

つまり、3,000 の価値をもつⅡの商品量に含まれる不変資本価値の全体は、2,000ｃ に含まれているのであって、500ｖ も 500ｍ も、不変資本価値を一原子も含んでいない。同じことは、ｖについてもｍについてもあてはまる。

言い換えれば、Ⅱの商品量のうち、不変資本価値を表わし、したがって不変資本の現物形態なり貨幣形態なりに再転換されうる部分の全体は、2,000ｃ のうちに存在する。したがって、Ⅱの諸商品の不変価値の転換に関係するすべてのことは、2,000Ⅱｃ の運動に限られている。そしてこの転換は、Ⅰ（1,000ｖ＋1,000ｍ）とだけ行なわれうる。

同じく、大部門Ⅰについては、それに属する不変資本価値の転換に関係するすべてのことは、4,000Ⅰc の考察に限られなければならない。

(450)

1　貨幣形態での摩滅価値部分の補填*

＊〔エンゲルスによる。草稿には項の区分や見出しはない〕

そこで、まず――

Ⅰ　4,000c＋1,000v＋1,000m

Ⅱ　…………2,000c　＋500v＋500m

（1,000v＋1,000m と 2,000c は括弧で対応）

をとりあげれば、諸商品 2,000Ⅱc と、同価値の諸商品 Ⅰ（1,000v＋1,000m）との転換は、2,000Ⅱc が全部〝現物で〟、Ⅰによって生産された不変資本Ⅱの現物構成諸部分に再転換されることを前提とするであろう。しかし、不変資本Ⅱがそのなかに存在する 2,000 の商品価値は、固定資本の価値喪失分に相当する要素を含むが、この要素はただちに〝現物で〟補填される必要はなく、貨幣に転化されればいいのであり、この貨幣は、固定資本がその現物形態で更新される期限がくるまで、徐々に合計額として積み[*1]立てられる。固定資本にとっては、毎年が死の年であり、それはあれこれの個別事業またはあれこれの産業部門で補填されなければならない。同じ個別資本においても、固定資本のあれこれの部分が（この諸部分はさまざまな寿命をもっているので）補填されなければならない。年々の再生産――たとえ単純な規模での再生産、すなわち、いっさいの蓄積を捨象してのそれであっても――を考察する場合に、われわれは〝卵から《アブ・オヴォ》〟*2始めるのではない。われわれが考察するのは、多年にわたる流れのなかの一年であって、資本主義的生産の誕生第一年ではない。だから、大部門Ⅱの多様な生産諸部門に投下されたさまざまな資本は、さまざまな年齢をもつのであり、これらの生産部門で働いている人々が年々死亡するのと同様に、年々、大量の固定資本がその年に死期に達して、蓄積された貨幣元本から〝現物で〟更新されなければならない。その限りでは、2.000Ⅱc と 2.000Ⅰ（v＋m）との転換には、2.000Ⅱc の、その商品形態（消費諸手段としての）から現物的諸要素――この現物的諸要素は原料と補助材料からばかりでなく、固定資本の現物的諸要素、すなわち機械、道具、建物等々からもなる――への転換が含まれている。だから、2.000Ⅱc の価値のうち貨幣で補填されるべき摩滅分は、機能している固定資本の大きさには決して照応しない。というのは、機能している固定資本の一部分は、年々、〝現物で〟補填されなければならないからである――しかし、その前提は、それ以前の諸年に、この転換に必要な貨幣が大部門Ⅱの資本家たちの手中に積み立てられていることである。ところがまさにこの前提は、以前の諸年について想定されるのと同様に、この年についてもあてはまるのである。

＊1〔草稿では、「合計額として」は「蓄蔵貨幣として」となっている〕

＊2〔アイトリア王の娘レダが、白鳥の姿となったゼウスと交わり生んだ二つの卵から生まれた四人の子がもとで、トロイア戦争が起こったとされる話にちなむラテン語。ホラティウスはその『詩論』で、ホメロスが

トロイア戦争をこの卵の話から始めずに、つねに聞き手を出来事の核心に引きいれたことをたたえている（『詩論』、一四七行。岡道男訳、岩波文庫、一九九七年、二三九ページ）〕

(451)　Ⅰ（1,000v＋1,000m）と2,000Ⅱcとのあいだの転換において、まず注意しなければならないのは、価値額　Ⅰ（v＋m）は不変的価値要素を含まないということ、したがって、補填されるべき摩滅分に相当する価値要素、すなわち、不変資本の固定的構成部分から　v＋m　の現物形態である諸商品に移転された価値に相当する価値要素をなにも含まないということである。これにたいして、Ⅱcのなかにはこの要素が存在するのであり、固定資本に起因するこの価値要素の一部分こそは、ただちに貨幣形態から現物形態に転化される必要はなく、さしあたり貨幣形態にとどまらなければならない。だから、Ⅰ（1,000v＋1,000m）と2,000Ⅱcとの転換にさいしては、すぐに次のような困難が生じる。すなわち、その現物形態で2,000（v＋m）が存在するⅠの生産諸手段は、2,000というその全価値額まで、Ⅱの消費諸手段で存在する等価物と転換されなければならないにもかかわらず、他方では、消費諸手段2,000Ⅱcは、その価値額いっぱいまでは生産諸手段　Ⅰ（1,000v＋1,000m）に転換されることはできないという困難である。なぜなら、その価値の一可除部分——すなわち固定資本のうちの補填されなければならない摩滅分または価値喪失分に等しい部分——は、さしあたり貨幣で沈澱しなければならないが、その貨幣は、ここでもっぱら考察されるこの年の再生産期間内にふたたび流通手段としては機能しないからである。とはいえ、商品価値2,000Ⅱcに潜んでいる摩滅要素を貨幣化するための貨幣——この貨幣は、Ⅰからしかやってくることができない。というのは、Ⅱは自分で自分に支払う

(452)

ことはできず、まさに自分の商品を販売することで支払ってもらうからであり、また、前提によれば、Ⅰ(ｖ＋ｍ)は 2,000Ⅱc という商品額全体を買うからである。したがって、大部門Ⅰは、この購買によって、Ⅱのために上記の摩滅分を貨幣化しなければならない。しかし、以前に展開した法則によれば、流通に前貸しされた貨幣は、のちに同分量の商品を流通に投じる資本主義的生産者のもとに復帰する。Ⅰは、Ⅱcの購入のさい、明らかにⅡにたいして、2,000 分の商品と、そのほかになお余分の貨幣額を与えっぱなしに（その額が転換の操作によってⅠのもとに復帰することがないように）することはできない。そうでなければⅠは、商品量Ⅱcをその価値よりも高く買ったことになるであろう。もしⅡが実際に自分の 2,000ｃ を転換してⅠ(1,000ｖ＋1,000ｍ)を入手するとすれば、Ⅱは、Ⅰにはそれ以上なにも要求することはできないのであり、この転換のなかで流通する貨幣は、Ⅰのもとに復帰するか、Ⅱのもとに復帰するかは、両者のうちのどちらがその貨幣を流通に投じたか、すなわち、どちらが最初に買い手として登場したかによる。同時に、この場合には、Ⅱは彼の商品資本の全価値額を生産諸手段の現物形態に再転化したはずであるが、ところが一方、前提によれば、Ⅱはその商品資本を販売したのち、その一可除部分を、その年の再生産期間中には[*1]、貨幣からⅡの不変資本の固定的構成諸部分の現物形態に再転化しない。したがって、貨幣での残高がⅡのもとに流れ込みうるとすれば、それは、ⅡがⅠにたいして確かに 2,000 分を売ったが、しかしⅠからは 2,000 より少ない分、たとえば 1,800 しか買わなかった場合だけであろう。この場合には、Ⅰはその差額を貨幣の 200 によって埋め合わせなければならないのであり、この貨幣はⅠのもとには還流しないであろう。なぜなら、Ｉは、流通に前貸しされたこの貨幣を、[*2] 商品＝200 を流通に投入することによってふたたび流通から引きあげることをしなかったはずだからである。この場合には、Ⅱにはその固定資本の摩滅分の勘定にあてる貨幣元本が生じるはずである。しかし、他方、Ｉでは、200 という額の生産諸手段の過剰生産が生じるはずであり、そうなれば、表式の全基盤、すなわち、まえと同一の規模での再生産、したがってさまざまな生産系統[*3]のあいだの完全な比例性が前提となっている再生産が消滅してしまったであろう。一つの困難が、もう一つのはるかにやっかいな困難によって取りのぞかれただけのことであろう。

＊1〔草稿では「ただちには（年間の再生産期間中には）」となっている〕
＊2〔草稿では「流通への予備的な貨幣前貸しのあと自分で」となっている〕
＊3〔草稿では「さまざまな生産部面」となっている〕

この問題は独自の諸困難をもたらすものであり、しかもこれまでおよそ経済学者たちによって取り扱われたことがないので、われわれは、順次、この問題のあらゆる可能な（少なくとも外観上可能な）解決、というよりもむしろ問題そのものの諸設定を考察することにしよう。

まず、いましがた想定したところによれば、ⅡはＩにたいして 2,000 の商品を売るがＩからは 1,800 分の商品しか買わない。商品価値 2,000Ⅱc のなかには、貨幣で蓄蔵されるべき摩滅補填用の 200 が潜んでいるであろう。そこで、価値 2,000Ⅱc は、Ｉの生産諸手段と交換されるべき 1,800 と、貨幣で（2,000c をＩに売ったあとに）保持されるべき摩滅補填分 200 とに分かれるであろう。または、その価値について言えば、2,000Ⅱc＝1,800ｃ＋200ｃ（ｄ）となるであろう。ここでｄとは、déchet｛〔フランス語で〕摩滅分｝である。

そこで、われわれは、次の転換を考察すべきであろう。

$$\begin{array}{lll} \text{I} & \overbrace{1{,}000\,\mathrm{v} + 1{,}000\,\mathrm{m}} & \\ \text{II} & 1{,}800\,\mathrm{c} & + 200\,\mathrm{c}\ (\mathrm{d}) \end{array}$$

Ⅰは、労働力への支払いとして労賃の形で労働者たちのもとに流れ込んだ1,000ポンドで、1,000Ⅱc分の消費諸手段を買う。Ⅱは、同じ1,000ポンドで、1,000Ⅰｖ分の生産諸手段を買う。こうして、Ⅰの資本家たちのもとには、彼らの可変資本が貨幣形態で還流し、これによって彼らは、翌年も同じ価値額の労働力を買うことができる。すなわち、彼らの生産資本の可変部分を〝現物で〟補填することができる。――さらにⅡは、〔自分が〕前貸しした400ポンドで生産手段Ⅰmを買い、Ⅰmは同じ400ポンドで消費諸手段Ⅱcを買う。こうして、Ⅱによって流通に前貸しされた400ポンドは、Ⅱの資本家たちのもとに復帰しているが、しかしそれは、売られた商品にたいする等価物として復帰しているにすぎない。Ⅰは、〔自分の〕前貸しした400ポンドで消費諸手段を買う。ⅡはⅠから400ポンドで生産諸手段を買い、これによってこの400ポンドがⅠに還流する。ここまでで計算は、次のようになる――

Ⅰは、商品で1,000ｖ＋800ｍを流通に投じ、さらに貨幣で、1,000ポンドを労賃に、400ポンド

(453) をⅡとの転換のために流通に投じる。転換の完了後には、Ⅰは、貨幣での 1,000 v と、800Ⅱc（消費諸手段）に転換された 800m と、貨幣での 400 ポンドとを持っている。

Ⅱは、商品（消費諸手段）で 1,800 c と、貨幣で 400 ポンドとを流通に投じる。転換の完了後には、Ⅱは、Ⅰの商品（生産諸手段）での 1,800 と、貨幣での 400 ポンドとを持っている。

さらにいまや、Ⅰの側には 200m が（生産諸手段で）、Ⅱの側には 200 c（d）が（消費諸手段で）存在する。

前提によれば、Ⅰは 200 ポンドで、200 の価値額の消費諸手段 c（d）を買う。しかし、Ⅱは、この 200 ポンドを残しておく。というのは、200 c（d）は〔固定資本の〕摩滅分を表わし、したがってただちには生産諸手段に再転換される必要がないからである。したがって、200Ⅰm は販売不可能である。補填されるべき剰余価値Ⅰの $\frac{1}{5}$* は実現不可能であり、生産諸手段の現物形態から消費諸手段の現物形態に転換することができない。

＊〔初版および第二版では「$\frac{1}{10}$」となっていた。ヴェルケ版で訂正〕

これは、単純な規模での再生産という前提に矛盾するだけではない。それは、そもそも、200 c（d）の貨幣化を説明できる仮説ではない。それは、むしろ、この貨幣化が説明できないことを意味する。どのようにして 200 c（d）が貨幣化されるかを証明することができないので、Ⅰが親切にもそれを貨幣化してやるという想定がなされる——まさにそうしないとⅠが自分自身の残りの 200m を貨幣化できないからである。このようなことを転換機構の正常な一操作であると解するのは、

200ｃ（ｄ）を規則的に貨幣化するために、年々200ポンドが天から降ってくると想定するのとまったく同じことである。

けれども、Im〔200〕がここでのようにその本来の定在様式で——すなわち、生産諸手段の価値の構成部分として、したがって、資本主義的生産者たちが販売によって貨幣に実現しなければならない諸商品の価値の構成部分として——現われるかわりに、資本家たちの分け前をもらう人々の手中に、たとえば、土地所有者たちの手中に地代として、または貨幣貸付業者たちの手中に利子として現われる場合には、このような仮説のばかばかしさは、直接には明らかにならない。しかし、もし商品の剰余価値のうち、産業資本家が地代または利子として剰余価値の他の共同所有者たちに譲渡しなければならない部分が、長いあいだ諸商品そのものの販売によって実現することができないならば、地代や利子の支払いもできなくなり、したがって土地所有者たちや利子受領者たちが、地代や利子の支出によって、年々の再生産の一定部分を任意に貨幣化するための〝機械仕掛けの神々《デイ・エクス・マキナ》〟＊として役立つことも
（454）
できなくなる。官吏、医師、弁護士など、すべてのいわゆる不生産的労働者たち、そのほかに「大勢の公衆」という形態で経済学者たちにとって自分たちでは説明できないことを説明するための「役立ち」を果たしてくれる人々の支出についても、事態は同様である。

＊〔「悲劇作家たちがなにかで行き詰まったときに機械仕掛けで神様を〔舞台上に〕せり上げるという逃避的手段に訴えるように」（プラトン対話篇『クラテュロス』四二五のソクラテスの言葉。水地宗明訳、『プラトン全集』２、岩波書店、一九七四年、一二八ページ）に由来する語で、劇の筋の行き詰まりを神の登場によ

って無理やり解決させるところから、警句として使われるようになった。ここでは「救いの神」の意〕

ⅠとⅡとのあいだ――資本主義的生産者たち自身の二大部門のあいだ――における直接的転換の代わりに、媒介者として商人を引き入れて、彼の「貨幣」ですべての困難を切り抜けさせようとしても、やはり助けにはならない。たとえば、いまの場合には、200Ⅰm は、結局、最終的にはⅡの産業資本家たちに売却されなければならない。それは、一連の商人たちの手を経るかも知れないが、最後の商人がⅡにたいしておかれる立場は――仮定によれば――Ⅰの資本主義的生産者たちが最初にⅡにたいしておかれていた立場と同じである。すなわち、商人たちは 200Ⅰm をⅡに売ることはできない。そして、この立ち往生させられた購買金額は、同じ過程をⅠと更新することはできないのである。

ここに見られるように、われわれの本来の目的を度外視するとしても、社会的再生産過程をすぐさまその複雑で具体的な形態のまま分析の対象とする場合に「科学的」説明の外観を与える誤った逃げ口上をまぬがれるためには、再生産過程をその基本的形態において――そこでは事態をあいまいにするすべての介在物が取りのぞかれる――考察することが、どうしても必要である。

したがって、再生産（単純な規模でのものであれ、拡大された規模でのものであれ）の正常な進行のもとでは、資本主義的生産者によって流通に前貸しされた貨幣はその出発点に復帰しなければならない（そのさい、この貨幣が彼のものであるか借りたものであるかは、どうでもよい）という法則は、200Ⅱc（d）はⅠが前貸しした貨幣によって貨幣化されるという仮説を決定的に排除する。

２　〝現物での〟固定資本の補填*

＊〔見出しはエンゲルスによる。草稿には「2)」とだけ書かれている〕

いま考察したばかりの仮説をしりぞけたのちになお残っているのは、摩滅分の貨幣での補填のほかに、さらに、全部死滅してしまった固定資本の〝現物での〟補填の実施をも含むような諸可能性だけである。*

＊〔この一文はエンゲルスによる〕

われわれは先に、次のことを前提した――

（a）Ｉが労賃に支払った 1,000 ポンドは、労働者たちによって同じ価値額のⅡcに支出されるということ、すなわち、彼らがこの 1,000 ポンドで消費諸手段を買うということ。

ここで右の 1,000 ポンドがＩによって貨幣で前貸しされるということは、事実の確認でしかない。労賃は、それぞれの資本主義的生産者によって貨幣で支払われなければならない。この貨幣は、次に(455)労働者たちによって生活諸手段に支出され、この生活諸手段の販売者たちの側では、彼らの不変資本を商品資本から生産資本に転換するさいに、ふたたび流通手段として役立つ。実際には、この貨幣は、多くの水路（小売商人たち、家主たち、徴税人たち、また労働者自身にとって必要な医師たちなどのような不生産的労働者たち）を通っていくのであり、したがって、部分的にしか直接にはＩの労働者たちの手からⅡの資本家階級の手に流れ込まない。この流れは、多かれ少なかれ停滞し、したがって資本家たちの側に新たな貨幣準備が必要となりうる。これらすべてのことは、この基本的形態では考察に入らない。

（b）あるときはIが、IIからの購入のためにさらに400ポンドを貨幣で前貸しして、これがIに還流し、同じように、他のときはIIが、Iからの購入のために400ポンドを前貸しして、それがIIに還流すると前提された。この前提がなされなければならないのは、資本家階級Iまたは資本家階級IIが一方的に商品転換に必要な貨幣を流通に前貸しすると仮定することのほうが、逆に恣意的であろうからである。ところで、前項1〔「貨幣形態での摩滅価値部分の補塡」〕で示されたように、200IIc（d）を貨幣化するためにIが追加的貨幣を流通に投入するという仮説はばかばかしいものとしてしりぞけられるべきであるから、残っているのは明らかに、II自身が、固定資本の摩滅分を補塡すべき商品の価値構成部分を貨幣化するための貨幣を流通に投入するという、外観上はもっとばかばかしい仮説だけであろう。たとえば、X氏の紡績機が生産中に失う価値部分は、縫い糸の価値部分として再現する。彼の紡績機が一方で価値の点で摩滅によって失うものは、*他方で貨幣として彼のもとに積み立てられなければならない。いまXが、たとえば200ポンドで綿花をYから買い、こうして流通に200ポンドを貨幣で前貸しするとしよう。Yは同じ200ポンドでXから糸を買い、この200ポンドがこんどはXにとって、紡績機の摩滅分を補塡するための元本として役立つ。これは、結局、Xの生産およびその生産物、それの販売がどうであろうと、紡績機の価値喪失分を自分自身に支払うためにXが200ポンドを〝ひそかに〟持っているということ、すなわち、最終的に新たな紡績機を買うことができるようになるには、彼は自分の紡績機の価値喪失分の200ポンドのほかに、なお別の200ポンドの貨幣を年々自分のポケットから追加しなければならない、ということに帰着するしかないであろう。

＊〔草稿およびエンゲルスの編集原稿による。初版以来、「価値または摩滅の点で失うものは」となっていた〕

しかし、このばかばかしさは、外観上そう見えるにすぎない。大部門Ⅱを構成する資本家たちの固定資本は、その再生産の期限がまったく異なっている。ある資本家たちにとっては、固定資本は全部〝現物で〟補填されるべき期限に達している。他の資本家たちにとっては、固定資本は多かれ少なかれまだこの段階には達していない。資本家たちの後者の部類のすべての構成員に共通なのは、彼らの

(456)

固定資本は現実には再生産されないということ、すなわち、〝現物で〟更新されたり同一種類の新品によって補填されたりしないで、その価値が順次に貨幣で積み立てられるということである。資本家たちの前者の部分は、彼らの事業の創立当時――すなわち、彼らがある貨幣資本をもって市場に立ち現われ、それを一方では不変（固定および流動）資本に転化し、他方では労働力に、可変資本に転化したとき――とまったく（または部分的に――これはここではどうでもいいことであるが）同じ状態にある。彼は、創立当時と同じく、いまやこの貨幣資本を、したがって不変的固定資本の価値を――流動資本〔草稿では「不変資本の流動的部分」〕および可変資本の価値と同様に――ふたたび流通に前貸ししなければならない。

そこで、Ⅱの資本家階級がⅠとの転換のために流通に投じる400ポンドのうち、半分は、流動資

本に属する自分の生産諸手段を自分の諸商品〔の販売〕によって更新しなければならないだけでなく、自分の固定資本を自分の貨幣〔の前貸し〕によって〝現物で〟更新しなければならないⅡの資本家たちからやってくるのに、他方で、Ⅱの資本家たちの残りの半分は、自分の貨幣を使って、自分の不変資本のうちの流動部分だけを〝現物で〟補塡するが、自分の固定資本を〝現物では〟更新しない、と前提しよう。こう前提すれば、還流してくる400ポンド（Ⅰがそれだけの消費諸手段を買えばただちに還流してくる）が、Ⅱの〔資本家たちの〕これらの二つの部類〔部分1と部分2〕のあいだにいまや違った仕方で配分されるということには、まったくなんの矛盾も存在しない。この400ポンドは大部門Ⅱに還流するが、しかしそれはまえと同じ人々の手中に還流するのではなく、この大部門の内部に違った仕方で配分され、この大部門の一方の部分から他方の部分に移っていく。

Ⅱの一方の部分は、結局は自分たちの諸商品によって支払われる生産諸手段の部分のほかに、200ポンドの貨幣を〝現物の〟新たな固定資本諸要素に転換した。このように支出された彼らの貨幣は、彼らのもとに――事業開始当時と同じく――この固定資本で生産されるべき諸商品の摩滅価値構成部分〔固定資本の摩滅に照応する、諸商品の価値構成部分〕として、ようやく何年かのあいだに少しずつ流通から還流する。

これにたいして、Ⅱのもう一方の部分は、Ⅰから200ポンド分の諸商品を買わなかったのであり、Ⅰは、Ⅱのこのもう一方の部分にたいし、Ⅱの第一の部分が固定資本諸要素を買ったときに支払った貨幣で、支払う。Ⅱの一方の部分は、自分たちの固定資本価値を、更新された現物形態でふたたび所

(457)

有しているが、もう一方の部分は、自分たちの固定資本をのちに〝現物で〟補填するために、まだその固定資本価値を貨幣形態で積み立てることに専念している。

ここまでの諸転換のあとでわれわれが出発点とすべき状況は、双方のあいだで転換されるべき諸商品の残り――Ⅰでは 400m であり、Ⅱでは 400c である。〔五二〕800 という額のこれらの商品を転換するために、Ⅱが 400 を貨幣で前貸しすると仮定しよう。この 400 の半分（＝200）は、どんなことがあろうとも、Ⅱcのうち、すでに 200 を〔固定資本の〕摩滅価値として貨幣で積み立てていて、いまやこれを自分の固定資本の現物形態に再転化しなければならない部分によって、投下されるしかない。

〔五二〕　これらの数字はまたしても以前の仮定とは一致しない。しかし、問題は割合だけなのであるから、この不一致はどうでもよい。――Ｆ・エンゲルス。

不変資本価値、可変資本価値、および剰余価値――Ⅱの商品資本の価値もⅠのそれもこれらに分かれうる――を、商品Ⅱまたは商品Ⅰそのもののそれぞれ特殊な比例的諸部分で表わすことができるのとまったく同様に、不変資本価値そのものの内部においてもまた、まだ固定資本の現物形態に転換されることができず、しばらくは貨幣形態でしだいに蓄蔵されていくべき価値部分を、同様に比例的諸部分で表わすことができる。一定分量のⅡの諸商品（すなわち、いまの場合では残りの半分＝200）は、ここではまだ、この摩滅価値の担い手であるにすぎず、この価値は貨幣への転換によって沈澱しなければならない。（Ⅱの資本家たちのうち、固定資本を〝現物で〟更新する第一の部分は、ここにはその残りしか姿を現わしていない商品量の摩滅〔に照応する〕部分で、すでにその摩滅価値の一部分をこのように〔沈澱分として〕実現しているかも知れないが、彼らにとって200の貨幣はまだこれから実現されるべきものにとどまっている。）

さて、この残りの操作のさいにⅡによって流通に投じられた400ポンドの残り半分（＝200）について言えば、それは、Ⅰから不変資本の流動的構成諸部分を買う。この200ポンドの一部分は、Ⅱの双方の部分によって流通に投じられてもよいし、固定的価値構成部分を〝現物で〟更新しない部分だけによって流通に投じられてもよい。

したがって、この400ポンドでⅠから引き出されるのは、（一）200ポンドの額の固定資本の諸要素だけからなる諸商品と、（二）200ポンドの額のⅡの不変資本の流動的部分の現物的諸要素だけを補填する諸商品、である。さて、Ⅰはその年商品生産物を、それがⅡにたいして売られるべきものである限り全部売った。しかし、この商品生産物〔2,000〕の五分の一の価値、400ポンドは、いまでは貨幣形態をとってⅠの手中に存在する。しかし、この貨幣は、貨幣化された剰余価値であり、収入として消費諸手段に支出されなければならない。したがって、Ⅰはこの400でⅡの商品価値全部＝400*を買う。こうして、この貨幣は、Ⅱの商品を引き出すことによって、Ⅱに還流する。

＊〔草稿では、「Ⅱの商品価値全部＝400」は「Ⅱの商品の残り全部＝Ⅱの年生産物の1/5」となっている〕

ここで、三つの場合を仮定してみよう――そのさい、われわれは、Ⅱの資本家たちのうち、固定資本を〝現物で〟補填する部分を「部分1」と呼び、固定資本の摩滅価値を貨幣形態で積み立てる部分を「部分2」と呼ぶ。三つの場合とは次のようなものである*――（a）大部門Ⅱの商品の形でなお残

（458）

りとして存在している 400 のうちのある部分が、部分１と部分２とのために（たとえば $\frac{1}{2}$ ずつ）不変資本の流動的部分の一定の諸部分を補填しなければならない場合。（ｂ）部分１はすでにその全商品を売ってしまっており、したがって部分２がこれから 400 を売らなければならない場合。（ｃ）部分２が、摩滅価値の担い手である 200 以外のすべてを売ってしまっている場合。

＊〔「そのさい」からここまではエンゲルスによる〕

そこで次のような分割が得られる――

（ａ）なおⅡの手中にある商品価値＝400ｃ のうち、部分１が 100 を、部分２が 300 を所有する。この 300 のうち、200 は摩滅分を表わす。この場合には、ⅠがⅡの諸商品を引き出すためにいま返還する 400 ポンドの貨幣のうち、300 は、部分１が最初に投下したものである――すなわち、200 は、〝現物の〟固定資本諸要素をⅠから引き出すための貨幣として、また 100 は、Ⅰとの自分の商品交換を媒介するための貨幣として。これにたいして、部分２は、同じくⅠとの自分の商品転換を媒介するために、この 400 の $\frac{1}{4}$ すなわち 100 しか前貸ししなかった。

このように、この 400 の貨幣のうち、部分１は 300 を、部分２は 100 を前貸しした。

しかし、この 400 は次のように還流する――

部分１には、100 すなわち前貸しした貨幣の $\frac{1}{3}$ だけが還流する。しかし、部分１は、残りの $\frac{2}{3}$ の代わりに、200 の価値をもつ更新された固定資本を所有する。部分１は、この 200 の価値をもつ固定資本要素と引き換えに、Ⅰに貨幣を渡したが、そのあと商品は渡さなかった。この 200 にかんしては、部分1は、Ⅰにたいして買い手としてのみ登場し、そのあとふたたび売り手として登場はしない。したがって、この貨幣は部分1に還流することができない。もし還流するとすれば、部分1は、Ⅰから固定資本諸要素を贈り物としてもらったことになるであろう。――部分1は、自分が前貸しした貨幣の残り三分の一にかんしては、まず自分の不変資本の流動的構成諸部分の買い手として登場した。その同じ貨幣で、Ⅰは、部分1から100の価値をもつ部分1の商品の残りを買う。したがって貨幣は、彼（Ⅱの部分1）のもとに還流する。なぜなら、彼は、先に商品の買い手として登場したあとですぐ、売り手として登場するからである。もしこの貨幣が還流しないとすれば、Ⅱ（部分1）は、Ⅰにたいして、100の額の商品と引き換えにまず貨幣で100を渡し、次になおそのうえに商品で100を渡したことになり、したがって、自分の商品をⅠに贈り物としてやったことになるであろう。

これにたいして、100を貨幣で投下した部分2には、貨幣で300が還流する。そのうち100が還流するのは、部分2がまず買い手として100の貨幣を流通に投じ、それから売り手としてこの貨幣を回収するからであり、200が還流するのは、部分2が200の価値額の諸商品の売り手としてのみ機能し、買い手としては機能しないからである。したがって、この貨幣はⅠには還流できない。このように、固定資本の摩滅分〔200〕は、固定資本諸要素を購入するさいⅡ（部分1）によって流通に投じられた貨幣によって清算されている。しかし、この貨幣は、部分1の貨幣としてではなく、大部門Ⅰに属する貨幣として、部分2の手にはいる。

（ｂ）この前提のもとでは、Ⅱcの残りは、部分1が貨幣で200を所有し、部分2が諸商品で400を所有するように配分される。

(459)

部分1は、自分の商品をすべて売ってしまったが、貨幣での200は、自分の不変資本の固定的構成部分の転化した形態であり、これを部分1は〝現物で〟更新しなければならない。したがって、部分1は、ここでは買い手としてのみ登場し、自分の貨幣の代わりに、同じ価値額の、固定資本の現物的諸要素の形をとっているⅠの商品を受け取る。部分2は、最大限（ⅠとⅡとのあいだの商品転換のためにⅠによっていかなる貨幣も前貸しされない場合）200ポンドを流通に投下しさえすればよい。というのは、部分2は、その商品価値の半分については、Ⅰにたいする売り手であるだけで、Ⅰからの買い手ではないからである。

部分2には、流通から400ポンドが復帰する。200が復帰するのは、部分2が200の商品の買い手としてそれを前貸しし、それから200の商品の売り手としてそれを回収するからであり、また〔残りの〕200が復帰するのは、部分2が200の価値をもつ商品をⅠに売るが、それと引き換えに商品等価物をⅠからまた引き出すことはしないからである。――

（ｃ）部分1は貨幣で200と商品で200ｃとを所有し、部分2は商品で200ｃ（ｄ）を所有する。

部分2は、この前提のもとでは、貨幣で前貸しする必要は少しもない。なぜなら、部分2は、Ⅰにたいしてはもうおよそ買い手として機能することはなく、売り手として機能するだけであり、したがってⅠによって買われるまで待てばよいからである。

部分1は、400ポンドを貨幣で前貸しする――200はⅠとの相互的商品転換のために、〔残りの〕200はⅠからの単なる買い手として。この後者の200ポンドの貨幣で、部分1は固定資本諸要素を買う。

Ⅰは、200ポンドの貨幣で部分1から200だけの商品を買い、これによって、部分1がこの商品転換のために前貸しした200ポンドの貨幣が部分1に還流する。そしてⅠは、別の200ポンド――同じくⅠが部分1から〔前記「後者の200ポンドの貨幣」として〕受け取ったもの――で部分2の諸商品を200だけ買い、これによって、部分2の固定資本摩滅分が貨幣で部分2に沈澱する。

この（c）の場合に、Ⅱ（部分1）の代わりに大部門Ⅰが、存在する諸商品の転換のために200の貨幣を前貸しすると前提しても、事態は少しも変わらないであろう。この場合に、Ⅰがまず Ⅱの部分2から200だけ商品を買うとすれば――部分2が売らなければならない商品の残りはこれだけであると前提されている――、この200ポンドはⅠには復帰しない。というのは、Ⅱの部分2は、ふたたび買い手として登場しないからである。ところが、その場合にⅡの部分1は、買うために200ポンドだけ貨幣をもち、さらに〝同じく〟転換すべき諸商品200をもっており、したがって全体としてはⅠから交換によって手に入れなければならないのは400である。この場合には、200ポンドの貨幣がⅡの部分1からⅠに復帰する。Ⅰがこの200ポンドをⅡの部分1から200の商品を買うためにふたたび投下しても、Ⅱの部分1が〔Ⅰの〕400の商品の残り半分をⅠから買えば、ただちに200ポンドはⅠに復帰する。（Ⅱの）部分1は、200ポンドの貨幣を固定資本の諸要素の単なる買い手として投下した。だから、この200ポンドは部分1には復帰せず、Ⅱの部分2の残りの諸商品200cを貨幣化するのに役立てられるが、他方、Ⅰには、商品転換のために投下された貨幣200ポンドが、Ⅱの部分2を〝経由して〟ではなく、Ⅱの部分1を〝経由して〟還流している。400のⅠの商品と引き換えに、400という額の商品等価物がⅠに復帰している。800の商品の転換のためにⅠが前貸しした200ポンドの貨幣も〝同じく〟Ⅰに復帰している。――こうして万事がうまくいっている。

Ⅰ　1,000v＋1,000m
Ⅱ　　2,000c

(460)

という転換のさいに生じた困難は、次のような残額の転換のさいの困難に還元された――

Ⅰ　…………400m
Ⅱ　(1) 貨幣200＋商品200c＋(2) 商品200c

または、事態をもっと明確にするには――

Ⅰ　200m＋200m

Ⅱ　(1) 貨幣 200＋商品 200 c ＋(2) 商品 200 c

Ⅱの部分1では、商品 200 c が 200 Ⅰ m（商品）と転換され、また、このⅠとⅡとのあいだでの諸商品 400 の転換のさいに流通するすべての貨幣は、それを前貸ししたⅠまたはⅡに還流するのだから、ⅠとⅡとのあいだでの転換の要素としてのこの貨幣は、実際上、ここでわれわれが取り扱う問題の要素ではない。言い換えれば、200 Ⅰ m（商品）と 200Ⅱc（Ⅱの部分1の商品）とのあいだの転換では、貨幣は支払手段として機能し、購買手段としては、したがってまたもっとも狭い意味での「流通手段」としても機能しないと想定すれば、諸商品 200 Ⅰ m と 200Ⅱc（部分1）とは等しい価値額なのだから、200 の価値の生産諸手段が 200 の価値をもつ消費諸手段と交換されるということ、貨幣はここでは観念的にのみ機能するのであり、どちらの側からも差額の支払いのために現実に貨幣が流通に投じられる必要はないということは、明らかである。だから、商品 200 Ⅰ m とその等価物である商品 200Ⅱc（部分1）とをⅠとⅡとの両側で消去すれば、問題ははじめて純粋な形で現われるのである。

したがって、互いに相殺される等しい価値のこの両商品額（ⅠおよびⅡ）を除去したあとには転換の残額が残り、そこでは問題が純粋な形で現われる。すなわち――

I　商品 200m

II　(1) 貨幣 200 c ＋ (2) 商品 200 c

ここでは次のことが明らかである――すなわち、IIの部分1は貨幣 200 で自分の固定資本の構成諸部分 200 I m を買い、これでIIの部分1の固定資本は〝現物で〟更新され、200 という価値のIの剰余価値は、商品形態（生産諸手段、しかも固定資本の諸要素）から貨幣形態に転化されている。この貨幣で、IはIIの部分2から消費諸手段を買い、そしてIIにとってその結果は次のようになる――すなわち、部分1にとっては、その不変資本の固定的一構成部分が〝現物で〟更新されているのであり、部分2にとっては、他の一構成部分（固定資本の摩滅分を補填するもの）が貨幣で沈澱しており、そしてこのことは、この構成部分も〝現物で〟更新されるまで年々続くということである。

(461) この場合、前提条件は、明らかに次のことである。すなわち、IIの不変資本のうち、一方の、その全価値が貨幣に再転化され、したがって年々〝現物で〟更新されなければならない固定的構成部分（部分1）は、IIの不変資本のうち、他方の、まだその古い現物形態で機能し続けて、その摩滅分――その固定的構成部分の作用によって生産された商品に移転される価値喪失分――がさしあたり貨幣で補填されなければならない固定的構成部分〔部分2〕の年摩滅分に等しい、ということである。それにより、このような均衡が、まえと変わらない規模での再生産の法則として現われるであろう。言い換えれば、生産諸手段を生産する大部門Iでは、それが一方では大部門IIの不変資本の流動的構成部分を、他方では固定的構成部分を供給する限り、分業の比率が不変のままでなければならないということである。

このことをより詳しく研究するまえに、まず、Ⅱc（1）の残額がⅡc（2）の残額に等しくなければ事態はどうなるかを見なければならない。前者が大きい場合もありうるし、小さい場合もありうる。二つの場合を順次に仮定してみよう。

第一の場合*

*〔草稿には「1)」とだけ書かれている〕

Ⅰ　200m

Ⅱ　(1) 220c（貨幣）＋(2) 200c（商品）

ここでは、Ⅱc（1）が200ポンドの貨幣で諸商品200Ⅰmを買い、Ⅰがその同じ貨幣で諸商品200Ⅱc(2)すなわち貨幣で沈澱すべき固定資本構成部分を買う。これによってこの固定資本構成部分は貨幣化されている。しかし、貨幣での20Ⅱc(1)は、〝現物での〟固定資本には再転化できない。

この不都合は、われわれがⅠmの残額を200ではなく220と仮定し、そのため2,000Ⅰのうち1,800ではなく、1,780だけがそれ以前の転換によってかたづいていると仮定することによって、除去できるように見える。すなわち、この場合には、次のようになる――

Ⅰ　220m

Ⅱ　(1) 220ｃ（貨幣）＋(2) 200ｃ（商品）

Ⅱc（部分１）は 220 ポンドの貨幣で 220Ⅰm を買い、次にⅠは 200 ポンドで商品での 200Ⅱc(2) を買う。しかし、その場合には、Ⅰの側に剰余価値の一部である貨幣での 20 ポンドが残る。Ⅰはそれを貨幣で保持することができるだけで、消費諸手段に支出することはできない。それによって、困難は、Ⅱc（部分１）からⅠmに移されているだけである。

そこでもう一つの場合として、Ⅱc（部分１）がⅡc（部分２）よりも小さいと仮定してみよう。すなわち――

第二の場合＊

Ⅰ　200m（商品）

Ⅱ　(1) 180ｃ（貨幣）＋(2) 200ｃ（商品）

＊〔草稿には「2)」と書かれている〕

(462) Ⅱ（部分１）は 180 ポンドの貨幣で諸商品 180Ⅰm を買う。Ⅰはこの貨幣でⅡ（部分２）から同じ価値をもつ諸商品、すなわち180Ⅱc(2)を買う。一方の側には20Ⅰmが売れないで残り、他方の側にも同じく20Ⅱc(2)が売れないで残る。40の価値をもつ諸商品が貨幣に転化できない。

Ⅰの残額を180と仮定しても、なんの役にも立たないであろう。その場合には、確かにⅠには余りが残らないであろうが、Ⅱc〔部分2〕では依然として20という余りは売れないままであり、貨幣に転化できないままであろう。

Ⅱ（1）がⅡ（2）よりも大きい第一の場合には、Ⅱc（1）の側に固定資本に再転化できない貨幣での余りが残る。または、Ⅰmの残額がⅡc（1）に等しいとすれば、Ⅰmの側に消費諸手段に再転化できない同額の余りが貨幣で残る。

Ⅱc（1）がⅡc（2）よりも小さい第二の場合には、200Ⅰmと Ⅱc（2）との側に貨幣での不足が生じ、両方の側にこれと同額の商品の余りが残る。または、Ⅰmの残額がⅡc（1）*に等しいと仮定すれば、Ⅱc（2）の側に貨幣での不足と商品での余りが残る。

＊〔初版および第二版では「Ⅱc（2）」となっていた。ヴェルケ版で訂正〕

Ⅰmの残額がつねにⅡc（1）に等しいと仮定すれば――注文が生産を決定して、Ⅱの不変資本のうち、今年は固定資本構成諸部分がより多く、翌年は流動資本構成諸部分がより多くⅠによって生産されても[*1]、再生産にはなんの変化も生じないのだから――第一の場合[*2]にⅠmが消費諸手段に再転化できるのは、Ⅰがそれ〔Ⅰの側に残る20ポンドの貨幣〕でⅡの剰余価値の一部分を買う場合、したがって、この剰余価値の一部分がⅡ[*3]によって消費されずに貨幣として積み立てられる場合のみであろう。第二の場合に[*4]

は、Ｉ自身がその貨幣を支出する場合、すなわちわれわれが排除した仮定のみが、困難を救いうる〔200Ⅱc (2) が全部売れる〕であろう。

＊1〔初版および第二版では、「Ⅱの不変資本のうち」以下のここの文章は、「Ｉによって」ではなく、「ⅡおよびＩの不変資本のうち、今年は固定資本構成諸部分がより多く、翌年は流動資本構成諸部分がより多く生産されても」となっていた。エンゲルスの編集原稿によってヴェルケ版で訂正〕

＊2〔前記の第一の場合のうち、あとの場合。すなわち、Ｉ 220m：Ⅱ (1) 220c（貨幣）＋(2) 200c（商品）の場合〕

＊3〔初版および第二版では「Ｉ」となっていた。ヴェルケ版で訂正。Ｉの側に残る20ポンドで買えるのはⅡの20m（商品）――Ⅱの200c（商品）はすでにＩによって買われているから――のみであるから、Ⅱの誤りで、これが消費されずに貨幣として積み立てられる〕

＊4〔Ｉ 200m：Ⅱ (1) 180c（貨幣）＋(2) 200c（商品）の場合〕

もしⅡc（１）がⅡc（２）より大きければ、Ｉmにおける余りの貨幣を実現するためには外国商品の輸入が必要である。もしⅡc（１）がⅡc（２）よりも小さければ、逆にⅡcの摩滅部分を生産諸手段に実現するためにⅡの商品（消費諸手段）の輸出が必要である。すなわち、どちらの場合にも、外国貿易が必要である。

まえと変わらない規模での再生産を考察するためには、すべての産業部門の生産性、したがってまたそれらの部門の商品生産物の価値関係の比率も不変のままであると仮定するとしても、やはり最後に述べた二つの場合、すなわちⅡc（１）がⅡc（２）よりも大きいか、または小さい場合は、拡大された規模での生産――そうした場合が無条件的に起こりうる――にとっては、つねに関心を引き起こすであろう。

(463)

3　結　論*

*〔見出しはエンゲルスによる。草稿では区分線が引かれている〕

固定資本の補填にかんしては、一般に次のことが注意されなければならない。

すべての他の事情、したがって生産の規模ばかりでなく、とくに労働の生産性もまたまえと変わらないという前提のもとで、もしⅡcの固定的要素のうち死滅する部分が前年よりも大きく、したがってまた前年よりも大きな部分が〝現物で〟更新されなければならない場合には、固定資本のうちまだ死への途上にあり、その死期までしばらく貨幣で補填されなければならない部分は、同じ比率で減少するに違いない。というのは、前提によれば、Ⅱにおいて機能している固定資本の総額（またその価値総額）は、変わってはいないからである。しかし、これには次のような事情がともなう。第一。Ⅰの商品資本のより大きな部分がⅡcの固定資本の諸要素からなるとすれば、Ⅱcのための Ⅰの総生産は変わらないままであるので、それだけより小さな部分がⅡcの流動的構成諸部分からなる。それの一部分が増大すれば、他の部分は減少し、それの一部分が減少すれば、他の部分は増大する。しかし、他方では、大部門Ⅱの総生産もまた同じ大きさのままである。しかし、Ⅱの原料、半製品、補助材料（すなわち、Ⅱの不変資本の流動的諸要素）が減少するときに、同じ大きさのままでいることはどのようにして可能であるのか？　第二。貨幣形態で復元された固定資本Ⅱcのより大きな部分が、貨幣形態から現物形態に再転化されるためにⅠに流れていく。したがって、Ⅰには、ⅠとⅡとのあいだで単なる商品転換のために流通する貨幣のほかに、より多くの貨幣――相互的な商品転換を媒介するのではなく、ただ一方的に購買手段の機能において登場するより多くの貨幣――が流れていく。しかし、同時にⅡcのうち摩滅分の価値補填の担い手である商品量、すなわちⅠの商品とではなくⅠの貨幣とのみ転換されなければならないⅡの商品量は、比例して減少するであろう。より多くの貨幣がⅡからⅠに単なる購買手段として流れていき、そして、Ⅰにたいして単なる買い手として機能しなければならないⅡの商品はより少なくなるであろう。したがってImのより大きな部分が――というのはIvはすでにⅡの商品に転換されているから――商品Ⅱに転換されえないで、貨幣形態にとどまり続けるであろう。

逆の場合、すなわち、一年のうちにⅡの固定資本の死滅分の再生産がより少なく、反対に摩滅分がより大きい場合については、ここではこれ以上立ち入る必要がない。

こうして、まえと変わらない規模での再生産であるにもかかわらず、恐慌――生産恐慌――が生じるであろう。

(464) 要するに、単純再生産であってしかも諸事情に変わりがない場合、すなわち、とくに労働の生産力、総量、および強度に変わりがない場合に――もし、死滅する（更新されるべき）固定資本と、旧来の現物形態で作用し続ける（摩滅を補填するだけの価値を生産物につけ加える）固定資本とのあいだに不変な比率が前提されないならば――、ある場合には、再生産されなければならない〔Ⅱcの――草稿による〕流動的構成諸部分の総量は不変であっても、再生産されなければならない固定的構成諸部分の総量は増大しているであろう。したがって、Iの総生産[*]が増大しなければならないか、または、貨幣関係を度外視しても、再生産の不足が生じるであろう。

＊〔草稿では「Iの総再生産」となっている〕

他の場合には、〝現物で〟再生産されなければならない固定資本IIの比率的大きさが減少し、したがっていまや貨幣によってのみ補填されなければならない固定資本IIの構成部分が同じ比率で増加するならば、Iによって再生産される不変資本IIの流動的構成諸部分の総量は不変のままであっても、再生産されなければならない固定的構成諸部分の総量は反対に減少しているであろう。したがって、Iの総生産の減少か、または過剰（先の不足のように）、それも貨幣化できない過剰かの、どちらかが生じるであろう。

確かに第一の場合には、同じ労働が生産性、長さまたは強度の増大によって、より多くの生産物を供給することができ、こうして第一の場合の不足は補われうるであろう。しかし、このような変化は、Iのある生産部門から他の生産部門への労働および資本の移動なしには生じないであろう。そしてこのような移動はどれも一時的な攪乱を引き起こすであろう。しかし第二に、（労働の時間の長さおよび強度が増大する限り）Iは、より多くの価値をIIのより少ない価値と交換しなければならず、したがってIの生産物の減価が生じるであろう。

第二の場合には逆であり、この場合にはIはその生産を収縮させなければならないか――これは、そこで仕事をしている労働者と資本家とにとって恐慌を意味する――、またはⅠは過剰な供給を行なうことになり、これまた恐慌を意味する。それ自体としてはこのような過剰は害悪ではなく利益である。しかし、資本主義的生産においては害悪である。

外国貿易は、どちらの場合にも助け船になりうるであろう――第一の場合には、貨幣形態で保持されているⅠの商品を消費諸手段に転換するために、第二の場合には、商品での過剰を売りさばくために。しかし、外国貿易は、それが単に諸要素を（価値の面からも）補填するものでない限り、諸矛盾をより広大な部面に移し、諸矛盾により大きな活動範囲を開くだけである。

ひとたび再生産の資本主義的形態が廃止されるならば*、事態は次のことに帰着する――すなわち、固定資本（ここでは消費諸手段の生産において機能している固定資本）のうち、死滅しつつあり、それゆえ〝現物〟で補填されなければならない部分の大きさは、毎年変化するということに、である。(465) もしある年にこの部分が非常に大きい（人間の場合〔の死亡率〕と同じく平均死滅率を超える）ならば、次の年には確実にそれだけ小さくなるであろう。だからといって、消費諸手段の年々の生産に必要な原料、半製品、および補助材料の総量は――他の事情に変わりがないと前提すれば――減少しはしない。したがって生産諸手段の総生産は、一方の場合には増加し、他方の場合には減少するにちがいないであろう。これを防止することは、継続的な相対的過剰生産によってのみ可能である――すなわち、一方では、一定分量の固定資本が直接に必要であるよりも多く生産されることにより、他方では、ことに、年々の直接的必要を超える原料等の在庫（これはとくに生活諸手段について完全にあてはまる）によって。この種の過剰生産は、社会がそれ自身の再生産の対象的諸手段を管理することと同じである。しかし資本主義社会の内部では、それは無政府的な要素である。

＊〔草稿では、「再生産の資本主義的形態を度外視するならば」となっている〕

固定資本についてのこの例解は――再生産の規模に変わりがない場合には――適切である。生産における固定資本と流動資本との不均衡＊は、恐慌を説明するための経済学者たちのお好きな論拠の一つである。このような不均衡は、固定資本が単に維持されるだけの場合にも生じうるし、また生じざるをえないということ――これは、彼らにとっていささか新しいことである。すなわち、それは、理想的な正常生産の前提のもとでも、すでに機能している社会的資本の単純再生産のもとでも、生じうるし、また生じざるをえない、ということである。

＊〔第二版では「誤解」となっていた。初版により訂正〕

第一二節　貨幣材料の再生産

これまでは一つの契機がまったく考慮外におかれてきた。すなわち、金銀の年々の再生産である。金銀は、奢侈品、メッキなどの単なる材料としては、ここでとくにそれに言及する必要がないことは、他のどんな生産物の場合とも同じであろう。ところが金銀は、貨幣材料として、したがって潜勢的貨幣として、重要な役割を演じる。われわれは、ここでは、貨幣材料として、簡単化のために金だけを

(466)

とりあげよう。

やや古い報告によれば、年々の金生産の総額は、八〇万ないし九〇万重量ポンド*1＝約一一億ないし一二億五〇〇〇万マルクであった。それにたいして、ゼートベーア(五三)*2によれば、一八七一―七五年の平均ではわずかに一七万六七五キログラムで、価値にして約四億七六〇〇万マルクにすぎなかった。そのうち、オーストラリアが約一億六七〇〇万マルク、アメリカ合衆国が一億六六〇〇万マルク、ロシアが九三〇〇万マルクを供給した。残りは、どれも一〇〇〇万マルク未満の金額でさまざまな国に配分される。同じ期間中の年々の銀生産額は二〇〇万キログラムよりやや少なく、価値にして三億五四五〇万マルクであった。そのうち概数でメキシコは一億八〇〇万マルク、アメリカ合衆国は一億二〇〇〇万マルク、南アメリカは六七〇〇万マルク、ドイツは二六〇〇万マルク、等々を供給した。

(五三)　A・ゼートベーア『貴金属の生産』、ゴータ、一八七九年〔一二ページ〕。

*1〔約三六万三〇〇〇ないし四〇万八〇〇〇キログラム〕

*2〔以下、数値の引用および原注五三はエンゲルスによる〕

資本主義的生産の優勢な諸国のうちでは、アメリカ合衆国だけが金銀生産国である。ヨーロッパの資本主義諸国は、その金のほとんど全部と、その銀の格段に大きな部分とを、*オーストラリア、アメリカ合衆国、メキシコ、南アメリカ、およびロシアから手に入れている。

*〔草稿では、「その金のほとんど全部と、その銀の格段に大きい部分とを」は「その金（および銀）を」となっている〕

しかし、われわれは、金鉱山〔の場所〕を、われわれがここでその年々の再生産を分析する資本主義的生産の国に移すことにする。しかも、それは次の理由からである――

資本主義的生産はおよそ外国貿易なしには存在しない。しかし、与えられた規模での正常な年々の再生産が想定されるならば、それとともに次のことも想定されている。すなわち、外国貿易は、国産の物品を、異なる使用形態または現物形態をもつ物品と置き替えるだけであり、価値比率には影響をおよぼさないこと、したがってまた生産諸手段と消費諸手段という二つの部類が互いに転換され合う価値比率にも、またこれらの各部類の生産物の価値が分解されうる不変資本、可変資本、および剰余価値の比率にも、影響をおよぼさないことである。したがって、年々再生産される生産物価値を分析するさい外国貿易をもち込むことは、ただ混乱を招きうるだけで、新たな契機――問題のであれその解決のであれ――をなにも提供しない。したがって、外国貿易はまったく捨象されなければならない。したがってここでは、金も年々の再生産の直接的要素として取り扱われるべきで、交換によって外部から輸入される商品要素として取り扱われるべきではない。

金の生産は金属生産一般と同じく、大部門Ⅰ、すなわち生産諸手段の生産を包括する部類に属する。年々の金生産を 30 と仮定し（便宜上そうするのであって、実際には、われわれの表式の数字に比べてはるかに過大に見積もられている）、この価値は 20c ＋5v ＋5m に分解されうると仮定しよう。20c は、Ⅰcの他の諸要素と交換されなければならず、このことはもっとあとで考察されなければならない*。しかし 5v ＋5m（Ⅰ）は、Ⅱcの諸要素すなわち消費諸手段と転換されなければならない。

（467）

＊〔本訳書、第二巻、七六四ページの原注五五参照〕

5v について言えば、どの産金業もまず労働力を購買することから始めるが、みずから生産した金でではなく、国内にもち合わせる貨幣の一部分でである。労働者たちはこの 5v でⅡから消費諸手段を買い入れ、Ⅱはこの貨幣でⅠから生産諸手段を買う。かりに、ⅡがⅠから商品材料など（Ⅱの不変資本の構成部分）として金を 2 だけ買うとすれば、2v は金生産者Ⅰに貨幣――そのまえからすでに流通に属していた貨幣――で還流する。Ⅱがそれ以上Ⅰから〔金〕材料を買わないとすれば、Ⅰは、自分の金を貨幣として流通に投じることによって、Ⅱから〔3v 分を〕買う。というのは、金はどんな商品をも買うことができるからである。違いは、ここではⅠは売り手としては登場せず、買い手としてのみ登場するということだけである。Ⅰの採金業者たちは自分の商品をいつでも売りさばくことができるのであり、彼らの商品はつねに直接的に交換可能な形態にある。

ある紡績業者が自分の労働者たちに 5v を支払い、その代わりに労働者たちは――剰余価値は別として――紡績糸生産物＝5 を紡績業者に供給するものと仮定しよう。労働者たちはこの 5 でⅡcから〔商品を〕買い、Ⅱcは貨幣の 5 でⅠから糸を買い、こうして 5v は貨幣で紡績業者に還流する。これにたいして、右に仮定した場合では、Ig（金生産者をこう呼ぶことにしよう）は、すでに以前から流通に属していた貨幣で、5v を自分の労働者たちに前貸しする。労働者たちはこの貨幣を生活諸手段に支出する。しかし、5 のうち 2 だけがⅡからIg に復帰するにすぎない。しかし、Ig は、紡績業者とまったく同様に、再生産過程を新たに始めることができる。というのは、Ig の労働者たちは金で５をⅠgに提供したのであり、Ⅰgはそのうち２を売って３を金で所有しており、したがってそれを貨幣に鋳造するか(五四)銀行券に転換するかしさえすれば、直接に、それ以上のⅡの媒介なしに、自分の全可変資本をふたたび貨幣形態で手にすることになるからである。

(五四)「かなりの量の金塊（金地金）が……採金業者によって直接にサンフランシスコの造幣所に運ばれる」――『駐在諸国の……イギリス帝国大使館および公使館書記官の報告書』、一八七九年、第三部、三三七ページ。*

＊〔ワシントン駐在イギリス大使館書記官ドラモンドの報告〕

(468)
しかし、すでに年々の再生産のこの最初の過程において、現実的にまたは仮想的に*1流通に属する貨幣総量に一つの変化が起こっている。われわれの仮定によれば、Ⅱcは２v（Ⅰg）を材料として買い、３はⅠgによって可変資本の貨幣形態としてふたたびⅡの内部〔草稿では「Ⅰの内部」〕に投下されている。したがって、新たな金生産*2によって供給された貨幣総量のうち、３はⅡの内部にとどまっていて、Ⅰに還流していない。前提によれば、Ⅱは自分の金材料への需要をすでに満たしている。３は蓄蔵金〔草稿では「蓄蔵貨幣」〕としてⅡの手にとどまっている。この３はⅡの不変資本の諸要素にはなることができないのだから、さらにまた、Ⅱはすでにまえもって労働力の購入のための十分な貨幣資本を持っていたのだから、さらにまた、摩滅要素を除外すれば、Ⅱcの一部分と交換されたこの追加の３gは、Ⅱcの内部では機能を果たす必要がなく（それは、偶然にⅡc（１）がⅡc（２）よりも小さければ、〝その分だけ〟摩滅要素を補充するのに役立ちうるだけであろう）、しかも他方、やはり摩滅要素を除外すれば、全商品生産物Ⅱcが生産諸手段Ⅰ（v＋m）に転換されなければならないのだから――そうであるから、この貨幣〔３ｇ〕は、全部、Ⅱｃから Ⅱｍに――このⅡｍが必要生活諸手段として存在しようと奢侈品として存在しようと、それにかかわりなく――移されなければならず、反対に、それに照応する商品価値がⅡｍからⅡｃに〔Ⅰへの販売分として〕移されなければならない。結果は――剰余価値の一部分が蓄蔵貨幣として積み立てられるということである。

＊１〔草稿では「現実的にまたは仮想的に」は「仮想的にまたは潜勢的に」となっている〕

＊２〔草稿および初版による。第二版では「貨幣生産」となっていた〕

再生産の第二年目においても、年間に生産される金のうちから同じ割合が引き続き材料として利用されるとすれば、ふたたび２はⅠｇに還流し、３は〝現物で〟補填されるであろう。すなわち、ふたたびⅡにおいて蓄蔵貨幣として遊離されるであろう、等々。

可変資本一般について言えば、資本家Ⅰｇは、他のどの資本家とも同様に、この資本をつねに貨幣で労働の購入のために前貸ししなければならない。このｖについて言えば、Ⅱから買わなければならないのは、彼ではなく、彼の労働者たちである。したがって、彼が買い手として登場するという場合――すなわち彼がⅡの発意なしにⅡに金を投じるという場合――は、決して起こりえない。しかし、Ⅱが彼から材料を買って自分の不変資本Ⅱｃを金材料に転換しなければならない限りでは、〔Ⅰｇ〕ｖの一部分はⅡから彼に還流するのであって、それは、〔可変資本が〕Ⅰの他の資本家たちに還流するのと同じ仕方である。そして、そのようなことが起こらない限り、彼は自分のｖを自分の生産物から直接に金で補填する。しかし、貨幣として前貸しされたｖがⅡから彼に還流しない割合に応じて、Ⅱにおいては、すでに手もとにある流通〔手段〕の一部分（ⅠからⅡに流されてきてⅠに復帰しない貨幣）が蓄蔵貨幣に転化され、またその分、Ⅱの剰余価値の一部分が消費諸手段に支出されない。新たな金鉱の開発や古い金鉱の再開はつねに行なわれるのであるから、Ig によって v に投下されるべき貨幣の一定の割合は、いつも、新たな金生産よりも前から現存する貨幣総量の一部をなしており、それが Ig によってその労働者たちを媒介としてⅡに投げ入れられる。そして、この貨幣がⅡから Ig に復帰しない限り、それはⅡで蓄蔵貨幣形成の要素をなすのである。

ところで、（Ig）m について言えば、Ig はこの場合にはいつも買い手として登場することができる。Ig は自分の m を金[*1]として流通に投じ、その代わりに消費諸手段Ⅱc を引き出す。Ⅱではこの金[*2]は、一部分は材料として利用され、したがって、生産資本Ⅱの不変的構成部分 c の現実の要素として機能する。そしてそのようなことが起こらない限り、それはまたⅡm のうち貨幣の形でとどまる部分として（469）蓄蔵貨幣形成の要素となる。ここでわかることは――のちに考察されるべき Ic は別としても[五五]――、単純再生産の場合でさえも、その場合には言葉の本来の意味での蓄積、すなわち拡大された規模での再生産は排除されているとはいえ、貨幣の積み立てまたは蓄蔵貨幣形成が必然的に含まれている、ということである。そしてこのこと〔貨幣積み立てまたは蓄蔵貨幣形成〕が年々新たに反復されるのだから、資本主義的生産を考察するさいに出発点となる前提、すなわち、再生産の開始にあたって、商品転換に照応する総量の貨幣手段は資本家階級ⅠおよびⅡの手中にあるという前提は、これによって説明がつく。このような積み立ては、流通している貨幣の摩滅によって失われる金を控除したうえでも、なお行なわれる。

（五三）大部門Ⅰの不変資本の内部での、新たに生産された金の交換についての研究は、草稿のなかには見あたらない。――Ｆ・エンゲルス。

＊１〔草稿では「貨幣」となっている〕

＊２〔草稿では右の「貨幣」を指す代名詞になっている〕

自明のことではあるが、資本主義的生産が年齢をかさねればかさねるほど、あるゆる方面で積み立てられる貨幣総量はそれだけ大きくなり、したがって、年々の新たな金生産がこの貨幣総量につけ加える割合は――この追加分はその絶対量から見れば大きなものでありうるにもかかわらず――、それだけ小さくなる。一般的に、もう一度だけ、トゥックにたいしてなされた反対論〔本訳書、第二巻、五二四ページ参照〕に立ちもどろう。その反対論は次のように言う――究極においては資本家階級自身が、一般に貨幣を流通に投じる源泉とみなされなければならないのだから、どの資本家もみな年々の生産物のうちから剰余価値を貨幣で引き出すということが、すなわち、自分が投げ入れるよりも多くの貨幣を流通から引き出すということが、どのようにして可能なのか？

われわれは、これにたいしては、すでに以前（第一七章〔本訳書、第二巻、五〇七ページ以下〕に展開したことを概括して述べよう――＊

＊〔この一文はエンゲルスによる〕

（一）ここで必要な唯一の前提――すなわち、一般に年々の再生産総量のさまざまな要素を転換す

（470）

るために貨幣は十分に現存しているという前提は、商品価値の一部分が剰余価値からなっているということによっては、決して影響されない。全生産が労働者たち自身のものであり、したがって彼らの剰余労働がただ彼ら自身のための剰余労働であって資本家のための剰余労働ではないと仮定しても、流通する商品価値の総量は同じであって、他の事情に変わりがなければ、その流通のためには同じ貨幣総量を必要とするであろう。したがって、どちらの場合にも問題はただ、この総商品価値を転換するための貨幣はどこからくるのか？　ということだけである。――そして、剰余価値の貨幣化のための貨幣はどこからくるのか？　ということでは決してない。*

＊〔以上、第八草稿。以下、第二草稿による〕

もちろん――もう一度この点に立ちもどれば――個々の各商品は　c＋v＋m　からなっており、したがって、商品量全体の流通のためには、一方では資本　c＋v　の流通のためにある一定の貨幣額が必要であり、他方では資本家たちの収入すなわち剰余価値mの流通のために別のある貨幣額が必要である。*1 個々の資本家たちにとってと同様に、資本家階級全体にとっても、彼らが資本として前貸しする貨幣は、彼らが収入として支出する貨幣とは異なる。この後者の貨幣はどこからくるのか？*2 それは、ただ単に、資本家階級の手中にある貨幣総量の一部分、すなわち、一般に社会の内部にある貨幣総量全体の一部分が、*3 資本家たちの収入を流通させるということである。すでに上述したように、新しい事業を始める資本家はだれでも、自分の生活維持のために貨幣を消費諸手段に支出するが、事業がひとたび軌道に乗れば、その貨幣を自分の剰余価値を貨幣化するのに用いる貨幣としてふたたび取りもどす。しかし、一般的に言えば、困難のすべては、次の二つの源泉から生じる――

＊1〔この一文はエンゲルスによる〕
＊2〔この一文はエンゲルスによる〕
＊3〔草稿では、以下は、「貨幣資本として機能し、他の一部分は資本家階級の収入を流通させるために役立つ」となっている〕

第一に、われわれが単に資本の流通および回転だけを、したがってまた資本家をただ資本の人格化としてだけ――資本主義的な消費者および享楽者としてではなく――考察するならば、われわれは、確かに彼がつねに剰余価値を自分の商品資本の構成部分として流通に投じているのは目にするが、貨幣が収入の形態として彼の手中にあることは目にしない。われわれは、彼が剰余価値の消費のために貨幣を流通に投じているのを決して目にしないのである。

第二に、資本家階級がある額の貨幣を収入の姿態で流通に投じるならば、あたかも資本家階級が年々の総生産物のこの部分の等価物を支払うかのように見え、そのため、この部分は剰余価値を表わすものではなくなるかのように見える。しかし、剰余価値を表わす剰余生産物は、資本家階級にとってはなんの費用もかからない。資本家階級は階級としてそれをただで所有し享受するのであって、貨幣流通はこのことを少しも変えることができない。貨幣流通が媒介することで変わるのは単に、各資本家が、自分の剰余生産物を〝現物で〟消費するというほとんどありえないことの代わりに、年々の社会的剰余生産物の総保有量のなかから、あらゆる種類の商品を自分の取得した剰余価値の額まで引

（471）
き出して自分のものにする、ということだけである。しかし、流通の機構が示したように、資本家階級が、収入を支出するために貨幣を流通に投げ入れるとしても、この階級はその貨幣をまたふたたび流通から引きあげ、こうして同じ過程をいつも新たに開始することができるのであり、したがってこの階級は、資本家階級として考察すれば、相変わらず剰余価値を貨幣化するのに必要なこの貨幣額を所有している。したがって、剰余価値が諸商品の形態で、資本家によって彼の消費元本用として商品市場から引きあげられるばかりでなく、同時に彼がこれらの商品を買うのに使用する貨幣が彼のもとに還流するとすれば、彼は明らかにそれらの商品を等価物なしで〔無償で〕流通から引きあげているのである。彼はこれらの商品に貨幣で支払いをするとはいえ、これらの商品は彼にとってはなんの費用もかからない。私が一ポンドで商品を買い、そしてその商品の売り手がその一ポンドを、私にはなんの費用もかからなかった剰余生産物の代価として私に返してよこすとすれば、私は明らかにその商品をただで手に入れたことになる。このような操作をつねに繰り返しても、そのことによって、私がつねに商品を引きあげながらしかもつねに一ポンドをもち続けている――商品を購入するために一時はそれを手放すとはいえ――ということは、なにも変わらない。資本家はこの貨幣を、自分にはなんの費用もかからなかった剰余価値の貨幣化として、つねに取りもどす。

前述したように〔第一九章、第二節〕、A・スミスにあっては、社会的生産物価値の全体が収入すなわち v＋m に分解され、したがって、不変資本価値はゼロに等しいとされる。だから必然的に、年収入の流通に必要な貨幣は、年生産物全体の流通のためにも十分だということになり、したがって、われわれの場合で言えば、3,000 の価値をもつ消費諸手段の流通に必要な貨幣が、9,000 の価値をもつ年生産物全体の流通のためにも十分だということになる。これが実際にＡ・スミスの見解であり、それがまたTh・トゥックによって繰り返される。収入の貨幣化に必要な貨幣総量と、社会的生産物全体を流通させる貨幣総量との関係についてのこの誤った観念は、年総生産物のさまざまな素材的要素と価値的要素とが再生産され、年々補填される仕方についての無理解で無思想的な考えの必然的な結果である。だから、それはすでに論破されている。

スミスとトゥック自身の言うところを聞いてみよう。

スミスは第二篇、第二章〔大内・松川訳『諸国民の富』、岩波文庫、㈡、三二〇―三二一ページ〕で次のように言う――「あらゆる国の流通は二つの部分に分けられるであろう。すなわち、商人たち相互の流通と、商人たちと消費者たちのあいだの流通とである。紙幣であれ、金属貨幣であれ、たとえ同じ貨幣片が、ときには一方の流通に使用され、ときには他方の流通に使用されるにしても、この二つの流通は絶えず同時に相ならんで行なわれるのであり、したがって、二つの流通のそれぞれが進行し続けるためには、いずれかの種類の貨幣の一定の総量を必要とする。さまざまな商人のあいだを流通する商品〔原文は「財貨」〕の価値は、商人たちと消費者たちとのあいだを流通する商品〔財貨〕の価値を決して超えることはできない。というのは、商人たちが買うものがおよそなんであろうとも、結局、それは消費者たちに売られなければならないからである。商人たちのあいだの流通は〝卸売り〟で行なわれるから、一般に個々の取り引きのたびごとにかなり多額の貨幣を必要とする。これにたいして、商

（472）人たちと消費者たちとのあいだの流通は、たいていは〝小売り〟で行なわれ、きわめて少額の貨幣しか必要としない場合がしばしばである。一シリング貨、または半ペニー貨でさえ、間に合うことが多い。しかし、金額の小さいものは大きいものよりもはるかに急速に流通する。……だから、すべての消費者の年々の購買高が、少なくとも」（この「少なくとも」はみごとだ！）「価値においてはすべての商人のそれに等しいとしても、通常、それ〔消費者の購買〕ははるかに少量の貨幣ですますことができる」等々。

アダムのこの個所についてTh・トゥックはこう述べる（『通貨主義の研究』、ロンドン、一八四四年、三四―三六ページの各所〔玉野井芳郎訳『通貨原理の研究』、世界古典文庫、日本評論社、一九四八年、七七―七九ページ〕）――「ここで与えられた右の区別が実質的に正しいことは、疑問の余地はありえない。……商人たちと消費者たちとのあいだの交換は、消費者たちの主要な収入をなす労賃の支払いをも含む。……商人たちと商人たちとのあいだのすべての取り引き、すなわち生産者または輸入業者から、製造業者などの中間過程のあらゆる段階を経て、小売商人または輸出商人にいたるまでのすべての販売は、資本移転の運動に分解されうる。しかし、資本移転は、大多数の取り引きにおいては、移転のさいに〔貨幣すなわち〕銀行券または鋳貨の現実の受け渡し――私が言うのは擬制的な受け渡しではなく実質的な受け渡しのことである――を必ずしも前提しないし、また実際、現実にこれをともなわない。……商人たちと商人たちとのあいだの取り引きの総額は、究極においては、商人たちと消費者たちとのあいだの取り引きの額によって決定され、限定されざるをえない」。

もし最後の一句だけしかないのであれば、こう考えることもできたであろう――すなわち、トゥックは、ただ、商人と商人との取り引きと、商人と消費者との取り引きとのあいだ、言い換えれば、年々の総収入の価値と、この総収入を生産する資本の価値とのあいだには、ある比率があるということを確認しているだけである、と。けれども、そうではない。彼はＡ・スミスの見解に賛成すると明言している。だから、彼の流通理論の特別の批判は不必要である。*

＊〔以上、第二草稿。ただし、最後の一文はエンゲルスによる。以下、第八草稿による〕

（二）どの産業資本も、その創業にさいしては、その固定的構成部分全体のために貨幣を一度に流通に投じるが、この構成部分をふたたび〔流通から〕引き出すのは、その年々の生産物の販売によって、何年かにわたって漸次的に行なうにすぎない。したがってどの産業資本も、まず、流通から取り出すよりも多くの貨幣を流通に投げ入れる。このことは、総資本の〝現物での〟更新のたびごとに繰り返される。それは、自分の固定資本を〝現物で〟更新しなければならない一定数の事業では毎年繰り返され、固定資本の修理のたびごとに、その単に部分的な更新のたびごとに、部分的に繰り返される。したがって、一方では流通に投げ入れられるよりも多くの貨幣が流通から取り出されるとすれば、他方ではその逆に、流通から取り出されるよりも多くの貨幣が流通に投げ入れられる。

(473) 生産期間（労働期間とは異なるものとしての）が比較的長期にわたるすべての産業部門では、その期間中、資本主義的生産者たちは、一部は使用労働力への支払いに、一部は消費されるべき生産諸手段の購入に、絶えず貨幣を流通に投げ入れる。こうして、生産諸手段は直接に商品市場から引きあげられ、消費諸手段は、一部は自分の労賃を支出する労働者たちによって間接に、一部は決して自分の消費を休止することのない資本家たち自身によって直接に、商品市場から引きあげられるが、そのさいにこれらの資本家はさしあたりはそれと同時に商品での等価物を市場に投げ入れることはしない。この期間中には、彼らが流通に投じた貨幣が、商品価値――この価値に内含される剰余価値を含めて――の貨幣化に役立つ。この契機は、発展した資本主義的生産においては、株式会社などによって営まれる長期にわたる企業の場合にきわめて重要となってくる。たとえば、鉄道、運河、ドック、都市の大建築物の建設や、鉄船の建造、大規模な土地干拓などである。

（三）他の資本家たちが――固定資本の投下は別として――労働力と流動的諸要素との[*1]購入にあたって流通に投げ入れた貨幣よりも多くの貨幣を流通から引き出すのにたいして、金銀を生産する資本家たちは――原料として使用される貴金属を別として――貨幣だけを流通に投じ、諸商品だけを流通から引きあげる。摩滅部分をのぞく不変資本、可変資本の大部分、およびたとえば彼ら自身の手中に積み立てられる蓄蔵貨幣をのぞく全剰余価値が、貨幣として流通に投げ込まれる。[*2]

＊1〔草稿では「不変資本の流動的諸要素との」となっている〕
＊2〔以上、第八草稿。以下、第二草稿による〕

（四）確かに、一方では、その一年間に生産されたのではない多種多様な物、たとえば地所や家屋など、さらに、その生産期間が一年を超える諸生産物、たとえば家畜、木材、ワインなどが、商品として流通する。これらの現象やその他の現象については、直接的流通に必要な貨幣額のほかに、潜在的状態にあって機能していないが弾みをつけてやれば機能しはじめることができる一定分量*がつねに存在する、ということを見失わないことが重要である。またこのような諸生産物の価値は、家屋の価値が多年にわたる賃貸料として流通するように、しばしば少しずつ徐々に流通する。

＊〔草稿では「一定分量の貨幣」となっている〕

他方では、再生産過程のすべての運動が貨幣流通によって媒介されるわけではない。生産過程総体は、その諸要素がひとたび調達されれば、貨幣流通から除外される。さらに、生産者が直接にみずからふたたび消費する――個人的にであれ、生産的にであれ――すべての生産物もそうであり、農村労働者の現物給与もそれに属する。

したがって、年生産物を流通させる貨幣総量は、社会のなかに現存しており、しだいしだいに蓄積されている。それは、摩滅した鋳貨を補填する金などをのぞけば、その年の価値生産物〔新価値〕の一部ではない。*

(474)

＊〔以上、第二草稿。以下、第八草稿による〕

この叙述では、貴金属貨幣だけの流通が前提され、またこの流通の場合にもやはり現金売買というもっとも簡単な形態が前提されている――といっても、単なる金属流通の基礎の上でも、貨幣は支払手段として機能することもできるし、歴史的、現実的に支払手段として機能してきたのであり、またこの基礎の上で、信用制度とその機構の特定の諸側面が発展してきたのであるが。

この前提を設けるのは、単に方法上の考慮からだけではない。この考慮の重要さはすでに次のことに――すなわち、トゥックとその学派も、その反対者たちも、彼らの論争において、銀行券流通を論じるにあたって純粋の金属流通という仮定に再度立ちもどることをつねに余儀なくされたということに示されている。彼らは、〝祭りが終わってから〟*そうすることを余儀なくされたのであるが、そのさい実に皮相的に、しかも必然的にそうしたのであった。なぜなら、〔彼らのやり方では〕出発点は分析における一つの付随事項の役割しか演じていないからである。

＊〔本訳書、第二巻、五〇二ページの訳注＊1参照〕

しかし、その自然発生的な形態で表わされた貨幣流通――そしてこの場合これが年々の再生産過程の内在的契機である――をもっとも簡単に考察しただけでも、次のことがわかる――

（a）発展した資本主義的生産、したがって賃労働制度の支配を前提すれば、明らかに、貨幣資本は、それが可変資本の前貸しされる形態である限り、一つの主要な役割を演じる。賃労働制度が発展するにつれて、すべての生産物が商品に転化し、したがってまた――いくつかの重要な例外はあるが――すべての生産物がその運動の一局面としての貨幣への転化を経過しなければならない。流通する貨幣の総量は、諸商品のこの貨幣化のために十分でなければならない。そして、この流通する貨幣総量の最大の部分は、労賃の形態で――すなわち、可変資本の貨幣形態として産業資本家によって労働力の支払いに前貸しされ、労働者たちの手中では、その大部分が、流通手段（購買手段）としてのみ機能する貨幣の形態で――提供される。これは、あらゆる隷農制度（農奴制を含めて）の基盤の上で優勢な、そして多かれ少なかれ原始的な共同体――それが隷農制諸関係または奴隷制諸関係と混ざり合っていようといなかろうと——の基盤の上ではいっそう優勢な現物経済とは、まったく対立的なものである。

（475）奴隷制度においては、労働力の購入に投下される貨幣資本は、固定資本の貨幣形態という役割を演じるのであり、この固定資本は、奴隷の活動的生存期間が経過するのに応じて徐々に補填されるにすぎない。だからアテナイ人の場合には、奴隷所有者が自分の奴隷を産業的に使用することによって直接に、または他の産業的使用者に奴隷を賃貸しする（たとえば鉱山労働用として）ことによって間接に、引き出す利得は、前貸貨幣資本の利子（および償却分）としかみなされないのであり、それは、資本主義的生産において産業資本家が、剰余価値の一部に固定資本の摩滅分を加えたものを、彼の固定資本の利子および補填分として計算するのとまったく同じであり、これはまた、固定資本（家屋、機械など）を賃貸しする資本家たちの場合にも通例のことである。単なる家内奴隷たちは、必要なサーヴィスを勤めるのに役立つにせよ、単に奢侈的虚飾に役立つだけであるにせよ、ここでは考察の範囲外であるが、彼らはこんにちの召し使い階級に相当する。しかし奴隷制度もまた——発達したギリシア諸国家およびローマでのように、それが農業、製造業、船舶輸送業などで生産的労働の支配的形態である限りで——現物経済の一要素を保持する。奴隷市場そのものはその労働力商品の供給をつねに戦争や海上略奪などから受けるのであり、この略奪自体は流通過程によって媒介されるのではなく、直接的肉体的強制による他人の労働力の現物取得である。アメリカ合衆国においてさえ、北部の賃労働諸州と南部の奴隷諸州とのあいだの中間地帯が南部のための奴隷飼育地帯に転化した——したがってそこでは奴隷市場に投じられる奴隷そのものが年々の再生産の一要素となった――あとでも、かなり長いあいだそれだけでは不足で、なお可能な限りの長期間にわたってアフリカとの奴隷貿易が市場を満たすために営まれ続けた。

（b）資本主義的生産の基盤上では、年生産物の転換にさいして、貨幣の流出と還流とが自然発生的に行なわれること。固定資本はその全価値額が一度に前貸しされ、その価値は何年かの期間にわたって順次に流通から引き出されるのであり、したがって固定資本は、年々の蓄蔵貨幣形成――これは、それと並立して行なわれ、年々の新たな金生産にもとづいた蓄蔵貨幣形成とは本質上まったく異なる――によって徐々に貨幣形態で再形成されること。諸商品の生産期間の長さに応じて貨幣が前貸しされなければならない時間の長さが異なり、したがってまた貨幣が、商品の販売によって流通から回収されうるまえに、あらかじめすでにいつも新たに積み立てられなければならない時間の長さが異なること。生産場所と販売市場との距離の相違からだけでもすでに前貸期間の長さの相違が生じること。(476)同様に、異なる事業において、また同じ事業部門の異なる個々の資本家のもとで、生産在庫の状態またはそれの相対的大きさに応じて〔貨幣の〕還流の大きさと期間とが異なり、したがって不変資本の諸要素の購入の期限が異なること。――これらすべては、一再生産年のあいだに生じることである。自然発生的運動のこれらすべてのさまざまな契機は、ただ経験によって気づかれ、注目されるようになりさえすれば、信用制度の機構的な補助諸手段にも、現存する貸し付け可能な資本の現実の釣り上げにも、計画的にきっかけを与えるようになるのである。

さらに、他の事情が正常ならば連続的に同じ規模で生産が進行する事業と、農業のように一年のさまざまな時期にさまざまな大きさの労働力を使用する事業との区別がつけ加わる。

第一三節　デスチュト・ド・トラシの再生産論(五六)

(五六)　第二草稿より。

社会的再生産を考察するさいの経済学者たちの混乱した、同時に大言壮語に満ちた無思想の例として役立つのは、リカードウでさえも大まじめに受け取って〝非常に高名な著述家〟（『原理』、三三三ページ〔堀経夫訳『リカードウ全集』Ⅰ、雄松堂書店、一九七二年、三二七ページ〕）と呼んでいる大論理学者デスチュト・ド・トラシ（第一部、一四七ページ、注三〇〔本訳書、第一巻、二八四ページの原注三〇〕参照）であろう。*

＊〔デスチュト・ド・トラシの著書『意志および意志作用論』、パリ、一八二六年、の批判については、『資本論草稿集』5、大月書店、四一七―四三五ページ。邦訳『全集』第二六巻（『剰余価値学説史』）、第一分冊、三二三―三四一ページを参照〕

この高名な著述家は、社会的な再生産と流通との総過程について次のような説明を与えている――「人は私に問うであろう。これらの産業企業家はどのようにしてこれほど大きな利潤を得ることができるのか、また、だれからそれを引き出すことができるのか、と。私はこう答える。彼らがそうするのは、彼らが生産するすべてのものを、それの生産が彼らに費やさせたよりも高く売ることによってであり、そして彼らはそれを次のような人々に売るのである。

㈠　互いに売り合う〔原文は「彼ら自身に売る」〕。すなわち、彼らの欲望の充足にあてられるはずの彼らの消費のすべての部分――これを彼らは彼らの利潤の一部で支払う。

㈡　賃労働者たちに――彼らが雇う賃労働者たちにも、不労資本家たちが雇う賃労働者たちにも――売る。このようにして、彼らは、これらの賃労働者から、彼らの〔なしうる〕わずかな貯蓄をのぞいて、その全賃銀を回収する。

㈢　不労資本家たちに売る。不労資本家たちは、彼らの収入のうち、彼らが直接に使用する賃労働者たちにすでに渡してしまったもの以外の部分で、産業企業家たちに支払いをする。したがって、産業企業家たちが年々これらの不労資本家たちに支払う全賃料がこれらの仕方のどれかによってふたたび彼らのもとに還流する」（デスチュト・ド・トラシ『意志および意志作用論』、パリ、一八二六年、二三九ページ）。

(477)

したがって、資本家たちが富裕になるのは、第一に、剰余価値のうち、自分たちの私的消費にあてる部分または収入として消費する部分の転換において、彼らがみな互いにだまし合って儲けることによってである。すなわち、もし彼らの剰余価値または利潤のこの部分が四〇〇ポンドであるとすれば、この四〇〇ポンドがたとえば五〇〇ポンドになるのは、この四〇〇ポンドの分有者たちがそれぞれ自分の部分を二五％だけ高く他人に売ることによってである。みんなが同じことをするのであるから、結果は、彼らが互いに正当な価値で売り合うのと同じことである。違うのは、ただ、彼らが四〇〇ポンドの商品価値を流通させるのに五〇〇ポンドの貨幣総量を必要とするだけであって、これは富裕になるよりもむしろ貧乏になる方法であるように思われる。というのは、彼らはその全財産の一大部分を流通手段という無用な形態で、不生産的に保存しなければならないからである。この全体の帰着するところは、資本家階級は、自分の諸商品の価格の全面的な名目的引き上げにもかかわらず、自分の私的消費のために四〇〇ポンドの価値の商品量しか分配し合うことができないということであり、しかも資本家階級は、五〇〇ポンドの商品価値のために必要な貨幣総量で、四〇〇ポンドの商品価値を流通させて、互いに満足し合うということである。

ここ〔デスチュト・ド・トラシの叙述〕で「彼らの利潤の一部」が、したがって一般に、利潤を表わす商品在庫が想定されているということを、われわれはまったく度外視しよう。しかし、デスチュトがまさしくわれわれに説明しようとするのは、この利潤がどこからくるか、ということなのである。この利潤を流通させるために必要な貨幣総量は、まったく副次的な問題である。〔デスチュトの考えによれば〕利潤を表わす商品量は、資本家たちがこの商品量を互いに売り合うばかりではなく——それだけでも非常にけっこうで深遠な考えであるが——みんなが互いに高く売り合うことに由来するらしい。こうしてわれわれは、いまや資本家たちの致富の一源泉を知る。この源泉は、結局、大きな貧乏《アルムート》は大きな“貧乏《ポヴルテ》”からくるという、「監督ブレージヒ*」の秘密に帰着する。

＊〔「ブレージヒおじさん」とも言われる。ドイツの作家フリッツ・ロイターの物語『監督ブレージヒの手

紙』（一八五五年）と『監督ブレージヒの冒険』（一八六一年）、とくに小説『わが農場見習時代より』（一八六二―一八六四年、三部作）に出てくる北ドイツの典型的農場経営者。この句は、右の三部作の第三八章にある。草稿では、「貧乏は〝大きな貧乏〟からくると自分の農民に説明するロイターの監督」となっている。同義語で説明するこっけいさをさす〕

（二二）同じ資本家たちは、さらに「賃労働者たちに――彼ら自身が雇う賃労働者たちにも、不労資本家たちが雇う賃労働者たちにも」売るのであって、「このようにして、彼らは、これらの賃労働者から、彼らの〔なしうる〕わずかな貯蓄をのぞいて、その全賃銀を回収する」。貨幣資本――資本家たちは、この形態で労働者に賃銀を前貸しした――が資本家に還流することは、デスチュト氏によれば、このような資本家たちの致富の第二の源泉をなす。

（478）

つまり、資本家階級がたとえば一〇〇ポンドを労働者たちに賃銀として支払い、次に同じ労働者たちが同じ資本家階級から同じ一〇〇ポンドの価値をもつ商品を買い、こうして、資本家たちが労働力の買い手として前貸しした一〇〇ポンドという金額が、労働者たちに一〇〇ポンドの商品を売ることによって資本家たちに還流するならば、それによって資本家たちは富裕になる、というのである。常識の見地からすれば、この手続きによって、資本家たちは、この手続き以前に所有していた一〇〇ポンドをふたたび所有するように見える。彼らは、手続きのはじめに一〇〇ポンドの貨幣を所有し、この一〇〇ポンドと引き換えに労働力を買う。買われた労働は、この一〇〇ポンドの貨幣の代わりに、ある価値を持つ諸商品、われわれがこれまで〔デスチュトから〕知る限りでは一〇〇ポンドの価値を持つ諸商品を生産する。この一〇〇ポンドの諸商品を労働者たちに売ることによって、資本家たちは一〇〇ポンドの貨幣を回収する。したがって、資本家たちはふたたび一〇〇ポンドの貨幣を所有し、また労働者たちは彼ら自身が生産した一〇〇ポンドだけの商品を所有する。この場合、どのようにして資本家たちが富裕になるのかは、わからない。もし一〇〇ポンドの貨幣が資本家たちに還流しなかったとすれば、*彼らは、第一に、労働者たちにその労働と交換に一〇〇ポンドの貨幣を支払い、そして第二に、この労働の生産物すなわち一〇〇ポンド分の消費諸手段をただで労働者たちに与えなければならなかったであろう。したがって、この還流は、せいぜい、なぜ資本家たちがこの操作によってより貧しくならないかを説明できるだけで、なぜ彼らがそれによってより富裕になるかを決して説明できないであろう。

＊〔草稿では、このあとに「彼らは労働者たちにただで一〇〇ポンドの商品を与えたことになる。つまりこの場合」がある〕

もう一つの問題は、もちろん、どのようにして資本家たちは一〇〇ポンドのこの貨幣を所有するのか、また、なぜ労働者たちは、自分の計算で自分で諸商品を生産しないで、自分の労働力をこの一〇〇ポンドと交換することを余儀なくされているのか、ということである。しかし、そんなことは、デスチュトのたぐいの一思想家にとっては自明なことである。

デスチュト自身この解決ですっかり満足しているわけではない。確かに、彼は、人が一〇〇ポンドの貨幣額を支出し、次に一〇〇ポンドの貨幣額を取りもどすことによって、すなわち一〇〇ポンドの

（479）

貨幣の還流——それは実は一〇〇ポンドの貨幣がなぜなくならないかを示すにすぎない——によって富裕になるとは言わなかった。彼は、資本家が富裕になるのは、「彼らが生産するすべてのものを、それの生産が*彼らに費やさせたよりも高く売ることによってである」と言ったのである。

＊〔草稿およびデスチュトの原文による。初版および第二版では「購入」となっていた〕

だから、資本家たちは、労働者たちとの取り引きでも彼らに高く売りつけることによって富裕にならなければならない。なんとすばらしい！　「彼らは労賃を支払う。……そして、そのすべてが、これらすべての人々の支出によって彼らのもとに還流するのであるが、これらの人々は、それら」〔諸生産物〕「にたいして、それらがこの労賃によって彼ら」〔資本家たち〕「に費やさせたよりも高く支払うのである」（二四〇ページ）。したがって、資本家たちは一〇〇ポンドの賃銀を労働者たちに支払い、次に労働者たちに労働者自身の生産物を一二〇ポンドで売り、こうして彼らのもとには一〇〇ポンドが還流するばかりでなく、さらに二〇ポンドが儲かる？　これは不可能である。労働者たちは、彼らが労賃の形態で受け取った貨幣でしか支払うことはできない。資本家たちから一〇〇ポンドの賃銀を受け取るならば、彼らは一〇〇ポンド分買うことができるだけで、一二〇ポンド分買うことはできない。したがって、このやり方ではうまくいかないであろう。しかし、もっと別の方法がある。労働者たちは資本家たちから一〇〇ポンドで商品を買うのだが、実際には八〇ポンドの価値をもつ商品しか受け取らない。だから、労働者たちは無条件に二〇ポンドだけだまし取られている。そして、資本家は無条件に二〇ポンドだけ富裕になった。なぜなら、彼が、労働力に事実上二〇％価値よりも低く支払った――または回り道をして名目労賃から二〇%の額だけ削減した――からである。

資本家階級は、はじめから労働者たちに八〇ポンドの賃銀しか支払わず、そのあとでこの八〇ポンドの貨幣にたいして実際に八〇ポンドの商品価値を労働者たちに提供したとしても、同じ目的を達成したであろう。これは――階級全体を考察すれば――正常なやり方のように見える。というのは、デスチュト氏自身によれば、労働者階級は「十分な賃銀」(二一九ページ)を受け取らなければならないからであり、この賃銀は、少なくとも労働者階級の生存と活動能力とを維持し、「ぎりぎりの生計の糧《かて》を手に入れる」(一八〇ページ)のに足りるものでなければならないからである。労働者たちがこの十分な賃銀を受け取らなければ、それは、同じデスチュトによれば、「産業の死」(二〇八ページ)であり、したがって、おそらく資本家たちにとっての致富手段ではない。しかし、資本家階級が労働者階級に支払う賃銀の高さがどうであろうと、それは、たとえば八〇ポンドというような一定の価値を有する。したがって、資本家階級が労働者たちに八〇ポンドを支払うとすれば、資本家階級はこの八〇ポンドにたいして八〇ポンドの商品価値を労働者たちに提供しなければならないのであって、この八〇ポンドの還流は資本家階級を富裕にしはしない。もし資本家階級が労働者たちに貨幣で一〇〇ポンドを支払い、この一〇〇ポンドと引き換えに八〇ポンド分の商品価値を売るとすれば、資本家階級は、労働者たちに、彼らの正常な賃銀よりも二五%多く貨幣で支払い、その貨幣と引き換えに二五%*少なく商品で提供するわけである。

*〔一〇〇ポンドの賃銀にたいして二〇ポンド少なく商品を提供するのだから、正しくは二〇%である〕

言い換えれば、資本家階級一般がその利潤を引き出す元本は、正常な労賃からの削減によって、労働力をその価値よりも低く——すなわち賃労働者としての労働力の正常な再生産に必要な生活諸手段の価値よりも低く——支払うことによって、形成されることになるであろう。したがって、もし正常な労賃が支払われる——デスチュトによれば当然そうなるべきである——とすれば、産業家たちにとっても不労資本家たちにとっても、利潤の元本は存在しないことになるであろう。

（480）こうして、デスチュト氏は、資本家階級がどのようにして富裕になるかという全秘密を、労賃の削減による、ということに還元せざるをえないであろう。その場合には、彼が（一）と（三）とで述べている剰余価値の他の元本は存在しないことになるであろう。

したがって、労働者たちの貨幣賃銀が階級としての彼らの生計に必要な消費諸手段の価値に還元されているすべての国では、資本家たちのための消費元本も蓄積元本も存在しないであろうし、したがって資本家階級の生存元本も、したがってまた資本家階級も存在しないであろう。しかも、デスチュトによれば、古い文明をもつすべての富裕で発展した国では、そうだというのである。というのは、ここ、「古くからあるわが諸社会では、賃銀を賄う〔原文は「維持する」〕元本は……ほとんど不変の大きさである」（二〇二ページ）からである。

賃銀削減の場合にも、資本家たちの致富は、彼らがまず一〇〇ポンドの貨幣を労働者に支払い、そのあとこの一〇〇ポンドの貨幣と引き換えに商品で八〇ポンドを労働者に提供すること——したがって八〇ポンドの商品を実際に一〇〇ポンドという二五％だけ大きすぎる貨幣額によって流通させること――から生じるのではなく、資本家が労働者の生産物のうちから、剰余価値――生産物のうち剰余価値を表わす部分――のほかに、さらに、労賃の形態で労働者に帰属すべき生産物部分の二五％*をも取得することから生じるのである。デスチュトが事態を見ているようなばかげたやり方では、資本家階級は絶対になにも儲けはしないであろう。資本家階級は、労賃として一〇〇ポンドを支払い、この一〇〇ポンドと引き換えに労働者自身の生産物のうちから八〇ポンドの商品価値を労働者に返す。しかし次の操作では、資本家階級は同じ手続きのためにふたたび一〇〇ポンドを前貸ししなければならない。したがって、資本家階級は、八〇ポンドの貨幣を前貸ししてこれと引き換えに八〇ポンドの商品を提供する代わりに、一〇〇ポンドの貨幣を前貸ししてこれと引き換えに八〇ポンドの商品を提供するという無益な楽しみにふけるだけである。すなわち、資本家階級は、自分の可変資本の流通のために二五％だけ大きすぎる貨幣資本をつねに無益に前貸しするのであって、これはまったく奇妙な致富の方法である。

＊〔二〇％の誤り。前出訳注参照〕

（三）最後に、資本家階級〔産業企業家たち〕は、「不労資本家たちに売る。不労資本家たちは、彼らの収入のうち、彼らが直接に使用する賃労働者たちにすでに渡してしまったもの以外の部分で、産業企業家たちに支払いをする。したがって、産業企業家たちが年々これらの人たちに」（不労資本家たちに）「支払う全賃料がこれらの仕方のどれかによってふたたび彼らのもとに還流する」。

前述したように、産業資本家〔産業企業家〕たちは、「彼らの欲望の充足にあてられるはずの彼らの

（481）消費のすべての部分――これを彼らは彼らの利潤の一部で支払う」。それでは、彼らの利潤は二〇〇ポンドであるとしよう。彼らは、たとえば一〇〇ポンドを彼らの個人的消費のために消費する。しかし、残りの半分＝一〇〇ポンドは彼らに属するのではなく、不労資本家たち、すなわち地代収得者たちおよび利子を取って貸す資本家たちに属する。したがって彼らは、一〇〇ポンドの貨幣をこの仲間に支払わなければならない。そこで不労資本家たちは、この貨幣のうち八〇ポンドを彼ら自身の消費に使い、二〇ポンドを召し使いなどの購入に使うとしよう。すなわち彼らは、八〇ポンドで産業資本家たちから消費諸手段を買う。こうして、産業資本家たちのもとには――彼らのもとから八〇ポンドだけの生産物が離れていく一方で――八〇ポンドの貨幣が、すなわち彼らが地代、利子などの名称で不労資本家たちに支払った一〇〇ポンドの $\frac{4}{5}$ が、還流する。さらに、召し使い階級、すなわち不労資本家たちの直接の賃労働者たちは、彼らの主人から二〇ポンドを受け取った。彼らもこれでやはり産業資本家たちから二〇ポンドの消費諸手段を買う。こうして、産業資本家たちのもとには――彼らのもとから二〇ポンドだけの生産物が離れていく一方で――二〇ポンドの貨幣が、すなわち彼らが地代、利子などとして不労資本家たちに支払った一〇〇ポンドの最後の $\frac{1}{5}$ が、還流する。

取り引きの終わりには、産業資本家たちが地代、利子などの支払いのために不労資本家たちに譲渡した一〇〇ポンドの貨幣が彼らのもとに還流し、他方、彼らの剰余生産物の半分＝一〇〇ポンドが彼らの手中から不労資本家たちの消費元本に移っている。

したがって、この一〇〇ポンドの、不労資本家たちとその直接の賃労働者たちとのあいだでの分割をどうにかして持ち込むことは、当面の問題にとっては、明らかにまったく余計なことである。ことがらは簡単である。彼ら〔不労資本家たち〕の地代、利子、要するに剰余価値＝二〇〇ポンドのうち彼らの手にはいる分け前は、産業資本家たちによって一〇〇ポンドの貨幣で彼らに支払われる。この一〇〇ポンドで彼らは直接または間接に産業資本家たちから消費諸手段を買う。すなわち彼らは、一〇〇ポンドの貨幣を産業資本家たちに払いもどして、一〇〇ポンド分の消費諸手段を産業資本家から持ち去るのである。

こうして、産業資本家たちによって不労資本家たちに支払われた一〇〇ポンドの貨幣の還流が行なわれた。この貨幣還流は、デスチュトが夢想するように、産業資本家たちにとっての致富の手段であるのか？　取り引きのまえには、彼らは二〇〇ポンドという価値額をもっていた――貨幣で一〇〇ポンドと、消費諸手段で一〇〇ポンドを。取り引きのあとでは、彼らは最初の価値額の半分しか所有していない。彼らはふたたび貨幣で一〇〇ポンドをもっているが、消費諸手段での一〇〇ポンドを彼らは失ったのであり、これは不労資本家たちの手中に移っている。したがって、彼らは一〇〇ポンドだけ富裕になっているのではなく、一〇〇ポンドだけ貧乏になっている。もし彼らが、はじめに一〇〇ポンドの貨幣を支払い、次にこの一〇〇ポンドの貨幣を、一〇〇ポンドの消費諸手段の代金として回収するという回り道をしないで、彼らの生産物の現物形態で直接に地代、利子などを支払ったのであれば、彼らのもとに一〇〇ポンドの貨幣が流通から還流することはないであろう。なぜなら、彼らは一〇〇ポンドの貨幣を流通に投じはしなかったからである。現物支払いの方法でならば、ことがらは、

(482)

彼らが二〇〇ポンドの価値をもつ剰余生産物のうち半分を自分のために保有し、残りの半分を等価物なしで不労資本家たちにやってしまうというふうに簡単に現われたであろう。デスチュトでさえ、これを致富の手段として説明してみようという気にはなりえなかったであろう。

産業資本家たちが不労資本家たちから借り、それにたいして剰余価値の一部分を地代、利子などの形態で不労資本家たちに支払わなければならない土地と資本とは、もちろん産業資本家にとって利潤をもたらすものであった。というのは、それは、生産物一般にとっても、また生産物のうち剰余生産物を形成する、または剰余価値を表わす部分にとっても、生産条件の一つであったからである。この利潤は、借りた土地および資本の利用から出てくるのであり、それに支払われる価格から生じるのではない。この価格はむしろ利潤からの控除分を構成する。さもなければ、こう主張されなければならなかったであろう――産業資本家たちが剰余価値の残り半分をやってしまわないで、自分自身のために保有できる場合には、彼らはより富裕にでなく、より貧乏になったであろう、と。しかし、このような混乱は、貨幣還流のような流通諸現象を、このような流通諸現象によって媒介されるにすぎない生産物の分配と一緒くたにする場合に生じるのである。

それにもかかわらず同じデスチュトは、狡猾にも次のように言う――「これらの不労者たちの収入はどこからくるるか？　それは、不労者たちの資本を運用する人々、すなわち、不労者たちの元本で労働――それが費やさせるよりも多くを生産するところの労働――を雇う人々、ひとことで言えば産業家たちが、自分たちの利潤のうちから彼らに支払う賃料からくるのではないのか？　したがって、すべての富の源泉を見いだすためには、つねにこれらの人々〔産業家たち〕にまでさかのぼらなければならない。彼らこそ、不労者たちが使用する賃労働者を実際に扶養している人々なのである」（二四六ページ）。

こうしていまや、この地代などの支払いは、産業家たちの利潤の削減なのである。さきほどは、それは産業家たちが富裕になる手段であったのに。

しかし、それでもわがデスチュトには一つの慰めが残っている。この勇敢な産業家たち[*1]は、彼ら相互のあいだおよび労働者たちにたいしてやったのと同じことを、不労産業家たち[*2]にたいしてもやるのである。産業家たちは不労産業家たち[*2]にすべての商品をたとえば二〇％だけ高く売る。ここでは、二とおりの場合がありうる。不労者たちが産業家たちから毎年受け取る一〇〇ポンドのほかになお別の貨幣手段をもっている場合と、それをもっていない場合とである。第一の場合には、産業家たちは、一〇〇ポンドの価値をもつ商品[*3]を、たとえば一二〇ポンドの価格で不労者たちに売る。したがって彼らのもとには、彼らの商品の販売のさいに彼らが不労者たちに支払った一〇〇ポンドが還流するばかりでなく、そのほかになお、彼らにとって現実に新価値である二〇ポンドがはいってくる。では、どういう計算になるのか？　彼らは一〇〇ポンド分の商品をただでやってしまった。というのは、彼らが受けた支払いの一部分である一〇〇ポンドの貨幣は彼ら自身の貨幣であったからである。すなわち、彼ら自身の商品が、彼ら自身の貨幣で、彼らに支払われたのである。したがって、一〇〇ポンドの損失である。しかし、彼らはそのほかに、価値を超える価格の超過分として二〇ポンドを受け取った。

(483)

したがって二〇ポンドの利得である。それに一〇〇ポンドの損失を加えれば、八〇ポンドの損失になり、これは決してプラスにはならず、依然としてマイナスである。不労者たちにたいして行なわれた詐取は、産業家たちの損失を軽減したが、だからといって彼らにとっての富の損失を致富手段に転化したのではない。しかし、この方法も長続きはしない。というのは、不労者たちは、年々一〇〇ポンドの貨幣しか受け取らないのに、年々一二〇ポンドの貨幣を支払うことはできないからである。

＊1〔草稿ではこのあとに「別名、産業の騎士たち」の句がある〕
＊2〔草稿では「不労資本家たち」となっている〕
＊3〔草稿およびエンゲルスの編集原稿による。初版以来、「価値をもつ商品」は「商品および価値」となっている〕

そこで、もう一つの方法がある――産業家たちが、不労者たちに支払った一〇〇ポンドの貨幣と引き換えに八〇ポンド＊の価値の諸商品を売ることである。この場合にもやはり、彼らは八〇ポンドを地代、利子などの形態で無料でやってしまう。この詐取によって、彼らは、不労者たちへの貢ぎ物を軽減しはしたが、貢ぎ物は相変わらず存在し、そして不労者たちは、価格は売り手たちの自由意志によって〔したがって自分たちの自由意志によって〕定まるという同じ説に従って、将来は、彼らの土地と資本にたいし、これまでのように一〇〇ポンドではなく、一二〇ポンドの地代、利子などを要求することができる。

＊〔「二〇%高く売る」という想定からすれば、二〇%高く売って一〇〇ポンドになるのだから、正しくは八

三　1/3ポンドである〕

このすばらしい展開は、この深遠な思想家にまったくふさわしいものであり、この思想家は一方ではＡ・スミスを剽窃《ひょうせつ》して、「労働はいっさいの富の源泉であり」（二四二ページ）、産業資本家たちは、「彼らの資本〔原文は「元本」〕を、利潤を加えて資本〔元本〕を再生産する労働に支払うために使用する」（二四六ページ）としながら、他方では、これらの産業資本家は、「他のすべての人間を養い、彼らだけが公の財産を増加させ、またわれわれのすべての享受の手段をつくりだす」（二四二ページ）のであって、資本家たちが労働者たちによって養われるのではなく、労働者たちが資本家たちによって養われるのだと結論し、しかもそのみごとな理由は、労働者たちが支払いを受ける貨幣は彼らの手中にはとどまっていないで、労働者たちの生産した諸商品への支払いとしてつねに資本家のもとに復帰するから、というのである。「労働者たちはただ一方の手で受け取って他方の手で返すだけである。(484)したがって彼らの消費は、彼らを雇う人々によって生み出されるものとみなされなければならない」（二三五ページ）。

社会的な再生産と消費とが貨幣流通によってどのように媒介されるかについてのこのような余すところのない叙述ののち、デスチュトは次のように続ける――「これこそは、富のこの〝永久運動〟を完成するものであり、この運動は誤解されている」〔〝誤解される〟――確かにそうである！〕「とはいえ、正当にも流通と呼ばれている。というのは、この運動は実際に循環であって、つねにその出発点に復帰するからである。この出発点は、生産が遂行される場所である」（二三九、二四〇ページ）＊。

＊〔初版、第二版では「一三九、一四〇ページ」となっていた。カウツキー版で訂正〕

フランス学士院〔アカデミー・フランセーズをはじめフランス最高の五学芸団体の総称〕およびフィラデルフィア哲学会の会員であり、また事実ある程度まで俗流経済学者たちのあいだの巨星である〝この非常に高名な著述家〟デスチュトは、最後に、彼が社会的過程の経過を叙述したさいのおどろくべき明快さ、彼が対象に注ぎかけた光明を賛嘆することを読者に求めるばかりでなく、まことに謙虚にも、この光のすべてがどこからくるかを読者に告げるのである。これは原文で示さなければならない＊。

〔次の引用文と結びの文は、すべてフランス語〕

＊〔この一文はエンゲルスによる〕

「われわれの富の消費を考察するこの考察の仕方が、富の生産とその分配とについてわれわれが述べたすべてのこととどんなに一致するか、同時にまた、それが社会の全運動のうえにどんな光を投げかけるか、人々がこのことに気づかれるであろうことを望む。この一致とこの明快さとはどこから来るのか？　われわれが真理を発見したということからである。それはあの鏡の作用を思い起こさせる。すなわち、物は、人がこれを観る正しい位置に立てばはっきりと正しいつり合いで映し出され、人の立つ場所が近すぎるか遠すぎるかすれば、すべてがぼんやりとゆがんで見えるというあの鏡の作用を」（二四二、二四三ページ）。

これこそは、まったく至福の境地にあるブルジョア的愚かさ＊というものである！

＊〔草稿では、はじめは「自己満足におちいった」であったのを、マルクスの手でその句を括弧のなかに入れ、新たに「至福の境地にある」と上に書き加えられている〕

(485)

第二一章(五七)　蓄積と拡大再生産[*1][*2]

(五七)　以下、終わりまで第八草稿。

＊1〔表題はエンゲルスによる。草稿では「先取り　Ⅱ)　蓄積または拡大された規模での生産」となっており、「Ⅱ)」はあとから書き込まれたように見える〕

＊2〔マルクスが、拡大再生産の研究に本格的に挑戦したのは、第八草稿の執筆が最初であり、草稿には、問題解決の方向や方法論がつかめないまま模索と挑戦をくりかえす経過が示されることになった。エンゲルスは、その特質をつかまないまま、草稿に節や小節を設け、表題をつけた。そのため、現行第二一章は、マルクスの研究と思考の経過が読み取りにくいものとなっている。この問題を解決するため、本訳書では、訳注で「第一回の挑戦」、「第二回の挑戦」などの独自の区分を行ない、マルクスが、何回もの失敗を繰り返しながら、最後に拡大再生産の表式化に到達する経過を示すようにした〕

蓄積[*]が個々の資本家にとってどのように行なわれるかは、第一部で明らかにされた。商品資本の貨幣化によって、剰余価値を表わす剰余生産物も貨幣化される。資本家は、このようにして貨幣に転化されたこの剰余価値を、自分の生産資本の追加的現物諸要素に再転化する。生産の次の循環では、増加した資本が増加した生産物を提供する。しかし、個別資本の場合に現われることは年々の総再生産においても現われざるをえないのであり、それは、われわれが単純再生産を考察したさいに見たのとまったく同じように、――個別資本の場合に――それの消費された固定的構成諸部分が貨幣として順次に沈澱し蓄蔵されるということが、年々の社会的再生産においても現われるということである。

＊〔ここから第一回の挑戦が始まる。その内容は、単純再生産の表式に剰余価値の生産という条件を加えて、拡大再生産の表式に到達しよう、というものだった。この挑戦は、本訳書、第二巻、八一八ページ区分線の前までで終結した〕

ある個別資本が 400 c ＋100 v であり、年剰余価値が 100 であるとすれば、商品生産物は 400 c ＋100 v ＋100m である。この 600 が貨幣に転化される。この貨幣のうち、400 c は不変資本の現物形態に、100 v は労働力にふたたび転換され、そして——総剰余価値が蓄積される場合には——そのほかに 100m が生産資本の現物諸要素への転換によって追加不変資本に転化される。＊そのさい次のことが想定されている。（一）与えられた技術的諸条件のもとでは、機能している不変資本の拡張のためであろうと、新たな産業的事業の創設のためであろうと、この額で十分であること。しかし、この過程が行なわれるまえに、すなわち現実の蓄積すなわち生産の拡大が始まりうるまえに、かなり長期にわたる剰余価値の貨幣への転化と、この貨幣の蓄蔵とが必要とされることもありうる。（二）拡大された規模での生産が実際にすでにまえもって始まっていることが前提されている。というのは、
(486) この貨幣（貨幣で蓄蔵された剰余価値）を生産資本の諸要素に転化させることができるためには、これらの諸要素が諸商品として市場で買えなければならないからである。この場合、〔生産資本の〕これらの諸要素が既製諸商品として買われるのではなく注文でつくられるとしても、なにも違いはない。これらの諸要素が支払われるのは、これらが現に存在してからのことでしかなく、いずれにしても、

これらについて拡大された規模での現実の再生産が――これまでの正常な生産の拡張が――すでに行なわれたあとのことでしかない。これらの諸要素は潜勢的に、すなわちその諸要素の形で存在していなければならなかった。というのは、これらの諸要素の生産が現実に行なわれるためには、ただ注文という衝撃、すなわち、商品の定在に先行するこれらの諸要素の購買とその先取りされた販売という衝撃が必要なだけだからである。この場合には、一方の貨幣が他方の拡大再生産を呼び起こすが、それは、貨幣がなくても拡大再生産の可能性が存在するからである。というのは、貨幣それ自体は現実の再生産の要素ではないからである。

＊〔ここでは、追加可変資本は度外視されている。本訳書、第二巻、八一四ページ、後ろから三―二行目参照〕

たとえば、資本家Aが、一年またはそれ以上の多年にわたって、彼が順次に生産した商品生産物量を販売するとすれば、それによって彼はまた、商品生産物のうち剰余価値の担い手である部分――剰余生産物――を、したがって彼が商品形態で生産した剰余価値そのものを、順次に貨幣に転化し、この貨幣をだんだんと積み立てていき、こうして潜勢的な新貨幣資本が形成される。ここで潜勢的というのは、生産資本の諸要素に転換されるべきそれの能力と規定性とのためである。しかし、実際には、彼は単純な蓄蔵貨幣形成を行なうだけであって、これは現実の再生産の要素ではない。この場合、彼の活動は、さしあたり、流通している貨幣を順次に流通から引きあげることだけであるが、もちろん、その場合、彼がこのように厳重に保管するその流通貨幣がそれ自身――それが流通にはいり込むまえには――他人の蓄蔵貨幣の一部であったとしても、さしつかえない。潜勢的な新貨幣資本であるAのこの蓄蔵貨幣が追加の社会的富でないことは、それがかりに消費諸手段に支出される場合にそうでないのとまったく同じである。しかし、通流から引きあげられた、したがって以前は通流の内部に現存した貨幣は、以前にすでに蓄蔵貨幣の構成部分として貯えられていたかもしれないし、労賃の貨幣形態であったり、生産手段その他の商品を貨幣化したり、または一資本家の不変資本〔構成〕諸部分なり収入なりを流通させたりしたかもしれない。それが新たな富でないことは、貨幣が——単純な商品流通の立場から考察する場合に——一日に一〇回回転し一〇個のさまざまな商品価値を実現させたからといって、それが現在もっている価値ばかりでなくその一〇倍の価値の担い手であるというわけでないのと同じである。諸商品は貨幣がなくても存在し、そして貨幣そのものは一回回転しようと一〇回回転しようともとのままである（またはむしろ摩滅によってもっと小さくなる）。金生産において
(487) のみ——金生産物が剰余価値の担い手である剰余生産物を含んでいる限り——新たな富（潜勢的貨幣）がつくりだされるのであり、そして新たな金生産物*の全部が流通にはいる限りでのみ、それが潜勢的な新貨幣資本の貨幣材料を増加させるのである。

＊〔初版による。第二版では「貨幣生産物」となっていた〕

貨幣形態で蓄蔵されたこの剰余価値は、追加的な新たな社会的富ではないにもかかわらず、それが新たな潜勢的な貨幣資本を表わすのは、その積み立てがめざす機能のためである。（新たな貨幣資本が、剰余価値の漸次的な貨幣化によるのとは別の仕方でも生じうるということはのちに見るであろう。）

貨幣は、商品を売ってもそのあと買わないことによって、流通から引きあげられ、蓄蔵貨幣として積み立てられる。したがって、この操作が一般的に行なわれるものと解されるならば、買い手がどこからくればよいのかわからないように見える。というのは、この過程では――そしてどの個別資本も蓄積過程にあるかもしれないのだから、この過程は一般的であると解さなければならない――だれもがみな貨幣を蓄蔵するために売ろうとし、だれも買おうとはしないからである。

もし人が年々の再生産のさまざまな部分のあいだの流通過程を直線的に進行するものと考えるとすれば――この過程はわずかの例外をのぞいてどれもみな相互に逆向きに進む諸運動からなるので、このように考えることは誤りであるのだが――、売ることなしに買う金（または銀）生産者から始めなければならず、そして他のすべての人々は彼に売るものと前提しなければならないであろう。その場合には、年々の社会的剰余生産物の総体（総剰余価値の担い手）が彼の手に移ることになり、他のすべての資本家は、生まれながらに貨幣として存在する金生産者の剰余生産物を、すなわち彼の剰余価値の現物の金体現物を、自分たちのあいだで〝比例して〟分配し合うことになるであろう。というのは、金生産者の生産物のうち彼の機能資本を補塡しなければならない部分は、すでに拘束されて処分されているからである。その場合には、金として生産された金生産者の剰余価値は、他のすべての資本家たちが彼らの年々の剰余生産物を貨幣化するための材料を引き出す唯一の元本であることになるであろう。したがって、この剰余価値は、価値の大きさから見れば、まず蓄蔵貨幣の形態に蛹化《ようか》されなければならない年々の社会的剰余価値の全体に等しくなければならないであろう。これらの前提は

（488）

非常にばかげているのであって、全般的・同時的な蓄蔵貨幣の形成の可能性を説明する以外にはなんの役にも立たず、これでは、金生産者たちの側以外では、再生産そのものは一歩も前進しないであろう。

われわれは、この外観上の困難を解決するまえに、大部門Ⅰ（生産諸手段の生産）における蓄積と、大部門Ⅱ（消費諸手段の生産）における蓄積とを区別しなければならない。Ⅰから始めよう。

第一節　大部門Ⅰにおける蓄積

１　蓄蔵貨幣の形成

大部門Ⅰを構成する多数の産業諸部門における諸投資も、これら各産業諸部門の内部におけるさまざまな個別的諸投資も、それらの規模、技術的諸条件、市場諸関係などをまったく度外視すれば、それらの年齢、すなわちすでに過ぎ去ったそれらの機能期間に応じて、剰余価値が潜勢的貨幣資本につぎつぎに転化していく過程のさまざまな段階にあることは明らかであって、この貨幣資本が、いまや、それらの諸投資の機能中の資本の拡大に役立てられようと、新たな産業的事業の創設に役立てられようと――生産拡大のこの二つの形態のどちらであろうと――変わりはない。だから、資本家たちの一部分は、適当な大きさにまで増大した自己の潜勢的貨幣資本を絶えず生産資本に転化させ、言い換えれば、剰余価値の貨幣化によって蓄蔵された貨幣で生産諸手段すなわち不変資本の追加的諸要素を買っているが、他方、資本家たちの他の部分は、なお自己の潜勢的貨幣資本の蓄蔵に専念している。したがって、これら二つの部類に属する資本家たちは、一方は買い手として、他方は売り手として、両者のそれぞれがもっぱらこの一方だけの役割を演じるものとして相対している。

たとえば、Aが600（＝400c＋100v＋100m）をB（これは二人以上の買い手を表わすものとしてもよい）に売るとしよう。Aは、商品を600だけ売って600の貨幣に替えたが、そのうちの100は剰余価値を表わし、彼はこれを流通から引きあげて貨幣として蓄蔵する。しかしこの100の貨幣は、100の価値の担い手であった剰余生産物の貨幣形態にすぎない。蓄蔵貨幣形成は決して生産ではなく、したがってもともと生産の増加分でもない。この場合、この資本家の行動は、100の剰余生産物を売って手に入れた貨幣を流通から引きあげ、手放さずに、差し押さえておくことだけである。この操作はAの側で行なわれるだけでなく、みな同様にこの種の蓄蔵貨幣の形成に精を出す他の資本家たちA′、A″、A‴によっても流通圏の多数の点で行なわれる。貨幣が流通から引きあげられ、多数の個別的蓄蔵貨幣または潜勢的貨幣資本として積み立てられるこれら多数の点は、それと同じ数の流通障害であるように見える。なぜなら、それらの点は貨幣を不動化し、長期間または短期間にわたって、貨幣の流通能力を奪うからである。しかし、単純な商品流通のもとでも、それが資本主義的商品生産の基礎上にすえられるよりもずっとまえから、蓄蔵貨幣の形成は行なわれているということを考慮に

(489)
入れなければならない。社会に現存する貨幣量は、そのうちの能動的に流通している部分――これは

事情に応じてふくらんだり縮んだりするが――よりもつねに大きい。われわれはここで、この同じ蓄蔵貨幣および同じ蓄蔵貨幣形成をふたたび見いだすのだが、しかしこんどは、資本主義的生産過程に内在する一契機として見いだすのである。

　信用制度の内部でこれらすべての潜勢的資本が銀行などの手に集積されることによって、利用可能な資本、「〝貸付可能な資本《ローナブル・キャピタル》〟[*1]」、貨幣資本になるとすれば、しかも、もはやそれが受動的な資本にではなく、また未来派の音楽としての資本にでもなく、能動的、増殖的《ヴーヘルント》な（ここでwuchernというのは増大するの意味である）[*2]資本になるとすれば、その満悦のほどが察せられる。

＊1〔音楽劇によって「総合芸術作品」を創造しようとするヴァーグナーの著『未来の芸術作品』の表題名を取って、反対派が「空想」の意に使ったヴァーグナーらへの蔑称〕

＊2〔ドイツ語のwuchernには、「増殖する」という意味と、「暴利をむさぼる、高利をとる」という意味がある。ここでは前者の意味であるというマルクスの注記〕

　しかし、Ａがこの蓄蔵貨幣の形成をなしとげるのは、ただ、彼が――彼の剰余生産物にかんしては――売り手として登場するだけで、そのあと買い手として登場しないという限りでのことである。したがって、彼が剰余生産物――貨幣化されるべき彼の剰余価値の担い手――をつぎつぎに生産することが、彼の蓄蔵貨幣形成の前提である。大部門Ⅰの内部だけでの流通が考察される当面の場合には、剰余生産物の現物形態は、この剰余生産物を一部分とする総生産物の現物形態と同様に、Ⅰの不変資本の一要素の現物形態である。すなわち、それは生産諸手段の生産諸手段というカテゴリーに属する。

それが買い手であるB、B′、B″などの手中でどうなるか、すなわちどのような機能に役立つかは、すぐあとに〔次の2で〕見るであろう。

しかし、ここでまず次のことをしっかりつかんでおかなければならない――Aは自分の剰余価値の分だけ貨幣を流通から引きあげてそれを蓄蔵するが、他方で彼は、商品を流通に投げ入れ、それでいてその代わりに別の商品を流通から引きあげないのであって、そのことによってB、B′、B″などの側では、貨幣を流通に投げ入れ、その代わりに商品だけを流通から引きあげることができるようになる。当面の場合には、この商品は、その現物形態から見てもその用途から見ても、固定的要素または流動的要素としてB、B′などの不変資本のなかにはいり込む。このあとのほうのことについては、剰余生産物の買い手であるB、B′などを取り扱うようになりしだい、もっと述べるであろう。*

＊〔マルクスは、単純再生産における固定資本の補填の解明にさいして、大部門Ⅱの資本家を部分1（固定資本を現物で補填する）と部分2（固定資本の摩滅分を貨幣で蓄蔵する）とに分けて問題を解決したが、以下では、大部門Ⅰの資本家をまずA群（一方的販売によって蓄蔵貨幣を形成する）とB群（蓄蔵貨幣形成を完了し、それによって一方的に購買する）とに分けて蓄積の仕組みの解明から拡大再生産の考察にせまろうとする〕

ここでついでに次のことを述べておこう――以前に単純再生産を考察したときと同様に、ここでふ

（490）たたびわれわれは次のことを見いだす。年生産物のさまざまな構成諸部分の転換すなわちそれらの流通（この流通は同時に資本の再生産を、しかも不変資本、可変資本、固定資本、流動資本、貨幣資本、商品資本というさまざまな規定性での資本の再形成を、包括しなければならない）は、決して後続する販売によって補われる単なる商品購買を、または後続する購買によって補われる販売を前提しておらず、したがって経済学、とくに重農主義者たちとアダム・スミス以来の自由貿易学派が仮定しているように、実際には商品と商品との転換だけが行なわれるということを前提してはいないということである。われわれが知っているように、固定資本は、ひとたびそれへの投資がなされたのちには、それの全機能期間中、更新されることなく、もとの形態のまま作用し続け、一方、それの価値は徐々に貨幣として沈澱していく。ところで、上述したように、固定資本IIc[*1]（その総資本価値IIcは I（v＋m）の価値をもつ諸要素に転換される）の周期的更新は、一方では、IIcのうち貨幣形態から現物形態に再転化される固定部分の単なる購買を前提し、この購買にはImの側からの単なる販売が対応する。他方で、それは、IIcの側からの単なる販売、すなわち、IIcのうち貨幣として沈澱する固定（摩滅）価値部分の販売を前提し、この販売にはImの側からの単なる購買が対応する。この場合に転換が正常に行なわれるためには、IIcの側の単なる購買が価値の大きさから見てIIcの側の単なる販売に等しいこと、同じくまた、IIcの部分１へのImの単なる販売がIIcの部分２からのImの単なる購買に等しいことが前提されなければならない（四四〇ページ〔本訳書、第二巻、七四八―七四九ページ〕）。そうでなければ単純再生産は撹乱される。一方の単なる購買が、他方の単なる販売によって埋め合わされなければならない。[*2] 同じく、この場合には、Imのうち蓄蔵貨幣を形成する部分であるA、A′、A″の単なる販売が、Imのうち自己の蓄蔵貨幣を追加的生産資本の諸要素に転化する部分であるB、B′、B″の単なる購買と均衡を保っていることが前提されなければならない。

＊1〔草稿では、「固定資本IIc」は「たとえば不変資本IIcの固定的構成部分」となっている〕
＊2〔「そうでなければ」からここまではエンゲルスによる〕

買い手があとで同じ価値額だけの売り手として登場し、また逆に売り手があとで同じ価値額だけの買い手として登場することによって均衡がつくりだされる限りでは、貨幣は、購買にさいしてこれを前貸しした側に、ふたたび買うまえにまず売った側[*]に還流する。しかし、商品転換そのものにかんする、すなわち年生産物のさまざまな部分の転換にかんする現実の均衡は、相互に転換される諸商品の価値額が等しいことを条件とする。

＊〔文脈から見てここは、「ふたたび売るまえにまず買った側」であろう〕

(491) しかし、単に一方的な諸転換、すなわち、一方ではひとかたまりの単なる諸購買、他方ではひとかたまりの単なる諸販売が行なわれる限り――そして上述したように、資本主義的基礎の上での年生産物の正常な転換はこれらの一方的な諸変態を条件とする――、均衡は、ただ、一方的諸購買の価値額と一方的諸販売の価値額とが一致するという仮定のもとでしか現存しない。商品生産が資本主義的生産の一般的形態であるという事実は、貨幣が資本主義的生産において単に流通手段としてだけでなく、貨幣資本として演じる役割をすでに含んでいるのであり、また、この生産様式に固有な、正常な転換の一定の諸条件を、したがって再生産――単純な規模でのであれ拡大された規模でのであれ――の正常な進行の諸条件を生み出すのであるが、これらの諸条件はそれと同じ数の異常な進行の諸条件に、すなわち恐慌の諸可能性に急転する。*というのは、均衡は――この生産の自然発生的な姿態のもとでは――それ自身一つの偶然だからである。

＊〔草稿では、マルクスははじめ、「それと同じ数の」に続けて「諸可能性」と書いたが、この「諸可能性」を削除して「それと同じ数の異常な進行の、すなわち恐慌の諸条件」に書きなおし、さらに現在の本文のように修正した〕

同じく上述したように、Ⅰvと、それに対応するⅡcの価値額との転換の場合には、確かにⅡcにとっては、最終的に、商品Ⅱがそれと等しい価値額の商品Ⅰによって補塡されるのであり、したがって、この場合、総資本家Ⅱの側では、自己の商品の販売があとから同じ価値額をもつ商品Ⅰの購買によって補われる。こうした補塡は行なわれる。*1 しかし、資本家ⅠとⅡとの相互の諸商品のこの転換においては、Ⅰの側からとⅡの側からとの交換〔直接的交換〕が行なわれるのではない。Ⅱcはその商品をⅠの労働者階級に売るのであり、後者は前者に一方的に商品の買い手*2として相対し、前者〔Ⅱc〕は後者に一方的に商品の売り手として相対する。このようにして得た貨幣をもって、Ⅱcは総資本家Ⅰに一方的に商品の買い手として相対し、後者は前者にⅠvの額まで一方的に商品の売り手として相対する。この商品販売によってのみ、Ⅰは、最終的に、自己の可変資本を貨幣資本の形態でふたたび再生産する。Ⅰの資本は、Ⅱの資本にたいして、一方的にⅠvの額まで商品の売り手として相対するとすれば、Ⅰの労働者階級にたいしては、この階級の労働力を買うさいに商品の買い手として相対する。そして、労働者階級Ⅰは、資本家Ⅱにたいして一方的に商品の買い手として[*3]（すなわち生活諸手段の買い手として）相対するとすれば、資本家Ⅰにたいしては一方的に商品の売り手として、すなわち自己の労働力[*4]の売り手として相対する。

＊1〔草稿では、ここに「（第一部を参照せよ）」と書かれている。本訳書、第一巻、一九九、二〇三ページ参照〕

＊2〔初版では「売り手」となっていた〕

＊3〔草稿ではこのあとに「一方的に」がある〕

＊4〔（　）内はエンゲルスによる〕

Ⅰにおける労働者階級の側から絶えず労働力が供給されること、商品資本Ⅰの一部分が可変資本の貨幣形態に再転化されること、商品資本Ⅱの一部分が不変資本Ⅱcの現物的諸要素によって補填されること――これらすべての必須の諸前提[*]は、相互に条件となり合っているが、しかし非常に複雑な過程によって媒介されるのであり、この過程は相互に独立して進行しながらもまた相互にからみ合う〔前記の〕三つの流通過程を含んでいる。過程そのもののこの複雑さは、それと同じほど多くの異常な進行へのきっかけとなる。

＊〔「これらすべての必須の諸前提」はエンゲルスによる〕

２　追加不変資本

（492）剰余価値の担い手である剰余生産物は、それの取得者であるⅠの資本家たちにとってはなんの費用もかからない。彼らは、それを手に入れるためにどんな種類の貨幣も商品も前貸しする必要がない。前貸《アヴァンス》しは、すでに重農主義者たちの場合でも、生産資本の諸要素に実現された価値の一般的形態である。したがって、Ⅰの資本家たちが前貸しするものは、彼らの不変資本および可変資本以外のなにものでもない。労働者は彼らのために、自分の労働によって彼らの不変資本を維持してやるばかりではない。労働者は彼らのために可変資本価値を、それに照応する、商品の形態で新たに創造された価値部分によって補填してやるばかりではない。そのほかに労働者は彼らのために、自分の剰余労働によって剰余生産物の形態で存在する剰余価値を提供する。この剰余生産物のつぎつぎの販売によって、資本家たちは蓄蔵貨幣すなわち追加的な潜勢的貨幣資本を形成する。ここで考察される場合では、この剰余生産物ははじめから生産諸手段の生産諸手段からなっている。この剰余生産物は、（Ⅰの）Ｂ、Ｂ′、Ｂ″などの手中ではじめて追加不変資本として機能する。しかしこの剰余生産物は、それが販売されるまえにすでに、（Ⅰの）蓄蔵貨幣形成者Ａ、Ａ′、Ａ″の手中ですでに仮想的な追加不変資本である。単にⅠの側での再生産の価値の大きさだけを考察するならば、われわれはまだ単純再生産の限界内にいる。というのは、この、仮想的な追加不変資本（剰余生産物）を創造するために追加資本が運動させられているわけではないし、単純再生産の基礎の上で支出されたよりも大きな剰余労働が支出されているわけでもないからである。違いは、ここでは、ただ使用される剰余労働の形態、それの特殊な役立ち方の具体的な性質にあるだけである。この剰余労働は、Ⅱcのための生産諸手段にではなくⅠcのための生産諸手段に、すなわち消費諸手段のための生産諸手段にではなく生産諸手段のための生産諸手段に支出されている。単純再生産の場合には、全剰余価値Ⅰが収入として支出され、したがって商品Ⅱに支出されることが前提された。したがって、全剰余価値Ⅰは、不変資本Ⅱcをその現物形態で再補填すべき生産諸手段だけからなっていた。*そこで単純再生産から拡大再生産への移行が行なわれるためには、大部門Ⅰにおける生産が、Ⅱのための不変資本の諸要素をより少なく、しかしⅠのための不変資本の諸要素をその分だけより多く生産できるのでなければならない。この移行は、必ずしも困難なしに行なわれるわけではないが、Ⅰの若干の生産物が双方の大部門で生産諸手段として役立ちうるという事実によって容易にされる。

＊〔以下、このパラグラフの最後まではエンゲルスによる。草稿ではこの部分は次のように書かれている。「ところで、Ⅰの特定の生産諸部門の生産物は、生産手段としてⅡに入っていくのではなく、Ⅰそれ自身において生産手段としてふたたび役立つことができるだけである。これらの部門の生産物は、価値から見れば、他のあらゆる部門の生産物と同様に c＋v＋m に分解されうる。では、Ⅰの追加不変資本のために素材を提供することのない単純再生産を前提した場合に、このmはどうなるのだろうか？　これは単純再生産の場合のⅠのところで考察すべきことである」。ここの部分は、この二行前にある「単純再生産の場合には、」から始まる覚え書きの続きで、マルクスには、単純再生産から拡大再生産への移行を考察する意図はなかった〕

（493）

こうして――単に価値の大きさだけから考察すれば――単純再生産の内部で拡大再生産の物質的基体が生産されるということになる。この基体は、まったく直接に生産諸手段の生産に、すなわち仮想的追加資本Ⅰの創造に支出された労働者階級Ⅰの剰余労働である。したがって、この場合には、A、A′、A″（Ⅰの）の側での仮想的追加貨幣資本の形成――資本家の貨幣支出をまったくともなわずに形成された彼らの剰余生産物のつぎつぎの販売による――は、追加的に生産された生産諸手段Ⅰの単なる貨幣形態である。

したがって、仮想的追加資本*の生産は、いまの場合には（というのは後述するように、それはまったく別の方法でも形成されうるからである）、生産過程そのものの一現象、すなわち生産資本の諸要素の、一定の形態での生産以外のなにものも表現しない。

＊〔草稿では「仮想的追加貨幣資本」となっている〕

したがって、追加の仮想的貨幣資本の大規模な生産――流通圏の多数の点での――は、仮想的追加生産資本の広範な生産の結果および表現にほかならず、この仮想的追加生産資本の成立そのものは、産業資本家たちの側からの追加貨幣支出を前提にしない。

（Ⅰの）A、A′、A″などの側でのこの仮想的追加生産資本の、仮想的貨幣資本（蓄蔵貨幣）へのつぎつぎの転化は、彼らの剰余生産物のつぎつぎの販売――したがって補足する購買のない一方的な商品販売の反復――を条件とするのであるが、このつぎつぎの転化は、流通からの貨幣の引きあげの反復と、これに照応する蓄蔵貨幣形成において行なわれる。この蓄蔵貨幣形成は――金生産者が買い手である場合をのぞけば――決して追加の貴金属的富を想定するものではなく、これまで通流している貨幣の機能の変化を想定するにすぎない。この貨幣は、つい先ほどまでは流通手段として機能していたが、いまや蓄蔵貨幣として、すなわち形成されつつある仮想的新貨幣資本として、機能する。したがって、追加貨幣資本の形成と、一国にある貴金属の総量とは、相互に因果関係にはないのである。

そこから、さらに次のことが言える――すなわち、すでに一国内で機能している生産資本（それに合体された、剰余生産物の生みの母である労働力を含めて）が大きければ大きいほど、また労働の生産力、したがってまた生産諸手段の生産の急速な拡大のための技術的諸手段が発展すればするほど――したがってまた剰余生産物の総量が、その価値から見てもまたこの価値を表わす使用価値の総量から見ても、大きければ大きいほど――それだけ、

（一）A、A′、A″などの手中にある、剰余生産物の形態での仮想的追加生産資本は大きくなり、また、

（二）A、A′、A″の手中にある、貨幣に転化されたこの剰余生産物――すなわち仮想的追加貨幣資本――の総量も大きくなる。したがって、たとえばフラートンが、普通の意味での過剰生産についてはなにも知ろうとしないが、資本の、すなわち貨幣資本の、過剰生産のことは知っているとすれば、*そのことはまたしても、もっともすぐれたブルジョア経済学者たちでさえ、自分たちの制度の機構についてまったくなにも理解していないことを証明している。

＊〔フラートンは、その著『通貨調節論』第二版、ロンドン、一八四五年、の第五章「兌換通貨の流通法則」

などで、資本は過剰であると述べている〔福田長三訳『通貨論』、岩波文庫、一九四一年、一一一ページ〕〕

（494）
（Iの）資本家A、A′、A″によって直接に生産され取得される剰余生産物が、資本蓄積すなわち拡大再生産の現実的基盤であるとすれば——といってもこの剰余生産物は（Iの）B、B′、B″などの手中ではじめてこの属性において実際に機能するのであるが——、それにたいして、この剰余生産物はそれの貨幣蛹化態《ようか》においては——蓄蔵貨幣としては、そしてしだいに形成されていく仮想的貨幣資本としては——絶対に不生産的であり、この形態で生産過程に並行するが、しかし生産過程の外部に横たわっている。それは、資本主義的生産のたえがたい重荷《デッド・ウエイト》である。仮想的貨幣資本として蓄蔵されていくこの剰余価値を利潤にも収入*にも使用できるものにしようとする欲求は、信用制度と「有価証券」とにその努力の目標を見いだす。これによって貨幣資本は、別の形態で、資本主義的生産体制の進行と強力な発展とに実に甚大な影響をおよぼす。

＊〔草稿では「収入」に引用符がついている〕

仮想的貨幣資本に転換される剰余生産物は、その総量から見れば、この剰余生産物がその機能から生まれた、すでに機能している資本の総額が大きければ大きいほど、それだけ大きくなるであろう。しかし、年々再生産される仮想的貨幣資本の大きさが絶対的に増大する場合には、それの分割もいっそう容易であり、その結果、それは——同じ資本家の手によってであろうと、別の人々（たとえば、遺産分割の場合の家族の構成員など）の手によってであろうと——いっそう急速に個別の事業に投下される。ここで貨幣資本の分割というのは、それが元本の資本から完全に切り離されて新たな貨幣資本として新たな自立した事業に投下されることを意味する。

剰余生産物の売り手である（Ⅰの）A、A′、A″などは、生産過程――単純再生産の場合にも必要とされる不変資本と可変資本との前貸しのほかには、それ以上の流通行為をなにも前提しない生産過程――の直接の結果として剰余生産物を手に入れたのであり、さらにこうして、彼らが拡大された規模での再生産の現実的基盤を提供し、実際に仮想的追加資本をつくりだすとすれば、これにたいして、（Ⅰの）B、B′、B″などは違った事情におかれている。（一）彼らの手中ではじめてA、A′、A″などの剰余生産物が追加不変資本として実際に機能する（生産資本の他方の要素である追加労働力、したがって追加可変資本は、いまのところ度外視する）。（二）この剰余生産物が彼らの手にはいるためには流通行為が必要であって、彼らはその剰余生産物を買わなければならない。
（一）につけ加えてここで述べておかなければならないのは、（Ⅰの）A、A′、A″によって生産された剰余生産物（仮想的追加不変資本）の一大部分は、確かにその年に生産されるが、しかし翌年またはもっと後年になってはじめて（Ⅰの）B、B′、B″の手中で実際に産業資本として機能することができるということである。（二）につけ加えては、この流通過程のために必要な貨幣はどこからくるか？　ということが問題である。
(495)
（Ⅰの）B、B′、B″などの生産する諸生産物がそれ自身、彼らの過程にふたたび〝現物で〟はいり込む限りでは、彼ら自身の剰余生産物の一部分が〝その限りで〟直接に（流通の媒介なしに）彼らの生産資本のなかに移される――この場合には、不変資本の追加的要素としてそれにはいり込む――ということは自明である。しかしまた、〝その限りで〟、この諸生産物は、（Ⅰの）Ａ、Ａ′などの剰余生産物を貨幣化しない。そのことは別として、あの貨幣はどこからくるのか？　われわれの知っているように、彼ら〔（Ⅰの）Ｂ、Ｂ′、Ｂ″など〕は、各自の剰余諸生産物を売ることによって、Ａ、Ａ′などと同じように自分の蓄蔵貨幣を形成ずみであり、いまや、蓄蔵貨幣として蓄蔵された単に仮想的な彼らの貨幣資本をいよいよ追加貨幣資本として実際に機能させなければならない目標点に到達しているのである。しかし、これではわれわれはただ堂々めぐりをしているだけである。問題は依然として、（Ⅰの）Ｂたちが以前に流通から引きあげて積み立てた貨幣はどこからくるのか？　ということにある。

＊〔草稿では「彼らの生産過程」となっている〕

けれども、すでにわれわれが単純再生産の考察によって知っているように、ⅠとⅡの資本家たちの剰余生産物を転換するためには、彼らの手中にある程度の貨幣量がなければならない。単純再生産では、収入として消費諸手段への支出にちょうど用いられた貨幣は、資本家たちが各自の商品の転換のためにそれを前貸しした度合いに応じて、彼らのもとに復帰した。拡大再生産でも同じ貨幣がふたたび現われるが、しかし機能は変化している。（Ⅰの）ＡたちとＢたちは、剰余生産物を追加的な仮想的貨幣資本に転化するための貨幣を交互に提供し、また、新たに形成された貨幣資本を交互に購買手段として流通に投げ返す。

ここで前提されているただ一つのことは、国内に存在している貨幣量だけで（通流速度などに変わりはないものとして）能動的流通のためにも準備的蓄蔵貨幣のためにも十分＊であるということであり

（496）

――したがってこれは、前述したような、単純な商品流通のもとでも満たされていなければならない前提と同じものである。ここでは、蓄蔵貨幣の機能だけが違っている。それに、現存する貨幣量も、より大きくなければならない。なぜなら、（一）資本主義的生産のもとでは、すべての生産物（新たに生産される貴金属と、生産者自身によって消費されるわずかの諸生産物とをのぞいて）が商品として生産され、したがって貨幣蛹化《ようか》を経なければならないからである。（二）資本主義的基盤の上では、商品資本の量およびその価値の大きさが絶対的により大きいだけではなく、比較にならないほど大きな速度で増大するからである。（三）ますます膨脹する可変資本がいつも貨幣資本に転換されなければならないからである。（四）生産の拡大と歩調を合わせて新たな貨幣諸資本の形成が行なわれ、したがってそれらの蓄蔵貨幣形態の材料も現に存在しなければならないからである。――このことが資本主義的生産の第一段階、すなわち、信用制度に主として金属流通がともなっている段階にも完全にあてはまるとすれば、それはまた、信用制度のもっとも発達した段階にも、信用制度の基盤が依然として金属流通である限り、同じくあてはまる。この場合、一方では、貴金属の追加的生産が、それが豊富になったり乏しくなったりする限りで、比較的長期間においてばかりでなく非常に短期間のあいだでも、諸商品価格に撹乱的な影響をおよぼすことがありうる。他方では、信用機構全体が、ありとあらゆる操作、方法、技術的装置によって、現実の金属流通を絶えず相対的に減少していく最小限に制限しようとつねにしている。――それとともに、機構全体の人為的技巧性、および機構全体の正常な進行の撹乱の機会もまた、同じ比率で増加する。

＊〔初版には「準備的蓄蔵貨幣のためにも」が欠落している〕

（Ⅰの）B、B′、B″などそれぞれの仮想的新貨幣資本が、能動的貨幣資本として作用しはじめれば、彼らが自分の諸生産物（彼らの剰余生産物の諸部分）を互いに売買し合わなければならないこともありうる。〝その限りでは〟、剰余生産物の流通に前貸しされた貨幣が――正常な進行の場合には――、それぞれのBたちが各自の商品の流通のためにこの貨幣を前貸ししたのと同じ比率で、彼らのもとに還流する。貨幣が支払手段として流通するならば、その場合には、相互の売買が一致しない限りで、その差額だけが支払われればよい。しかし、どのような場合にも、ここでなされているように、まずもって、もっとも単純でもっとも本源的な形態での金属流通を前提することが重要である。なぜなら、そうすることによって、流出と還流、差額の決済、要するに信用制度のもとで意識的に規制された諸過程として現われるすべての諸契機が、信用制度から独立して現存するものとして示されるからであり、事態が、のちの反省された〔媒介された〕形態ではなく、自然発生的な形態で現われるからである。

3　追加可変資本

これまで追加不変資本だけを取り扱ってきたので、次にわれわれは追加可変資本の考察に転じなければならない。

第一部で詳しく説明したように〔第一巻、第七篇、第二三章、第四節。本訳書、第一巻、一一一八ページ以

（497）

下〕、労働力は、資本主義的生産の基盤上ではいつでも使用可能であり、また必要な場合には、使用労働者数または労働力量を増大させないでも、より多くの労働を流動させることができる。だから、さしあたりこの点にそれ以上詳しく立ち入る必要はなく、むしろ、新たに形成された貨幣資本のうち可変資本に転化することのできる部分は、それが転化すべき労働力をいつでも見いだすものと仮定する必要がある。同じく第一部で説明したように〔第一巻、第七篇、第二二章、第四節。本訳書、第一巻、一〇四四ページ以下〕、所与の一資本は、ある限界のなかでは、蓄積によらないでもその生産規模を拡大することができる。しかしここでは、生産の拡大は剰余価値の追加資本への転化、したがってまた生産の資本基盤の拡大を条件とするという、独自な意味での資本蓄積が問題なのである。

金生産者は、金でできたその剰余価値の一部を仮想的貨幣資本として蓄積することができる。それが必要な大きさに達すれば、すぐに彼はそれを直接に新たな可変資本に転換することができるのであって、そうするためにまず自分の剰余生産物を売らなければならないということはない。同様に、彼はそれを不変資本の諸要素に転換することもできる。といっても、後者の場合には、自分の不変資本のためのこれらの物的な諸要素がすでに彼の目の前に現存していなければならない――その場合、これまでの叙述で仮定されたように、各生産者が在庫品をつくるために仕事をし、それからそのでき上がり商品を市場に届けるのであれ、または、注文によって仕事をするのであれ、どちらでもよい。どちらの場合にも、生産の現実的拡大すなわち剰余生産物が前提されている――一方の場合には実際に現存するものとして、他方の場合には仮想的に現存するもの、提供可能なものとして。

第二節　大部門Ⅱにおける蓄積

われわれがこれまで前提したのは、（Ⅰの）A、A′、A″が彼らの剰余生産物を同じ大部門Ⅰに属するB、B′、B″などに売るということであった。しかし（Ⅰの）Aが、大部門ⅡのBへの販売によって自己の剰余生産物を貨幣化するとしよう。このことは、ただ（Ⅰの）Aが（Ⅱの）Bに生産諸手段を売ってそのあと消費諸手段を買わないということによってのみ、したがって、（Ⅰの）Aの側の一方的販売によってのみ、生じうる。ところで、Ⅱcが商品資本の形態から生産的不変資本の現物形態に転換されうるのは、Ⅰvばかりでなく少なくともⅠmの一部分もまた、消費諸手段の形態で存在するⅡcの一部分と転換されることによってのみであるが、しかしいまや、Aは、この転換が行なわれないことによって——すなわち、わがAがむしろ彼のⅠmの販売でⅡから得た貨幣を消費諸手段Ⅱcの購買によって転換しないでそれを流通から引きあげることによって、彼のⅠmを貨幣化するのであって、その限りにおいて、確かに（Ⅰの）Aの側では追加的な仮想的貨幣資本の形成が行なわれるが、しかし他の側では、（Ⅱの）Bの不変資本のうち、価値の大きさから見て、それに等しい一部分が生産的不変資本の（498）現物形態に転換されえないで、商品資本の形態のまま動かなくなっている。言い換えれば、（Ⅱの）Bの諸商品の一部分が、しかも〝一見してわかるように〟、それが売れなければBが自分の不変資本を全部は生産的形態に再転化することができない一部分が、売れなくなっているのである。だから、（Ⅱの）Bについて見れば過剰生産が生じるのであって、この過剰生産は、同じく（Ⅱの）Bについて見れば再生産を——不変な規模での再生産をさえも——さまたげるのである。

そこで、この場合には、（Ⅰの）Ａの側での追加的な仮想的貨幣資本は確かに剰余生産物（剰余価値）の貨幣化された形態であるが、しかし、このようなものとして考察された剰余生産物（剰余価値）は、いまの場合には単純再生産の現象であって、まだ拡大された規模での再生産の現象ではない。不変な規模でのⅡcの再生産が行なわれるためには、Ⅰ（v＋m）が最終的にはⅡcと転換されなければならないのであり、このことはいずれにしてもmの一部分についてもあてはまる。（Ⅰの）Ａは、自分の剰余生産物を（Ⅱの）Ｂに売ることによって、それに相当する不変資本価値部分を現物形態で（Ⅱの）Ｂに提供したが、しかし、同時に、流通から貨幣を引きあげることによって——自分の販売をそのあとでの購買により補うのをやめることによって——価値から見て等しい（Ⅱの）Ｂの商品部分を販売不可能にした。したがって、もしわれわれが社会的総再生産——これは資本家ⅠをもⅡをも等しく含む——に注目するならば、（Ⅰの）Ａの剰余生産物の仮想的貨幣資本への転化は、価値の大きさから見て等しい（Ⅱの）Ｂの商品資本が生産（不変）資本に再転化できないことを表現する。したがって、拡大された規模での生産を仮想的に表現するものではなく、単純再生産のさまたげを、すなわち単純再生産における不足を表現する。（Ⅰの）Ａの剰余生産物の形成および販売それ自体は、単純再生産の正常な諸現象であるから、ここでは、すでに単純再生産の基礎上で、次のような相互に制約し合う諸現象が見られるのである——すなわち、大部門Ⅰでの仮想的追加貨幣資本の形成（したがってⅡの立場から見れば過少消費）。大部門Ⅱでの、生産資本に再転化されえない商品在庫の固定

（したがってIIでの相対的過剰生産）。Ｉでの過剰な貨幣資本とIIでの再生産における不足。

この点の論述はこれだけにとどめて、次のことだけを指摘しておこう――単純再生産の叙述では、剰余価値ＩおよびIIの全体が収入として支出されるものと前提されていた。しかし、実際には、剰余価値の一部分が収入として支出され、他の部分は資本に転化される。現実の蓄積はこの前提のもとで（499）のみ行なわれる。蓄積は消費を犠牲にして行なわれるというのは――このように一般的にとらえるとすれば――、それ自身、資本主義的生産の本質に矛盾する一つの幻想である。というのは、それは、資本主義的生産の目的および推進的動機は消費であり、剰余価値の獲得およびそれの資本化すなわち蓄積ではない、ということを前提するからである。

次に*、われわれは大部門IIにおける蓄積をやや詳しく考察してみよう。

＊〔第二回の挑戦の開始。単純再生産の均衡条件から出発して、拡大再生産の表式に到達する方途を探求しようとする試みであった。この試みは、本訳書、第二巻、八二二ページ五行目で終結〕

IIcについての第一の困難、すなわち商品資本IIの構成部分から不変資本IIの現物形態へのIIcの再転化は、単純再生産にかんすることである。まえに用いた次の表式をとりあげよう――

（1,000ｖ＋1,000ｍ）Ｉが
2,000IIc と転換される

いまたとえば、剰余生産物Ⅰの半分、すなわち $\frac{1.000}{2}$m 言い換えれば 500Ⅰm が、それ自身ふたたび不変資本として大部門Ⅰに合体されるとすれば、剰余生産物のうちⅠに留保されたこの部分は、Ⅱcのどの部分をも補填することはできない。この部分は、消費諸手段に転換されるのではなく（消費諸手段に転換される場合には、ⅠとⅡとのあいだの流通のこの部分においては――労働者Ⅰによって媒介される、1.000Ⅱc の 1.000Ⅰv による補填とは異なり――本当の相互交換、すなわち諸商品の双方向的場所変換が行なわれる）、Ⅰそのもののなかで追加生産諸手段として用いられるはずのものである。この部分は、この機能をⅠとⅡとにおいて同時に果たすことはできない。資本家は、自分の剰余生産物の価値を消費諸手段に支出すると同時に、その剰余生産物を自分で生産的に消費すること――すなわち自分の生産資本に合体すること――はできない。したがって、2.000Ⅰ（v＋m）の代わりに、1.500 すなわち（1.000v＋500m）Ⅰ だけが 2.000Ⅱc に転換されうる。したがって 500Ⅱc は、その商品形態から生産（不変）資本Ⅱに再転化されることができない。こうしてⅡでは過剰生産が、その大きさから見ればⅠで行なわれた生産拡大の大きさに厳密に照応する過剰生産が、生じるであろう。Ⅱの過剰生産はおそらくⅠにも大きく反作用し、そのためⅠの労働者たちによって消費諸手段Ⅱに支出される 1.000 の還流も部分的にしか行なわれず、したがって、この 1.000 が可変的貨幣資本の形態でⅠの資本家たちの手に復帰しないことにもなるであろう。Ⅰの資本家たちは、不変な規模での再生産においてさえ、しかも単にそれを拡大しようと試みることで、非常にさまたげられていると感じるであろう。そしてそのさい考慮しなければならないのは、〔表式〕Ⅰでは実際には単純再生産が

（500）行なわれただけであるということ、そして、たとえば翌年というような将来の拡大のためには、表式*に見られるような諸要素は違った組み合わせにされているにすぎないということである。

＊〔草稿では「表式Ⅰ」となっており、本訳書、第二巻、六三六ページの表式をさす〕

この困難を避けるために、次のように試みることもできるであろう――すなわち、資本家たちの倉庫に横たわり直接には生産資本に転換されることのできない 500Ⅱc は、過剰生産であるどころか逆に再生産の必要な一要素を表わすのであり、この要素をわれわれはこれまで無視してきた。すでに見たように、一部にはⅠ自身の内部での新貨幣資本の形成を可能にするために、一部には徐々に消費されてなくなる固定資本の価値を一時的に貨幣形態で保持するために、手持ち貨幣が多くの点で積み立てられ、したがって流通から取り出されなければならない。しかし表式の示すところでは、すべての貨幣とすべての商品とは最初からもっぱらⅠとⅡの資本家たちの手中にあり、ここには商人も、貨幣取扱業者も、銀行業者も、また単に消費するだけで直接には商品生産に関与しない諸階級も存在しないのだから、再生産の機構を進行させるためには、商品在庫の恒常的な形成――この場合には、それぞれの生産者たち自身の手中における――もやはり不可欠である。したがってⅡの資本家たちの倉庫に横たわる 500Ⅱc は、再生産に含まれている消費過程の連続性を――したがってこの場合にはある年から次の年への移行を――媒介する消費諸手段の商品在庫を表わす。この消費元本は、ここではまだそれの売り手であると同時にそれの生産者でもある人の手中にあるのであり、今年はゼロまで減少して翌年はゼロから始まるというわけにはいかないのであって、このことはちょうどきょうからあ

（501）

したへ移る場合にもそういうわけにはいかないのと同じことである。このような商品在庫は、たとえその大きさが変動するにしても、つねに新たに形成されなければならないのだから、Ⅱのわが資本主義的生産者たちは、彼らの生産資本の一部分が一時的に商品形態のまま動かなくなっていても、彼らの生産過程を続行できるようにする貨幣準備資本をもっていなければならない。しかも前提によれば、彼らは商人業務全部と生産業務とをかねている。したがって、彼らは、さまざまな種類の資本家たちのあいだで再生産過程の個々の機能が自立化している場合には商人の手にあるはずの追加貨幣資本をも、自由に処分できなければならない。

これにたいしては、次のように反論することができる——（一）このような在庫形成およびその必要は、ⅠおよびⅡのすべての資本家について言える。単なる商品販売者として考察すれば、彼らは、異なる種類の商品を売るということによって区別されるだけである。諸商品Ⅱでの在庫は、それに先立つ諸商品Ⅰでの在庫を想定している。もしわれわれがこの在庫を一方の側で無視するならば、それを他方の側でも無視しなければならない。しかし、われわれがそれを両方の側で考慮に入れても、問題は少しも変わらない。（二）Ⅱの側で今年が来年のための商品在庫で終わるのと同じく、その同じⅡの側で今年は前年からもち越された商品在庫で始まった。したがって、年々の再生産——もっとも抽象的な表現に還元されたそれ——の分析にさいしては、われわれはどちらの場合にもこの商品在庫を消去しなければならない。われわれは、今年の全生産を——したがって商品在庫として来年に引き渡すものも——今年のものとし、他方ではまた、今年が前年から受け取った商品在庫を今年から差し引くのであり、このようにして実際には、一平均年の総生産物をわれわれの分析の対象とするのである。（二）避けられるべきこの困難に、われわれが単純再生産を考察した場合にぶつからなかったという単純な事情は、問題となっているのは、ただ諸要素Ｉの（再生産にかかわる）異なる組み合わせだけに、すなわち、それなくしては一般に拡大された規模での再生産が行なわれえないような変化した組み合わせだけに起因する特殊な一現象であることを証明している。

第三節　表式による蓄積の叙述

さて、[*]われわれは再生産を次の表式によって考察しよう――

＊〔第三回の挑戦の開始。最初から拡大再生産の諸条件を考慮に入れた表式を設定し、そこから年度を追ってその経過を探求しようという新しい試みとなった。この意図はよかったが、次年度の条件設定に問題があり、不成功に終わった。草稿では、この挑戦は、本訳書、第二巻、八三〇ページ七―八行目の「他の一部の明確な貨幣喪失と結びついている」で中断している。なお、「他の一部の」という句は、エンゲルスの加筆〕

表式ａ）

$$\left.\begin{array}{ll} \text{I} & 4{,}000\,c + 1{,}000\,v + 1{,}000m = 6{,}000 \\ \text{II} & 1{,}500\,c + 376\,v + 376m^{*} = 2{,}252 \end{array}\right\} \text{合計} = 8{,}252$$

＊〔大部門Ｉと大部門IIで不変資本と可変資本との比率が同じであるとすれば、「376v」「376m」はそれぞれ

「375v」「375m」になる。以下、同じ〕

まず第一に気がつくことは、年々の社会的生産物の総額が8,252で、総額が9,000であった最初の表式[*1]の場合よりも小さいことである。われわれは、これよりもはるかに大きな額をとることもできるのであり、たとえばそれを一〇倍にしてもかまわない。表式Ⅰでの額よりも小さい額を選んだのは、拡大された規模での再生産（ここではそれは、より大きな資本投下で営まれる生産と解されるだけである）は生産物の絶対的大きさとは少しも関係がないこと、この再生産は、商品量を与えられたものとすれば、ただ、与えられた生産物のさまざまな諸要素の相異なる配列または相異なる機能的規定を前提しているだけであり、したがって価値の大きさから見ればさしあたり単純再生産にすぎないこと——まさにこのことを明瞭にするためである。単純再生産の与えられた諸要素の量ではなく、それらの質的規定が変化するのであり、この変化が後続する拡大された規模での再生産の物質的前提なのである。（五八）

（五八）このことは、第一部（第二二章、第五節、六三四ページ、原注六五[*2]）で別の観点から論究されたジェイムズ・ミルとS・ベイリーとのあいだの資本蓄積にかんする意見の相違、すなわち、産業資本の大きさが不変な場合における産業資本の作用の拡張可能性にかんする論争に、きっぱりと結着をつけるものである。この点についてはあとで立ちもどらなければならない。

＊1〔本訳書、第二巻、六三六ページの表式をさす。草稿では「最初の表式」は「表式Ⅰ」となっている〕

＊2〔本訳書、第一巻、一〇六四ページの原注六四。注番号が違っているのは第三版で原注が一つ削除された

（502）

ことによる〕

われわれは、可変資本と不変資本との比率を変えることによって、表式を別の形で表わすことができるであろう。たとえば次のように――

表式b）　Ⅰ　4,000c＋875v＋875m＝5,750
　　　　Ⅱ　1,750c＋376v＋376m＝2,502　｝合計＝8,252

このようなものとすれば、表式は単純な規模での再生産のために配列されたものとして現われ、その結果、剰余価値はすべて収入として支出され、蓄積は行なわれないであろう。aのもとでもbのもとでも、どちらの場合にも、年生産物の価値の大きさは同じであるが、ただ違いは、年生産物の諸要素の機能的組み合わせが、一方のbでは、同じ規模での再生産が再開されるようになっているのに、他方のaでは、拡大された規模での再生産の物質的基盤をなしていることだけである。すなわちbでは、（875v＋875m）Ⅰ＝1,750Ⅰ（v＋m）が超過分なしに 1,750Ⅱc と転換されるが、他方aでは、（1,000v＋1,000m）Ⅰ＝2,000Ⅰ（v＋m）は 1,500Ⅱc との転換において大部門Ⅰでの蓄積のための 500Ⅰm という超過分を残すのである。*

＊〔この一文はエンゲルスによる〕

さて、表式aをもっと詳しく分析しよう。ⅠでもⅡでも剰余価値の半分は、収入として支出されないで蓄積される、すなわち追加資本の要素に転化されると想定しよう。* 1,000Ⅰm の半分＝500 は、あれこれの形態で蓄積されて、追加貨幣資本として投下されるから、すなわち追加生産資本に転化されるはずであるから、(1,000v＋500m)Ⅰ だけが収入として支出される。したがって、ここで、Ⅱc の正常な大きさとして現われるのも 1,500 だけである。1,500Ⅰ(v＋m) と 1,500Ⅱc とのあいだの転換は、単純再生産の過程としてすでに説明されたので、それ以上研究する必要はない。同様に 4,000Ⅰc も問題にする必要はない。というのは、新たに開始される再生産(それはこんどは拡大された規模で行なわれる)のための 4,000Ⅰc の配列替えも、単純再生産の過程として同様に論究されたからである。

＊〔再生産表式の計算では、ⅠとⅡのどちらかについて、剰余価値の蓄積率を決定すると、他方の蓄積率はそれによって決まる。したがって、マルクスがここで述べた「ⅠでもⅡでも剰余価値の半分は、……蓄積される」という想定は、不可能な条件を設定したものであった。そのために、マルクスは、その後の計算で解決不能な矛盾におちいる〕

したがって、ここでまだ研究すべきものとして残っているのは、500Ⅰm と(376v＋376m)Ⅱ とだけ——一方ではⅠおよびⅡのそれぞれの内的諸関係が、他方ではⅠおよびⅡの両者のあいだの運動が問題となる限りにおいて——である。Ⅱにおいても同じく剰余価値の半分が蓄積されるものと前提されるのであるから、Ⅱで資本に転化されなければならないのは 188 であり、そのうち 1/4＊ の 47 が可変資本に転化され、これを概数で 48 とすれば、残りの 140 が不変資本に転化される。

＊〔部門Ⅱの資本構成は 4：1 であるから、この「1/4」は「1/5」が正しい。草稿でも誤って「1/4」とさ

れている。したがって、以下次のように訂正されなければならない。「そのうちの$\frac{1}{5}$の 37.6 が可変資本に転化され、これを概数で 38 とすれば、残りの 150 が不変資本に転化される」（これに対応して、次の段落の 140Ⅱm、140Ⅰm もそれぞれ 150Ⅱm、150Ⅰm に訂正される）〕

（503）

われわれはここで一つの新しい問題にぶつかるが、そのような問題が存在するということだけでも、一般的に流布している見解――ある種類の諸商品が別の種類の諸商品と交換されるのと〝同じように〟、諸商品が貨幣と交換されその同じ貨幣がまた別の種類の商品と交換されるものであるとする見解――にとっては、奇異なことに思えるに違いない。140Ⅱm は、商品Ⅰmのうちのそれと同じ価値額の部分で補填されることによってのみ、生産資本に転化されることができる。ⅠmのうちⅡmと転換される部分は、Ⅰの生産にもⅡの生産にもはいり込むことのできる生産諸手段からなっているか、もしくはもっぱらⅡの生産にだけはいり込むことのできる生産諸手段からなっていなければならないことは、自明である。この補填は、ただⅡの側からの一方的購買によってのみ行なわれうる。というのは、これから考察されるべき剰余生産物 500Ⅰm の全体は、Ⅰ内部での蓄積に用いられることになっており、したがって、商品Ⅱとは交換されることができないからである。言い換えれば、それは、Ⅰによって蓄積されると同時に消費し尽くされることはできないからである。したがってⅡは、140Ⅰm を現金で買わなければならないが、しかしこの貨幣は、そのあとのⅡの商品のⅠへの販売によってⅡのもとに還流することはない。しかもこのことは、毎年の新たな生産のたびごとに――その生産が拡大された規模での再生産である限り――つねに反復される過程である。そのための貨幣源泉はⅡのどこに湧き出すのか？

Ⅱは、それどころか、現実の蓄積にともない、また資本主義的生産の場合にはこの蓄積の条件をなしている新たな貨幣資本の形成——それは実際にはまず単純な蓄蔵貨幣の形成として現われる——にとっては、まったく不毛の地であるように見える。

まず、376Ⅱv がある。労働力に前貸しされたこの 376 という貨幣資本は、諸商品Ⅱの購入によって、絶えず可変資本として貨幣形態で資本家Ⅱに復帰する。出発点——資本家のポケット——から遠ざかりまたそこに復帰することをこのようにずっと繰り返しても、この循環のなかでかけめぐる貨幣は決して増加しない。したがってこれは貨幣蓄積の源泉ではない。この貨幣は、この流通から引きあげられて、蓄蔵された仮想的な新たな貨幣資本を形成することもできない。

しかし待て！　ここにはなにかちょっとした儲け口はないか？

忘れてならないのは、大部門Ⅱの使用する労働者たちは彼ら自身が生産した諸商品をⅡから買いもどさなければならないという点で、大部門Ⅱは大部門Ⅰよりも有利であるということである。大部門Ⅱは労働力の買い手であると同時に、自己が使用する労働力の所有者たちへの諸商品の売り手でもある。したがって、大部門Ⅱは——

(504)（一）大部門Ⅰの資本家たちにも共通することであるが、簡単に賃銀をその正常な平均水準以下に押し下げることができる。それによって、可変資本の貨幣形態として機能している貨幣の一部分が遊離される。そして、同じ過程が絶えず繰り返されるならば、これは、大部門Ⅱにおける蓄蔵貨幣の形成の、したがってまた仮想的追加貨幣資本の形成の、正常な一源泉になることもありうるであろう。正常な資本形成が問題であるここでは、だましによる偶然な儲けは、もちろんわれわれにはなんの関係もない。しかし、忘れてならないのは、現実に支払われる正常な労賃（〝他の事情に変わりがなければ〟これが可変資本の大きさを規定する）は、決して資本家たちの好意によって支払われるものではなく、与えられた諸関係のもとでは支払われなければならないものであるということである。これで、この説明の仕方はかたづいた。われわれは、376ｖ を大部門Ⅱが支出すべき可変資本として前提するのであれば、新たにぶつかる問題を説明するために、大部門Ⅱが前貸しするのは 376ｖ ではなくたぶん 350ｖ でしかないなどと、突然、仮定をすり替えてはならない。

（二）しかし、他方では、大部門Ⅱは、全体として考察すれば、前述のように、労働力の買い手であると同時に、自分自身の労働者たちに自分の商品を再販売する売り手でもあるという点で、大部門Ⅰよりも有利である。そして、どうやればこれは利用されうるか——どうやれば名目上は正常な労賃が支払われていても事実上はそのうちの一部分がそれに相当する商品等価物なしにふたたび取り上げられうるか、〝言い換えれば〟盗み返されうるかと、どうやればこうしたことが、一部は現物支給制度《トラック・システム》〔本訳書、第一巻、三〇五ページ参照〕によって、一部は流通媒介物の偽造〔金券など〕（おそらく法律にふれるものではないにしても）によってなしとげられうるか——こうしたことについては、どの工業国においても非常に明瞭な資料が存在する。たとえばイギリスにも合衆国にも。（この機会にこのことを適切な例をあげてやや詳しく説明すること。）これは（一）で述べたのと同じやり方であり、ただ変装され回り道をして実行されるだけである。したがって、このやり方も、ここでは、まえの場合と同じようにしりぞけられなければならない。ここでは、名目的に支払われる労賃ではなく、現実に支払われる労賃が問題なのである。

ご覧のように、資本主義的機構の客観的分析にさいしては、この機構になお異常に固く付着しているなんらかの汚点を、理論的諸困難をかたづけるための逃げ道として利用してはならない。しかし奇妙なことに、私にたいするブルジョア批判者の大多数は、私がたとえば『資本論』第一部のなかで、資本家は労働力の現実の価値を支払うという、資本家がほとんどやらないことを仮定したことによって、まるで私がその同じ資本家にたいして不当なことでもしたかのようにわめくのである！（ここでは、私の持ち前の気前のよさで、シェッフレを引用してもよい。*）

＊〔A・E・F・シェッフレは、その著『資本主義と社会主義』（チュービンゲン、一八七〇年）のなかで、資本家が労働力に価値どおりに支払うとするマルクスの定言を「気前がいい」とした。マルクス「アードルフ・ヴァーグナー著『経済学教科書』への傍注」（邦訳『全集』第一九巻、三五九ページ）参照〕

したがって、上述した目的のためには 376IIv はなんの役にも立たない。

(505) しかし 376IIm のほうは、もっとあてにならないようである。ここでは同じ大部門の資本家たちだけが相対していて、彼らは自分たちが生産した消費諸手段をかわるがわる互いに売ったり、互いから買ったりする。この転換に必要な貨幣は、流通手段として機能するだけであり、正常な進行の場合には、関係者たちがそれを流通に前貸しした程度に応じて、彼らのもとに還流し、つねにまた新たに同じ軌道を経なければならない。

仮想的追加貨幣資本の形成のためにこの貨幣を流通から引きあげることは、二とおりの方法でのみ可能であるように見える。一つの方法は、資本家たちⅡの一部が他の一部をだまし、こうして貨幣強奪をなしとげることである。新たな貨幣資本を形成するためには、われわれの知っているように、あらかじめ通流媒介物が拡大されている必要はない。貨幣がどこかで流通から引きあげられて蓄蔵貨幣として積み立てられるということのほかには、なにも必要ではない。この貨幣が盗まれたものでありうること、したがってⅡの資本家たちの一部における追加貨幣資本の形成が、他の一部の明確な貨幣喪失と結びついていることもありうること、[*]こうしたことは事態になんの関係もないであろう。Ⅱの資本家たちのうちのだまされた人々がまえよりいくらか派手でない暮らしをしなければならなくなるであろうが、ただそれだけのことであろう。

＊〔ここから次のパラグラフの最終行までは、エンゲルスが加筆したもの。草稿では「結びついている、等々、等々」となっている。マルクスはここで第三回の挑戦を打ち切っている〕

もう一つの方法は、Ⅱmのうち必要生活諸手段として現われる部分が、大部門Ⅱの内部で直接に新たな可変資本に転化されることである。これがどのようにして行なわれるかについては、本章の終わり（第四節）で研究されるであろう。

1　第一例*

*〔「1　第一例」の表題はエンゲルスによる〕

A　単純再生産の表式

Ⅰ　4,000c＋1,000v＋1,000m＝6,000
Ⅱ　2,000c＋　500v＋　500m＝3,000
合計＝9,000

B[*1]　拡大された規模での再生産[*2]のための出発表式

Ⅰ　4,000c＋1,000v＋1,000m＝6,000
Ⅱ　1,500c＋　750v＋　750m＝3,000
合計＝9,000

*1〔第四回の、最後の挑戦の開始。前回の失敗の経験から、マルクスは、次年度の表式計算の要領を会得したようで、拡大再生産の表式化に成功し、さらに、拡大再生産の均衡条件の定式も明確にすることができた。草稿には、その間にも多くの苦闘があったことが記録されている〕

*2〔草稿、初版および第二版では「再生産」は「蓄積」となっている。アドラツキー版以後「再生産」に変更された〕

表式Bにおいて、Ⅰの剰余価値の半分、すなわち500が蓄積されると仮定すれば、まずもって

(1,000v+500m)I 言い換えれば 1,500 I(v+m)が、1,500 IIc によって補填される。そこでIには 4,000c+500m が残り、この 500m が蓄積されることになる。(1,000v+500m)I が 1,500 IIc によって補填されるのは、単純再生産の過程であって、すでに単純再生産のところで明らかにされている。

(506)
500 I m のうち 400 は不変資本に、100 は可変資本に転化するものと仮定しよう。このように資本化されるべき 400m の、Iの内部での転換はすでに論究された。したがってこの 400m はそのままIcに合体されうるのであり、その場合、Iでは次のようになる――

4,400c+1,000v+100m(この 100m は 100v に転換されるべきものである)

IIの側では、蓄積の目的でIから 100 I m(生産諸手段として存在する)を買い、これがいまやIIの追加不変資本を形成するが、一方、IIがこれに支払う貨幣 100 は、Iの追加可変資本の貨幣形態に転化される。そこでIにとっては資本は、4,400c+1,100v(後者は貨幣で)=5,500 となる。

いまやIIが不変資本として所有するのは、1,600c である。IIはこれを作動させるために、さらに貨幣で 50v を新たな労働力の購入のために追加しなければならないのであり、その結果、IIの可変資本は 750 から 800 に増大する。* IIの不変資本と可変資本とのこの拡張の合計 150 は、IIの剰余価値から賄われる。したがって、750IIm のうち 600m だけがIIの資本家たちの消費元本として残り、彼らの年生産物はいまや次のように配分される――

Ⅱ　1,600c＋800v＋600m（消費元本）＝3,000

＊〔ここから「いまや次のように配分される――」まではエンゲルスによる〕

消費諸手段として生産された150m――ここで（100c＋50v）Ⅱに転換された――は、その全部が現物形態で労働者たちの消費にはいり込む。すなわち、右に説明したとおり、100は、Ⅰの労働者たち（100Ⅰv）によって消費され、50はⅡの労働者たち（50Ⅱv）によって消費される。[＊1] Ⅱ――ここではその総生産物が蓄積に必要な形態で準備される――では、実際には、剰余価値のうちまえより150[＊2]だけ大きい部分が必要消費諸手段の形態で再生産されなければならない。拡大された規模での再生産が現実に開始されれば、Ⅰの可変貨幣資本100がⅠの労働者階級の手を経てⅡに還流する。これにたいし、Ⅱは商品在庫の形で存在する100mをⅠに引き渡し、同時に商品在庫の形で存在する50〔m〕をⅡ自身の労働者階級に引き渡す。

＊1〔「消費諸手段として生産された」からここまではエンゲルスによる〕

＊2〔草稿および初版による。第二版では「100」となっていた〕

蓄積の目的で変更された配列は、いまや次のようになる――

Ⅰ* 4,400 c ＋1,100 v ＋500 消費元本＝6,000
Ⅱ 1,600 c ＋ 800 v ＋600 消費元本＝3,000
　　　　　　　　　　　合　計　9,000　上記と同じ

＊〔ここから「そのうち資本は——」まではエンゲルスによる〕

そのうち資本は——

Ⅰ 4,400 c ＋1,100 v （貨幣）＝5,500
Ⅱ 1,600 c ＋ 800 v （貨幣）＝2,400　}＝7,900

であるが、一方、生産は次の配列で開始されたのである——

Ⅰ 4,000 c ＋1,000 v ＝5,000
Ⅱ 1,500 c ＋ 750 v ＝2,250　}＝7,250

(507)　現実の蓄積がいまこの基盤の上で行なわれるとすれば、すなわち、この増加した資本でいま現実に生産が行なわれるとすれば、翌年〔第二年度〕の終わりには次のようになる*——

Ⅰ　4,400 c + 1,100 v + 1,100m = 6,600 ⎫
Ⅱ　1,600 c + 　800 v + 　800m = 3,200 ⎭ = 9,800

＊〔マルクスは、表式を正確に定式化する方法を会得したと考えられ、ここから、年次を追っての表式の計算をすすめるが、その計算でミスを重ねた。以下のページには、エンゲルスがミスを訂正して仕上げたものが示されている〕

次に、Ⅰでは同じ比率で蓄積が続けられ、したがって550mが収入として支出され、550mが蓄積されるとしよう。その場合には、まず1,100 Ⅰ vが1,100 Ⅱc＊によって補填されるが、さらになお550 Ⅰ mが同額の諸商品Ⅱに実現されなければならない。すなわち合計で1,650 Ⅰ（v + m）が実現されなければならない。しかし、補填されるべきⅡの不変資本は、1,600にすぎず、したがって残りの50は800 Ⅱ mから補足されなければならない。ここでさしあたり貨幣を度外視すれば、この取り引きの結果は次のようになる——

Ⅰ　4,400 c + 550m（これは資本化されるべきものである）。そのほかに、資本家たちと労働者たちとの消費元本として1,650（v + m）——諸商品Ⅱcに実現されたもの——がある。

Ⅱ　1,650 c（すなわち前述のようにⅡmから50が追加される）+ 800 v + 750m（資本家たちの消費元本)。

＊〔初版および第二版では「1.100 I c」となっていたが、カウツキー版以後訂正。草稿では「1.100c（II）」となっている〕

しかし、IIにおいてc対vの比率がもとのままであるとすれば、50c にたいしてさらに 25v が投下されなければならない。これは 750m から取ることができ、したがって次のようになる――

II　1.650c＋825v＋725m

Iでは 550m が資本化されなければならない。比率がもとのままであれば、そのうちの 440 は不変資本をなし、110 は可変資本をなす。この 110 は、結局、725IIm からくみ出されなければならない。すなわち 110 の価値をもつ消費諸手段が、IIの資本家たちによってではなくIの労働者たちによって消費されるのであり、したがってIIの資本家たちは、自分たちが消費することのできないこの 110m を資本化しなければならなくなる。そこで 725IIm のうち 615IIm が残る。しかし、こうしてIIがこの 110 を追加不変資本に転化するとすれば、IIはさらに 55 の追加可変資本を必要とするのであり、これもまたIIの剰余価値から調達されなければならない。これを 615IIm から差し引けば 560 がIIの資本家たちの消費用に残り、すべての実在的および潜勢的移転を遂行したあとでは、資本価値はいまや次のようになる――

$$\text{Ⅰ}\quad (4{,}400c + 440c) + (1{,}100v + 110v) = 4{,}840c + 1{,}210v = 6{,}050$$

$$\text{Ⅱ}\quad (1{,}600c + 50c + 110c) + (800v + 25v + 55v)$$

$$= 1{,}760c + 880v = 2{,}640$$

$$8{,}690$$

(508)　事態が正常に進行するためには、Ⅱにおける蓄積はⅠにおけるよりも急速に遂行されなければならない。なぜなら、そうでなければ、商品Ⅱcに転換されるべきⅠ（v＋m）の部分が、Ⅱc——前者の部分はこのⅡcとしか転換されえない——よりも急速に増大するからである。*

＊〔このパラグラフはエンゲルスが書き換えたもので、草稿では、「事態が正常に進行するためには、Ⅱにおける蓄積は加速されなければならない。なぜならⅡに転換されなければならない限りでの（v＋m）Ⅰが、（c）Ⅱよりも大きくなるからである」となっていた。ここでマルクスは、初年度から第二年度にかけて部門Ⅰの蓄積率が五〇％で不変であるのにたいして、部門Ⅱの蓄積率が二〇％から三〇％に上昇した事実を見ていると思われる。しかし、資本の有機的構成が変わらない限り、部門Ⅱの蓄積率はその後は三〇％で不変となり、事態は「正常に」進んでいく。したがって、ここでマルクスが引き出した「Ⅱにおける蓄積は加速されなければならない」という命題は誤りであった。エンゲルスの書き換えは、マルクスの誤った命題を補強するものとなった〕

再生産がこの基礎上で、しかも他の事情に変わりがなく続行されるならば、翌年〔第三年度〕の終わりには次のようになる——

$$\left.\begin{array}{l}\text{I}\quad 4{,}840\,c + 1{,}210\,v + 1{,}210\,m = 7{,}260\\ \text{II}\quad 1{,}760\,c + 880\,v + 880\,m = 3{,}520\end{array}\right\} = 10{,}780$$

剰余価値の分割率が不変のままである場合には、まず収入としてIによって支出されなければならないのは、1,210v と、m の半分である 605 との合計 1,815 である。この消費元本は、ふたたびIIc よりも 55 だけ大きい。この 55 は 880m* から差し引かれなければならず、残りは 825 である。55IIm がIIc に転化するとすれば、このことは、それに照応する可変資本用の $27\frac{1}{2}$ がIIm からさらに差し引かれることを前提とする。消費用に残るのは $797\frac{1}{2}$IIm である。

＊〔初版では「880IIm」となっている〕

Iではいまや資本化されなければならないのは 605m である。そのうち 484 は不変資本で、121 は可変資本である。この 121 が、いまはまだ $797\frac{1}{2}$ であるIImから差し引かれなければならず、残りは $676\frac{1}{2}$IIm である。したがってIIは、さらに 121 を不変資本に転化するのであり、そのためにはさらに可変資本 $60\frac{1}{2}$ を必要とする。これもまた $676\frac{1}{2}$ から差し引かれるのであり、消費用に残るのは 616 である。

そこで資本は次のようになる——

I　不変資本　4,840 + 484 = 5,324

　　可変資本　1,210＋　121＝1,331

II　不変資本　1,760＋　55＋　121＝1,936

　　可変資本　　880＋$27\frac{1}{2}$＋$60\frac{1}{2}$＝968

合　計　I　5,324 c ＋1,331 v ＝6,655 ⎫
　　　　II　1,936 c ＋　968 v ＝2,904 ⎭ ＝9,559

そしてその年〔第四年度〕の末には生産物は次のようになる――

I　5,324 c ＋1,331 v ＋1,331m＝7,986 ⎫
II　1,936 c ＋　968 v ＋　968m＝3,872 ⎭ ＝11,858

同じ計算を反復し、端数を切り捨てれば、翌年〔第五年度〕の終わりには生産物は次のようになる――

I　5,856 c ＋1,464 v ＋1,464m＝8,784 ⎫
II　2,129 c ＋1,065 v ＋1,065m＝4,259* ⎭ ＝13,043*

*〔初版および第二版では「4,249」および「13,033」と誤算されていた〕

そして翌々年〔第六年度〕の終わりには次のようになる――

（509）

$$\left.\begin{array}{l}\text{Ⅰ}\quad 6{,}442\,c + 1{,}610\,v + 1{,}610m = 9{,}662 \\ \text{Ⅱ}\quad 2{,}342\,c + 1{,}172\,v + 1{,}172m = 4{,}686\end{array}\right\} = 14{,}348$$

五年間[*1]の拡大された規模での再生産の進行中にⅠおよびⅡの総資本は 5,500 c ＋1,750 v ＝7,250 から 8,784 c ＋2,782 v ＝11,566 に、すなわち 100：160 の比率で増加した。総剰余価値は最初は 1,750 であったが、いまや 2,782 である。消費された剰余価値は、最初はⅠ用の 500 とⅡ用の 600、合計 1,100 であったが、最終年[*2]には、Ⅰ用の 732 とⅡ用の 745、合計 1,477 となった。すなわち 100：134 の比率で増加した。

＊1〔初版、第二版では「四年間」となっていたが、第一年度から第六年度までなので五年間が正しい。また、以下の数字には誤植や計算間違いがあったが、それらは訂正ずみである〕

＊2〔以下の数字は、第五年度のものである。第六年度までの計算を表で掲げれば次ページの通りである（表中の下線の数字は本文中とかかわるもの）。この表で見るとおり、第六年度には、消費された剰余価値は、概数でⅠ用の 805 とⅡ用の 820、合計 1,625 となり、その比率は 100：148 となる〕

年度	部門	不変資本 c	可変資本 v	剰余価値 m	生産物価値 W′	蓄積額 ma 追加不変資本 mc	蓄積額 ma 追加可変資本 mv	資本家の消費額 mk
1	Ⅰ	4,000	1,000	1,000	6,000	400	100	500
	Ⅱ	1,500	750	750	3,000	100	50	600
	Ⅰ＋Ⅱ	5,500	1,750	1,750	9,000	500	150	1,100
2	Ⅰ	4,400	1,100	1,100	6,600	440	110	550
	Ⅱ	1,600	800	800	3,200	160	80	560
	Ⅰ＋Ⅱ	6,000	1,900	1,900	9,800	600	190	1,110
3	Ⅰ	4,840	1,210	1,210	7,260	484	121	605
	Ⅱ	1,760	880	880	3,520	176	88	616
	Ⅰ＋Ⅱ	6,600	2,090	2,090	10,780	660	209	1,221
4	Ⅰ	5,324	1,331	1,331	7,986	532.4	133.1	665.5
	Ⅱ	1,936	968	968	3,872	193.6	96.8	677.6
	Ⅰ＋Ⅱ	7,260	2,299	2,299	11,858	726.0	229.9	1,343.1
5	Ⅰ	5,856.4	1,464.1	1,464.1	8,784.6	585.64	146.41	732.05
	Ⅱ	2,129.6	1,064.8	1,064.8	4,259.2	212.96	106.48	745.36
	Ⅰ＋Ⅱ	7,986.0	2,528.9	2,528.9	13,043.8	798.60	252.89	1,477.41
6	Ⅰ	6,442.04	1,610.51	1,610.51	9,663.06	644.204	161.051	805.255
	Ⅱ	2,342.56	1,171.28	1,171.28	4,685.12	234.256	117.128	819.896
	Ⅰ＋Ⅱ	8,784.60	2,781.79	2,781.79	14,348.18	878.460	278.179	1,625.151

２　第　二　例*

＊〔「２　第二例」の表題はエンゲルスによる。草稿のこの部分でマルクスは、エンゲルスが「第二例」とした表式だけではなく、部門Ｉと部門IIとの割合やそれぞれの資本構成を変更したさまざまな事例を取り上げて、表式の計算をしている。「第二例」は、その最後にあげられた事例であった。それは、「資本主義的生産が……すでにいちじるしく発展している」段階を想定することで、「第一例」の表式のなかで「資本主義的生産の進行」とは矛盾するものとしてマルクスを悩ませた問題点（本訳書、第二巻、八三七ページの訳注＊参照）を取り除こうとする試みであった、と考えられる。「第二例」での表式の説明にも、多くの計算ミスがあり、エンゲルスは、それらを整理した上で、取り入れている〕

こんどは、9,000 の年生産物——その全部が商品資本として産業資本家階級の手中にある——が、可変資本と不変資本との一般的平均比率が１：５である形態にあるものと仮定しよう。このことは、資本主義的生産が、またそれに照応して社会的労働の生産力が、すでにいちじるしく発展していること、生産規模がすでにまえもっていちじるしく拡大していること、最後に労働者階級のなかに相対的過剰人口を生み出すあらゆる事情が発展していること、を前提とする。その場合には、年生産物は、端数を切り捨てれば、次のように配分される*——

$$\left.\begin{array}{ll} \text{I} & 5{,}000\,c + 1{,}000\,v + 1{,}000\,m = 7{,}000 \\ \text{II} & 1{,}430\,c + 285\,v + 285\,m = 2{,}000 \end{array}\right\} = 9{,}000$$

＊〔不変資本と可変資本との比率は、両大部門とも 5：1 であるが、大部門Ⅱでは概数になっている（285×5＝1,425）。なお、最後の一文はエンゲルスによる〕

いま、資本家階級Ⅰは、剰余価値の半分である 500 を消費し、他の半分を蓄積するとしよう。その場合には、（1,000 v＋500m）Ⅰ＝1,500 が、1,500Ⅱc に転換されるであろう。ここでは、Ⅱc は 1,430 にすぎないから、剰余価値のうちから 70 が追加されなければならない。この分を 285 Ⅱm から差し引けば、残りは 215 Ⅱm である。したがって次のようになる――

Ⅰ　5,000 c＋500m（資本化されるべきもの）＋1,500（v＋m）資本家と労働者との消費元本
Ⅱ　1,430 c＋ 70m（資本化されるべきもの）＋285 v＋215 m

ここでは、70Ⅱm が直接Ⅱc に合体されるから、この追加不変資本を運動させるためには、$\frac{70}{5}=14$ の可変資本が必要である。したがってさらにこの 14 が 215 Ⅱm から出てきて、残りは 201 Ⅱm となり、次のようになる――

Ⅱ　（1,430 c＋70 c）＋（285 v＋14 v）＋201 m

（510）

$1.500\mathrm{I}(v+\frac{1}{2}m)$ と $1.500\mathrm{II}c$ との転換は単純再生産*の一過程であり、その限りではかたづいている。けれども、ここでなお若干の独自性――蓄積する再生産の場合には $\mathrm{I}(v+\frac{1}{2}m)$ はⅡcだけによって補填されるのではなく、ⅡcにⅡmの一部を加えたものによって補填されるということから生じる若干の独自性――が指摘されなければならない。

＊〔草稿、初版および第二版では「単純な蓄積」となっていた。カウツキー版以後訂正〕

蓄積を前提すれば、Ⅰ（v＋m）はⅡcよりも大きく、単純再生産でのようにⅡcと等しくないことは、自明である*。というのは、（一）Ⅰは、その剰余生産物の一部分を自分の生産資本に合体し、その$\frac{5}{6}$を不変資本に転化するのであり、したがって、Ⅰは、この$\frac{5}{6}$を、同時に、消費諸手段Ⅱによって補填することはできないからであり、また、（二）Ⅰは自分の剰余生産物のうちから、Ⅱの内部での蓄積に必要な不変資本のために素材を提供しなければならないからであり、それは、ⅡがⅠにたいし、Ⅰの剰余生産物のうちⅠ自身が追加不変資本として使用する部分を運動させるべき可変資本のために素材を提供しなければならないのとまったく同じである。われわれが知っているように、現実の可変資本は労働力からなっており、したがってまた追加可変資本もそうである。資本家Ⅰは、奴隷所有者がしなければならなかったように、自分が使用すべき追加労働力のために、Ⅱから必要生活諸手段を買って在庫にしたり、それらを貯えたりなどはしない。Ⅱと取り引きするのは、労働者自身である。しかし、そうであるからといって、資本家の立場から見れば、追加労働力のための消費諸手段は、彼が使用するかもしれない追加労働力の生産諸手段および維持諸手段でしかなく、したがって彼の可変資本の現物形態でしかないということに変わりはない。資本家自身がさしあたってやること――ここではⅠの――は、追加労働力を買うために必要とされる新たな必要貨幣資本を積み立てることだけである。彼がこの追加労働力を〔自分の資本に〕合体するやいなや、この貨幣は、この労働力にとって諸商品Ⅱの購買手段となり、したがって〔Ⅱのなかに――草稿による〕この労働力のための消費手段を見いださなければならないのである。

*〔「蓄積を前提すれば」以下の一文は、拡大再生産の表式についての結論を、マルクスが自分の言葉で述べた最初の個所〕

ついでに指摘しておこう。[*1]ミスター資本家も彼の新聞も、労働力がその貨幣を支出する仕方、また労働力がこの貨幣を実現する諸商品Ⅱにかんして、しばしば不満である。この機会に彼は、たとえばワシントン駐在イギリス大使館書記官ドラモンド氏のように、哲学を語り、文化を談じ、博愛を説く。『ザ・ネイション』〔雑誌〕は最近一八七九年一〇月に興味ある一論文を掲載したそうであるが、そこにはとりわけ次のように書かれているという[*2]――「労働者たちは、文化の点で発明の進歩に追いついていない。おびただしい品物が彼らの手にはいるようになったが、彼らはその使い方を知らず、したがってその品物の販路をつくりだしはしない」。〔もちろん、資本家はだれでも自分の商品を労働者に買わせたがっている。〕「労働者が自分と同額のかせぎをする牧師や弁護士や医師と同じだけ多くの便利な物を望んではならないという理由はない」。〔この種の弁護士や牧師や医師には、実際に、望みどおりに多くの便利な物が許されるに違いない！〕「ところが労働者はそうはしない。問題は相変わら

（511）ず、どのようにして労働者を合理的で健康的なやり方で消費者としてより高い水準に立たせるべきかということにあるが、これは決して容易な問題ではない。というのは、労働者の野心は、せいぜい自分の労働時間を短縮することだけであり、また扇動家は、労働者の精神的道徳的諸能力の改善によって彼の状態を高めることよりも、むしろ労働時間を短縮するように彼をけしかけるからである」（『駐在諸国の工業、商業等にかんするイギリス帝国大使館および公使館書記官の報告書』、ロンドン、一八七九年、四〇四ページ）。

＊1〔草稿ではここから本訳書、第二巻、八四八ページの区分線の前まで左側に線が引かれている。これはこの部分が覚え書きであることを示している〕

＊2〔ドラモンドの報告書によれば、『ザ・ネイション』の記事は一八七八年一〇月に掲載された〕

長い労働時間は、労働者の精神的道徳的能力の改善により彼の状態を高め彼を合理的な消費者にするための、合理的で健康的なやり方の秘密であるらしい。資本家たちの商品の合理的な消費者になるためには、労働者はなによりもまず――しかし彼がそうするのを扇動者がさまたげるのだ！――自分自身の労働力を非合理的に非健康的に自分自身の資本家に消費させることから始めなければならない。資本家がなにを合理的消費と解しているかは、彼がご親切にもわざわざ自分の労働者たちの消費取り引きに直接かかわり合おうとするところで、すなわち現物支給制度《トラック・システム》において示される。労働者たちへの住宅提供、その結果、彼の資本家が同時に彼の家主であるということもまた、現物支給制度の多くの変種のなかの一つである。

同じドラモンド――彼のうるわしい魂は労働者階級を資本主義的に向上させたくて夢中になっている――は、同じ報告書のなかで、とりわけロウエル・アンド・ローレンス・ミルズの模範的綿工場について語る。女性工員たちのための賄い付き寄宿舎は、工場の所有者である株式会社のものである。この寄宿舎の女性管理人たちはこの同じ会社のために働いていて、会社が彼女たちに運営規則を命じる。女性工員は夜の一〇時までに寄宿舎に帰らなければならない。ところが、なんと申し分のないことに、この寄宿舎規則の違反を防ぐために、会社の一種特別な警備員が付近一帯をパトロールする。夜の一〇時以後は、女性工員の出入りは許されない。女性工員は会社の所有地以外に下宿してはならず、会社の所有地では、各々の下宿屋が約一〇ドルの週家賃を会社に納める。そしていまやわれわれは、栄光あふれる合理的消費者たちの姿を見る――「けれども、多くの最良の設備のある女性労働者寄宿舎には、常備のピアノがあるので、少なくとも、一〇時間の絶え間ない機織り労働ののち、実際の休息よりも単調さのあとのたくさんの気分転換を必要とする人々の場合には、音楽や歌やダンスが一つの大きな役割を演じる」(四一二ページ)。しかし、労働者をどのようにして合理的消費者にするかの主要な秘密は、これからである。ドラモンド氏がターナーズ・フォールズ〔コネティカット川沿い〔アメリカ北東部マサチューセッツ州〕〕の刃物工場を訪れると、この株式会社の会計課長オウクマン氏(512)は、とくにアメリカ製食卓用ナイフが品質においてイギリス製品よりもまさっていると彼に述べたのち、次のように続ける――「価格でもわれわれはイギリスを負かすでしょう。われわれは品質ではいますでにイギリスにさきんじています。それは人も認めるところです。しかし、われわれは価格をもっと引き下げなければなりません。そしてそれが達成されるのは、われわれが鋼をもっと安く手に入れ、われわれの労働をもっと安くするときです！」（四二七ページ）。労賃の引き下げと長い労働時間、これこそ、労働者を合理的消費者の高貴な地位に引き上げ、文化と発明の進歩とによって労働者の手にはいるようになったたくさんの品物の販路をつくりだすための、合理的で健康的なやり方の核心なのである。

このように、ⅠがⅡの追加不変資本を自分の剰余生産物から提供しなければならないように、Ⅱは、それと同じ意味で、Ⅰのための追加可変資本を提供する。可変資本が問題である限りでは、Ⅱは、自分の総生産の、したがってまたとくに自分の剰余生産物の、より大きな部分を必要消費諸手段の形態で再生産することによって、Ⅰのために、また自分自身のために蓄積する。

増大する資本の基盤の上での生産においては、Ⅰ$(v+m)$は、Ⅱc、プラス、剰余生産物のうち資本としてふたたび合体される部分、プラス、Ⅱにおける生産拡大に必要な不変資本の追加部分とを加えたものに等しくなければならない。そしてこの拡大の最小限は、それなしではⅠ自体における現実の蓄積すなわち現実の生産拡張が遂行できない大きさである。

さて、われわれが先に最後に考察した場合*に立ちもどれば、この場合は、ⅡcがⅠ$(v+\frac{1}{2}m)$——すなわちⅠの生産物のうち、収入として消費諸手段に支出される部分——よりも小さく、その結果、

1.500Ⅰ（v＋m）を転換するために、Ⅱの剰余生産物の一部分＝70がそのことによってただちに実現される、という独自性をもっている。Ⅱc＝1.430について言えば、これは、Ⅱにおける単純再生産が行なわれうるためには、他の事情に変わりがなければ、同じ価値額のⅠ（v＋m）によって補填されなければならないのであり、その限りでは、ここではこれ以上考察する必要はない。補足分である70Ⅱmについては事情が違う。Ⅰにとっては、消費諸手段による収入の単なる置き換え、すなわち単に消費を目的とする商品交換であることが、Ⅱにとっては、この場合——単純再生産の内部でとは異なり——単にⅡの不変資本が商品資本の形態から不変資本の現物形態に再転化されることではなくて、直接的な蓄積過程であり、Ⅱの剰余生産物の一部分が消費諸手段の形態から不変資本の形態に転化されることなのである。Ⅰが70ポンドの貨幣（剰余価値を転換するための貨幣準備金）で70Ⅱmを買うが、Ⅱはその代わりに70Ⅰmを買わずに、この70ポンドを貨幣資本として蓄積するとすれば、この貨幣資本は、生産にふたたびはいり込む生産物の表現ではないとはいえ、確かにつねに追加生産物（すなわちそれを可除部分とするⅡの剰余生産物）の表現ではある。しかしそうだとすると、Ⅱの側でのこの貨幣蓄積は、同時に、生産諸手段での70Ⅰmが売れないことの表現となるであろう。したがって、Ⅱの側でこのように再生産が同時的には拡大されないことに照応して、Ⅰにおいて相対的過剰生産が生じることになったであろう。

＊〔前述、第二例の二番目の表式〕

しかしこのことは度外視しよう。Ⅰからきたこの70の貨幣が、Ⅱの側での70Ⅰmの購入によっ

（513）

てまだⅠに復帰しないか、またはその一部分しか復帰しない期間中は、貨幣での 70 はその全部または一部分が、Ⅱの手中にある追加的な仮想的貨幣資本として現われる。このことは、ⅠとⅡとのあいだで行なわれるどの転換についても、ⅠとⅡとの双方の諸商品の相互的補填によって貨幣がその出発点に還流してしまうまでは、あてはまる。しかし、事態が正常に進行する場合には、貨幣は、ここでは一時的にこうした役割を演じるだけである。ところで信用制度においては、一時的追加的に遊離された貨幣はすべてただちに能動的に追加的貨幣資本として機能することになるのであり、そのもとでは、このようなただ一時的に遊離されている貨幣資本が拘束されて、それがⅠにまだ滞溜している他の諸企業の追加生産物を流動させなければならなかったのに、たとえば、Ⅰの新たな諸企業のために役立てられるということがありうるのである。さらに指摘しなければならないのは、不変資本Ⅱへの 70 Ⅰm の合体は、同時に 14 の額だけ可変資本Ⅱの拡大を必要とする、ということである。このことは――Ⅰにおいて剰余生産物Ⅰmを資本Ⅰcに直接に合体する場合と同じように――Ⅱにおける再生産がすでにいっそう資本化を進める傾向をもって行なわれていること、したがって、Ⅱの再生産が、剰余生産物のうち必要生活諸手段からなる部分の拡大を含んでいることを、前提とする。

前述したように、第二例における 9,000 の生産物は、500 Ⅰm が資本化されるものとすれば、再生産の目的のために、次のように配分されなければならない。ここではわれわれは、商品だけを考察

し、貨幣流通を無視する。

Ⅰ　5,000 c ＋500m（資本化されるべきもの）＋1,500（ v ＋m）消費元本＝7,000の商品
Ⅱ　1,500 c ＋299 v ＋201m＝2,000の商品。総額は 9,000 の商品生産物

（514）

そこで資本化は次のように行なわれる――

Ⅰでは、資本化される 500m が $\frac{5}{6}$＝417 c と、$\frac{1}{6}$＝83 v とに分割される。この 83 v は、Ⅱmから同額を取り出し、それが不変資本の諸要素を買って、こうして〔83 が〕Ⅱcにつけ加えられる。Ⅱcが 83 だけ増加することは、Ⅱvが 83 の $\frac{1}{5}$＝17 だけ増加することを条件とする。* したがって転換後には、次のようになる――

Ⅰ	（5,000 c ＋417m）c ＋（1,000 v ＋83m）v ＝5,417 c ＋1,083 v	＝6,500
Ⅱ	（1,500 c ＋ 83m）c ＋（ 299 v ＋17m）v ＝1,583 c ＋ 316 v	＝1,899
	合計	8,399

＊〔「そこで資本化は」からここまではエンゲルスによる〕

Ⅰの資本は 6,000 から 6,500 に、すなわち $\frac{1}{12}$ だけ増加した。Ⅱでは資本は 1,715〔1,430 c ＋285 v〕から 1,899 に、すなわち $\frac{1}{9}$ 弱だけ増加した。

第二年目におけるこの基礎の上での再生産によって、年末には資本は次のようになる――

Ⅰ　(5,417 c ＋452m) c ＋(1,083 v ＋90m) v ＝5,869 c ＋1,173 v ＝7,042

Ⅱ　(1,583 c ＋42m＋90m) c ＋(316 v ＋8m＋18m) v ＝1,715 c ＋342 v ＝2,057

そして、第三年目末の生産物は、次のようになる――

Ⅰ　5,869 c ＋1,173 v ＋1,173m

Ⅱ　1,715 c ＋　342 v ＋　342m

ここでⅠがこれまでのように剰余価値の半分を蓄積するとすれば、Ⅰ(v ＋$\frac{1}{2}$m)は、1,173 v ＋587($\frac{1}{2}$m)＝1,760 となり、したがって、1,715Ⅱc 全体よりも 45 だけ大きい。したがってこの超過額は、ふたたび同額の生産諸手段をⅡcに引き取らせることによって相殺されなければならない。したがってⅡcは、45 だけ増加し、この増加はそのⅡvの $\frac{1}{5}$＝9 の増加を条件とする。さらに、資本化される 587 Ⅰm は、$\frac{5}{6}$ と $\frac{1}{6}$、すなわち、489 c と 98 v とに分かれる。この 98 は、Ⅱにおいて不変資本に新たに 98 が追加されることを条件とし、この追加はまた、Ⅱの可変資本が $\frac{1}{5}$＝20 だけ増加されることを条件とする。そこで次のようになる――

Ⅰ　(5,869 c ＋489m) c ＋(1,173 v ＋98m) v ＝6,358 c ＋1,271 v　＝7,629

Ⅱ　(1,715 c ＋45m＋98m) c ＋(342 v ＋9m＋20m) v ＝1,858 c ＋371 v ＝2,229

全資本＝9,858

したがって、増大していく三年間の再生産では、Ⅰの総資本は 6.000 から 7.629 に増大し、Ⅱの総資本は 1.715 から 2.229 に増大し、社会的総資本は 7.715 から 9.858 に増大した。*

＊〔この一文はエンゲルスによる〕

(515)

3　蓄積にあたってのⅡcの転換

このように、Ⅰ(v＋m)とⅡcとの交換においてはさまざまな場合が生じる。

単純再生産の場合には、両者は相等しく、互いに補填し合わなければならない。そうでなければ、前述したように、単純再生産は撹乱なしに進行することができないからである。

蓄積の場合には、なによりもまず蓄積率が問題になる。これまでの場合、われわれは、Ⅰにおける蓄積率は $\frac{1}{2}$mⅠ〔Ⅰmの $\frac{1}{2}$〕であり、また年が変わってもそれは不変であると仮定した。われわれは、この蓄積される資本が可変資本と不変資本とに分割される比率だけが変動するものとした。そのさい、次の三つの場合が生じた——

(一)　Ⅰ(v＋$\frac{1}{2}$m)がⅡcに等しく、したがってⅡcはⅠ(v＋m)よりも小さい。これはいつもそうでなければならないのであり、もしそうでなければⅠは蓄積しないことになる。

(二)　Ⅰ(v＋$\frac{1}{2}$m)がⅡcよりも大きい。この場合には、ⅡcにⅡmのうちそれに相当する部分がつけ加えられることによって補填が行なわれ、その総額が I$(v+\frac{1}{2}m)$ に等しくされる。この場合には、転換は、IIにとっては、IIの不変資本の単純再生産ではなく、すでに蓄積であり、IIの剰余生産物のうち、IIがIの生産諸手段と交換される部分だけIIの不変資本が増加することである。不変資本のこの増加は、同時に、これに照応して、IIがさらに自分の可変資本を、自分自身の剰余生産物から拡大させることを含む。

(三) I$(v+\frac{1}{2}m)$ がIIcよりも小さい。この場合には、IIは、転換によっては自分の不変資本を完全には再生産しておらず、したがって不足分をIから買って補填しなければならない。しかし、そのことで、可変資本IIをさらに蓄積することが必要になるわけではない。というのは、IIの不変資本は、その大きさから見て、この操作によってはじめて完全に再生産されるからである。他方では、この転換によって、Iの資本家たちのうち追加的貨幣資本を積み立てるだけの部分は、すでにこの種の蓄積の一部を完了している。

I(v+m) がIIcに等しいという単純再生産の前提は、資本主義的生産と両立しないだけではない――とはいっても、一〇年ないし一一年の産業循環において、ある年の総生産がしばしば前年のそれよりも少なく、したがって前年にくらべて単純再生産さえも行なわれないということを排除するものではない。それだけでなく、毎年人口の自然増加がある場合に単純再生産が行なわれうるのは、それに照応して数を増す不生産的召し使いたちが、総剰余価値を代表する 1,500〔前掲、第一例、Aの単純再生産の表式参照〕の消費に参加して生活する場合だけに限られるであろう。しかし反対に、この場合に

（516）

は、資本の蓄積、すなわち現実の資本主義的生産は不可能であろう。したがって、資本主義的蓄積という事実は、ⅡcがⅠ（v＋m）に等しいことを排除する。[*1] とはいえ、資本主義的蓄積の場合にも、以前の一連の生産諸期間中に行なわれた蓄積諸過程の進行の結果として、ⅡcがⅠ（v＋m）に等しいだけでなく、それより大きい場合さえ生じうるであろう。これはⅡにおける過剰生産であり、一大破局によってのみ取りのぞかれるものであり、その結果として資本がⅡからⅠに移るであろう。――たとえば農業において自分のつくった種子が使用される場合のように、Ⅱの不変資本の一部分がⅡ自身によって再生産されるとしても、Ⅰ（v＋m）のⅡcにたいする関係は少しも変わらない。Ⅱcのこの部分がⅠとⅡとのあいだでの転換に関連して問題にならないのは、Ⅰcがこのさい問題にならないのと同じことである。また、Ⅱの生産物の一部分がそれ自体生産諸手段としてⅠにはいり込むことができるとしても、これまた事態をなにも変えない。Ⅱの生産物のこの一部分は、Ⅰが提供する生産諸手段の一部分によって補填されるのであって、われわれが社会的生産の二大部門のあいだの交換、すなわち生産諸手段の生産者たちと消費諸手段の生産者たちとのあいだの交換を純粋に曇りなく研究しようとするのであれば、この部分ははじめから双方の側で差し引かれていなければならない。[*2]

＊1〔マルクスは、ここで、「Ⅰ(v＋m)＞Ⅱc」が拡大再生産の条件だという結論を重ねて確認している〕

＊2〔この一文はエンゲルスによる〕

したがって、資本主義的生産の場合には、Ⅰ（v＋m）がⅡcに等しいことはありえず、言い換えれば、両者が転換において相互につり合うことはありえない。これにたいして、Ⅰ$\frac{m}{x}$をⅠmのうちⅠの資本家たちによって収入として支出される部分であるとすれば、Ⅰ$(v+\frac{m}{x})$は、Ⅱcに等しいことも、それより大きいことも、小さいこともありうる。しかし、Ⅰ$(v+\frac{m}{x})$はつねにⅡ$(c+m)$よりも小さくなければならないのであり、しかも、Ⅱmのうち資本家階級Ⅱがどんなことがあっても自分で消費しなければならない部分だけ、小さくなければならない。

注意しておきたいのは、蓄積についてのこの叙述では、不変資本の価値は、それがこの不変資本の協力によって生産された商品資本の価値部分をなす限りで、正確には叙述されていないということである。新たに蓄積された不変資本の固定的部分は、この固定的諸要素の性質が異なるのに応じて、徐々にかつ周期的にのみ、商品資本のなかにはいり込む。だから、原料と半製品などが大量に商品生産にはいり込む場合には、この商品資本は比較的大きな部分が流動的不変的構成諸部分と可変資本との補填分からなっている。（しかし、このような扱い方ができるのは、流動的構成諸部分の回転のためである。すなわち、流動的部分が、それに引き渡された固定資本の価値部分と一緒に、一年間に何回も回転して、その結果、供給される諸商品の総額が、その年の生産にはいり込む総資本の価値に等
(517) しいものと仮定されているのである。）しかし、機械経営にたいして補助材料だけがはいり込んで原料がはいり込まない場合には、労働要素＝vが商品資本のなかにより大きい構成部分として再現しなければならない。利潤率においては、固定的構成諸部分が周期的に生産物に引き渡す価値の多少にかかわらず、剰余価値が総資本にもとづいて計算されるのにたいして、周期的に生み出される各商品資本の価値については、不変資本の固定的部分は、それが消費されることによって平均的に価値を生産

物そのものに引き渡す限りでのみ算入されるべきである。

第四節　補　遺

Ⅱにとっての本源的な貨幣源泉は、Ⅱcの一部分と交換される金生産〔者〕Ⅰの v＋m である。金生産者が剰余価値を積み立てるか、またはそれを生産諸手段Ⅰに転化して自分の生産を拡張する場合にはその限りでのみ、彼の v＋m はⅡにはいり込まない。他方、貨幣の蓄積が、金生産者自身の側で最終的に拡大再生産に導く限りでは、金生産〔者〕の剰余価値のうち収入として支出されるのではない部分が、金生産者の追加可変資本としてⅡにはいり込み、そこで新たな蓄蔵貨幣の形成を促すか、または、Ⅰに直接にふたたび売ることなしにⅠから買うための新たな手段を与える。金生産〔者〕のこの Ⅰ(v＋m) に由来する貨幣のうちから、Ⅱの若干の生産部門が原料などとして――要するにその不変資本の補填要素として――必要とする金部分が差し引かれる。ⅠとⅡとのあいだの転換において、一時的な――すなわち将来の拡大再生産を目的として行なわれる[*1]――蓄蔵貨幣形成のための要素が生じるのは、次のような場合である。すなわち、Ⅰにとっては、Imの一部分が一方的に、反対購買なしにⅡに売られ、ここで追加不変資本Ⅱとして役立つ場合だけであり、Ⅱにとっては、同じことが

(518)

Ｉの側で追加的可変資本のために行なわれる場合である。さらに、Ｉによって収入として支出された剰余価値の一部分が、Ⅱcによって補填されず、したがってそれによってⅡmの一部分が買われ、こうして貨幣に転化される場合である。もしＩ$(v+\frac{m}{x})$がⅡcよりも大きければ、Ⅱcは、その単純再生産のために、Ⅱmのうちから I が消費してしまったものを、Ｉの商品によって補填する必要はない。問題は、Ⅱの資本家たちどうしの交換――Ⅱmの相互交換だけからなるであろう交換――の内部で、どの程度まで蓄蔵貨幣の形成が行なわれうるか、である。前述したように、Ⅱの内部で直接的な蓄積が行なわれるのは、Ⅱmの一部分が直接に可変資本に転化される（ちょうど、ＩにおいてⅠmの一部分が直接に不変資本に転化されるように）ことによってである。Ⅱのさまざまな事業部門の内部では、また個々の各事業部門の内部では個々の資本家たちについても、蓄積の年齢等級はさまざまであっても、〝必要な変更を加えれば〟、事態はＩの場合とまったく同様に説明される。一方のものは、まだ蓄蔵貨幣形成の段階にあって、買うことなしに売り、他方のものは、再生産を現実に拡大する点に達していて、売ることなしに買う。追加可変貨幣資本は、確かに、まずは追加労働力に投下される。しかしこの労働力は、蓄蔵貨幣を形成しつつあるところの、労働者の消費にはいり込む追加的消費諸手段の所有者たちから、生活諸手段を買う。貨幣は、この所有者たちから彼らの蓄蔵貨幣の形成に〝比例して〟出発点に復帰するのではなくて、彼らが貨幣を積み立てるのである。*2

*1 〔草稿では、「すなわち拡大再生産に先行する」となっている〕
*2 〔第八草稿（一八七七年―一八七八年、一八七九年―一八八一年執筆）の論述は、ここで終わっている。

マルクスは、第二部を、資本主義的生産様式の経済的矛盾のもっとも深刻な表れである恐慌の総括的解明で結ぶ構想をもっていた（本訳書、第二巻、五〇二ページの訳注＊3参照）。その起点となった研究が第二部第一草稿（一八六五年前半執筆）での恐慌論の新しい解明であった。

参考のために、第二部第一草稿の関係部分の全体を収録しておく。

第一の文章

「もしも銀行が資本家Aに、彼が彼の商品にたいする支払いのかわりに受け取った手形にたいして〔割引で〕銀行券を前貸しするか、あるいは直接に、まだ売れていない彼の商品にたいして彼に銀行券を前貸しするかするとすれば、この銀行券は相変わらず、対象化された労働を、つまり〔資本家〕Aの商品のうちにすでに物質化されている労働を表わすのであり、それは現存する商品の転化形態であろう。〔その場合は、〕ただ、商品あるいは支払手段（手形）が貨幣に転化される時間が先取りされ、それによって、流通過程が短縮され、再生産過程が加速される、等々というだけであろう、――ただ商品の貨幣蛹化《ようか》が先取りされるだけであろう。またこの過程を通じて、販売が現実の需要から独立化し、架空のW―G―Wが現実《レアール》のそれにとってかわることができ、そこから、恐慌が準備される。（過剰生産、等々）」（第二部第一草稿、一六ページ、新メガ、第Ⅱ部、第四巻第一分冊、一九八八年、一六一ページ、中峯・大谷訳『資本の流通過程』、大月書店、一九八二年、三五ページ）

これが、新しい恐慌論が頭に浮かんだ時に、マルクスが書きつけた最初の文章である。ここでは、銀行の介入によって「流通過程の短縮」や「販売」の「現実の需要」からの「独立」、「架空のW―G―W」が現実のそれにとってかわる、などの現象が起きると説明されているが、マルクスは、こういう役割を果たすことができるのは、銀行ではなく、商人の介入であることに気づき、第二の文章では訂正した。

第二の文章

少し時間を置いて書いた次の文章では、銀行を商人に変えたうえで、介入による事態の最初の変化から恐慌にいたる過程をシミュレーション的に追跡して見せる。

「W'は、販売され、貨幣に転化されると（それが流通手段としての貨幣の介在によって行なわれるのか、それとも、価値残高の決済のための支払手段としての貨幣によって行なわれるのかはまったくどうでもよい）、すぐにそれは、労働過程の、したがってまた再生産過程の実在的《レエル》諸要因に再転化されうるのである。だからW'が本当の最終消費者によって購買されているのか、あるいは、それをふたたび売るつもりでいる商人によって買われているのかは、直接には事態をなんら変えるものではない。したがって、再生産過程は、そこで産出された商品――生産過程の諸結果――が、個人的消費を予定されたものであって、現実には消費にはいり込んでいなくても、ある限界内では――というのは、一定の限界を超えると、市場の供給過剰と、そしてそれにともなう再生産過程自体の停滞が起こるであろうから――拡大された規模または同じ規模で進行しうる。もしこの過程が拡大されているならば――それは生産諸手段の生産的消費の拡大を含む――、資本のこの再生産は、労働者の個人的消費（したがって需要）の拡大をともなうことがありうる――というのは、これは、生産的消費に含まれているからである。このようにして、剰余価値の生産が、したがって資本家の繁栄が、労働者の消費と需要が増大し、全再生産過程が繁栄をきわめているというのにもかかわらず、諸商品の一大部分は、見かけの上でだけ消費にはいっているにすぎず、現実にはしかし、売れないまま転売者たちの手のなかにあり、したがって、実際にはまだ市場にある、ということがありうる。そこで商品の流れが次から次に続き、ついには、前の流れは見かけの上でだけ消費にのみ込まれているにすぎない、ということが明らかになる。商品資本家たちは市場で互いに席を争奪し合う。あとからやって来る者は、売るためには価格を下げて売る。以前の流れがまだ現金化されていないのに、それの買い手には支払期限がやってくる。彼らは、支払い不能〔破産〕を宣言せざるをえない、等々であり、支払いをするためにはどんな価格でも売らざるをえない。このような販売は、需要の現実の状態とは絶対になんの関係もない。それは、支払いを求める需要、どんな価格ででも商品を貨幣に転化する絶対的な必要とかかわりがあるだけである。そのときに、全般的な瓦解、恐慌が勃発する。それは、消費的需要の、つまり個人的消費のための需要の直接の減少においてではなく、資本と資本との交換の、資本の再生産過程の、減退において、目に見えるようになる」（第二部第一草稿、一二一―一二三ページ、新メガ、第Ⅱ部、第四巻第一分冊、一七三ページ、『資本の流通過程』、四七―四九ページ）

マルクスが、第二部第五草稿（一八七六年一〇月―一八七七年春、同年四月下旬―七月末執筆）に注記し、エンゲルスがそれに補足をして第二部第二章の本文に組み込んだのは、この文章であった（本訳書、第二巻、一二四―一二五ページと訳注＊1、＊2、＊3参照）。

第三の文章

マルクスは、続けて、世界市場と信用制度の問題を視野に入れて、恐慌問題のより深い理論的究明の提起をする。

「こうした現象〔恐慌にいたる経済循環のこと〕が生じるのは、商品の貨幣への転化が――世界市場と信用制度とによって――最終購買者への商品の販売から独立して行なわれるからである。つまり、商品の貨幣への転化が先取りされ、かつ、――ある範囲内で――それの現実の個人的消費の過程から独立して行なわれるからである。しかし、こうした先取りの諸形態をつくり出すことは、ぜひとも必要なのであって、それは資本主義的生産様式からひとりでに生まれてくるものである。この生産様式の生産物は、それの〔生産〕規模とその規模の絶えざる拡張要求とによって〔規定される〕のであって、需要の、満たされるべき諸欲望の、前もって定められた範囲によって〔規定される〕のではない。資本主義的生産様式は、その過程の規模が必要とする、流通過程を短縮する形態を信用のなかでつくり出すのであり、そして、この生産様式によって同時につくり出される世界市場は、具体的などんな場合にも、この形態の作用を見えなくすることを助け、あわせてこの形態に、拡張という点で特別の活動の場を与えるのである。恐慌を信用の濫用から説明することは、恐慌を資本の現象的な流通形態から説明することを意味する」（第二部第一草稿、二三ページ、新メガ、第Ⅱ部、第四巻第一分冊、一七三―一七四ページ、『資本の流通過程』、四九ページ）

以上が、マルクスが第二部第一草稿に書き込んだ新しい恐慌論の関係部分である〕

マルクス　新版《しんぱん》 資本論《しほんろん》　第《だい》7分冊《ぶんさつ》

2020年9月20日　初　版

監修者　日本共産党中央委員会社会科学研究所
発行者　田　所　　稔

郵便番号　151-0051　東京都渋谷区千駄ヶ谷4-25-6
発行所　株式会社　新日本出版社
電話　03（3423）8402（営業）
03（3423）9323（編集）
info@shinnihon-net.co.jp
www.shinnihon-net.co.jp
振替番号　00130-0-13681
印刷・製本　光陽メディア

落丁・乱丁がありましたらおとりかえいたします。

ISBN978-4-406-06381-4 C0033　Printed in Japan